제주특별자치도 개발공사

인적성검사+직무수행능력TEST

제주특별자치도개발공사

인적성검사+직무수행능력TEST

개정 1판 발행		2023년 2월 27일
개정 2판 발행		2024년 3월 29일

편 저 자 | 취업적성연구소

발 행 처 | ㈜서원각

등록번호 | 1999-1A-107호

주　　소 | 경기도 고양시 일산서구 덕산로 88-45(가좌동)

교재주문 | 031-923-2051

팩　　스 | 031-923-3815

교재문의 | 카카오톡 플러스 친구[서원각]

홈페이지 | goseowon.com

PREFACE

우리나라 기업들은 1960년대 이후 현재까지 비약적인 발전을 이루었다. 이렇게 급속한 성장을 이룰 수 있었던 배경에는 우리나라 국민들의 근면성 및 도전정신이 있었다. 그러나 빠르게 변화하는 세계 경제의 환경에 적응하기 위해서는 근면성과 도전정신 이외에 또 다른 성장 요인이 필요하다.

한국기업들이 지속가능한 성장을 하기 위해서는 혁신적인 제품 및 서비스 개발, 선도 기술을 위한 R&D, 새로운 비즈니스 모델 개발, 효율적인 기업의 합병·인수, 신사업 진출 및 새로운 시장 개발 등 다양한 대안을 구축해 볼 수 있다. 하지만, 이러한 대안들 역시 훌륭한 인적자원을 바탕으로 할 때에 가능하다. 최근으로 올수록 기업체들은 자신의 기업에 적합한 인재를 선발하기 위해 기존의 학벌 위주의 채용을 탈피하고 기업 고유의 인·적성검사 제도를 도입하고 있는 추세이다.

제주특별자치도개발공사에서도 업무에 필요한 역량 및 책임감과 적응력 등을 구비한 인재를 선발하기 위하여 고유의 인적성검사를 치르고 있다. 본서는 제주특별자치도개발공사 채용대비를 위한 필독서로 제주특별자치도개발공사 인적성검사의 출제경향을 철저히 분석하여 응시자들이 보다 쉽게 시험유형을 파악하고 효율적으로 대비할 수 있도록 구성하였다.

신념을 가지고 도전하는 사람은 반드시 그 꿈을 이룰 수 있습니다. 처음에 품은 신념과 열정이 취업 성공의 그 날까지 빛바래지 않도록 서원각이 수험생 여러분을 응원합니다.

STRUCTURE

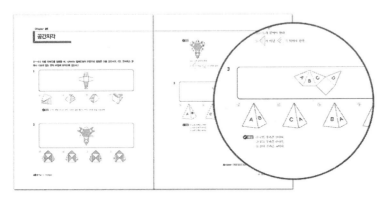

적성검사

적중률 높은 영역별 출제예상문제를 상세하고 꼼꼼한 해설과 함께 수록하여 학습효율을 확실하게 높였습니다.

직무수행능력Test

행정직군 적성검사에 포함된 직무수행능력Test 영역인 상식능력과 상황판단능력을 수록하여 실전에 대비하도록 하였습니다.

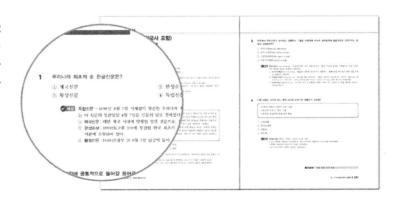

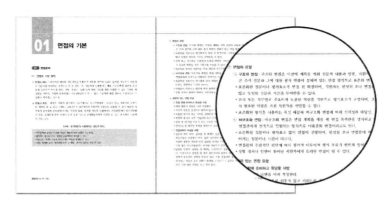

면접

취업 성공을 위한 실전 인성검사와 면접의 기본을 수록하여 취업의 마무리까지 깔끔하게 책임집니다.

CONTENTS

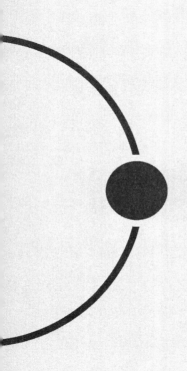

PART

I

인성검사

인성검사의 개요

01 인성(성격)검사의 개념과 목적

인성(성격)이란 개인을 특징짓는 평범하고 일상적인 사회적 이미지, 즉 지속적이고 일관된 공적 성격(Public – personality)이며, 환경에 대응함으로써 선천적 · 후천적 요소의 상호작용으로 결정화된 심리적 · 사회적 특성 및 경향을 의미한다.

인성검사는 직무적성검사를 실시하는 대부분의 기업체에서 병행하여 실시하고 있으며, 인성검사만 독자적으로 실시하는 기업도 있다.

기업체에서는 인성검사를 통하여 각 개인이 어떠한 성격 특성이 발달되어 있고, 어떤 특성이 얼마나 부족한지, 그것이 해당 직무의 특성 및 조직문화와 얼마나 맞는지를 알아보고 이에 적합한 인재를 선발하고자 한다. 또한 개인에게 적합한 직무 배분과 부족한 부분을 교육을 통해 보완하도록 할 수 있다.

인성검사의 측정요소는 검사방법에 따라 차이가 있다. 또한 각 기업체들이 사용하고 있는 인성검사는 기존에 개발된 인성검사방법에 각 기업체의 인재상을 적용하여 자신들에게 적합하게 재개발하여 사용하는 경우가 많다. 그러므로 기업체에서 요구하는 인재상을 파악하여 그에 따른 대비책을 준비하는 것이 바람직하다. 본서에서 제시된 인성검사는 크게 '특성'과 '유형'의 측면에서 측정하게 된다.

02 성격의 특성

(1) 정서적 측면

정서적 측면은 평소 마음의 당연시하는 자세나 정신상태가 얼마나 안정되어 있는지 또는 불안정한지를 측정한다.

정서의 상태는 직무수행이나 대인관계와 관련하여 태도나 행동으로 드러난다. 그러므로 정서적 측면을 측정하는 것에 의해, 장래 조직 내의 인간관계에 어느 정도 잘 적응할 수 있을까(또는 적응하지 못할까)를 예측하는 것이 가능하다.

그렇기 때문에, 정서적 측면의 결과는 채용 시에 상당히 중시된다. 아무리 능력이 좋아도 장기적으로 조직 내의 인간관계에 잘 적응할 수 없다고 판단되는 인재는 기본적으로는 채용되지 않는다.

일반적으로 인성(성격)검사는 채용과는 관계없다고 생각하나 정서적으로 조직에 적응하지 못하는 인재는 채용단계에서 가려내지는 것을 유의하여야 한다.

① 민감성(신경도) … 꼼꼼함, 섬세함, 성실함 등의 요소를 통해 일반적으로 신경질적인지 또는 자신의 존재를 위협받는다는 불안을 갖기 쉬운지를 측정한다.

질문	전혀 그렇지 않다	그렇지 않다	그렇다	매우 그렇다
• 배려적이라고 생각한다. • 어지러진 방에 있으면 불안하다. • 실패 후에는 불안하다. • 세세한 것까지 신경쓴다. • 이유 없이 불안할 때가 있다.				

▶측정결과

㉠ '그렇다'가 많은 경우(상처받기 쉬운 유형) : 사소한 일에 신경 쓰고 다른 사람의 사소한 한마디 말에 상처를 받기 쉽다.
  • 면접관의 심리 : '동료들과 잘 지낼 수 있을까?', '실패할 때마다 위축되지 않을까?'
  • 면접대책 : 다소 신경질적이라도 능력을 발휘할 수 있다는 평가를 얻도록 한다. 주변과 충분한 의사소통이 가능하고, 결정한 것을 실행할 수 있다는 것을 보여주어야 한다.
㉡ '그렇지 않다'가 많은 경우(정신적으로 안정적인 유형) : 사소한 일에 신경 쓰지 않고 금방 해결하며, 주위 사람의 말에 과민하게 반응하지 않는다.
  • 면접관의 심리 : '계약할 때 필요한 유형이고, 사고 발생에도 유연하게 대처할 수 있다.'
  • 면접대책 : 일반적으로 '민감성'의 측정치가 낮으면 플러스 평가를 받으므로 더욱 자신감 있는 모습을 보여준다.

② **자책성(과민도)** … 자신을 비난하거나 책망하는 정도를 측정한다.

질문	전혀 그렇지 않다	그렇지 않다	그렇다	매우 그렇다
• 후회하는 일이 많다. • 자신이 하찮은 존재라 생각된다. • 문제가 발생하면 자기의 탓이라고 생각한다. • 무슨 일이든지 끙끙대며 진행하는 경향이 있다. • 온순한 편이다.				

▶측정결과

㉠ '그렇다'가 많은 경우(자책하는 유형) : 비관적이고 후회하는 유형이다.
 • 면접관의 심리 : '끙끙대며 괴로워하고, 일을 진행하지 못할 것 같다.'
 • 면접대책 : 기분이 저조해도 항상 의욕을 가지고 생활하는 것과 책임감이 강하다는 것을 보여준다.

㉡ '그렇지 않다'가 많은 경우(낙천적인 유형) : 기분이 항상 밝은 편이다.
 • 면접관의 심리 : '안정된 대인관계를 맺을 수 있고, 외부의 압력에도 흔들리지 않는다.'
 • 면접대책 : 일반적으로 '자책성'의 측정치가 낮아야 좋은 평가를 받는다.

③ **기분성(불안도)** … 기분의 굴곡이나 감정적인 면의 미숙함이 어느 정도인지를 측정하는 것이다.

질문	전혀 그렇지 않다	그렇지 않다	그렇다	매우 그렇다
• 다른 사람의 의견에 자신의 결정이 흔들리는 경우가 많다. • 기분이 쉽게 변한다. • 종종 후회한다. • 다른 사람보다 의지가 약한 편이라고 생각한다. • 금방 싫증을 내는 성격이라는 말을 자주 듣는다.				

▶측정결과

㉠ '그렇다'가 많은 경우(감정의 기복이 많은 유형) : 의지력보다 기분에 따라 행동하기 쉽다.
 • 면접관의 심리 : '감정적인 것에 약하며, 상황에 따라 생산성이 떨어지지 않을까?'
 • 면접대책 : 주변 사람들과 항상 협조한다는 것을 강조하고 한결같은 상태로 일할 수 있다는 평가를 받도록 한다.

㉡ '그렇지 않다'가 많은 경우(감정의 기복이 적은 유형) : 감정의 기복이 없고, 안정적이다.
 • 면접관의 심리 : '안정적으로 업무에 임할 수 있다.'
 • 면접대책 : 기분성의 측정치가 낮으면 플러스 평가를 받으므로 자신감을 가지고 면접에 임한다.

④ **독자성(개인도)** … 주변에 대한 견해나 관심, 자신의 견해나 생각에 어느 정도의 속박감을 가지고 있는 지를 측정한다.

질문	전혀 그렇지 않다	그렇지 않다	그렇다	매우 그렇다
• 창의적 사고방식을 가지고 있다. • 융통성이 없는 편이다. • 혼자 있는 편이 많은 사람과 있는 것보다 편하다. • 개성적이라는 말을 듣는다. • 교제는 번거로운 것이라고 생각하는 경우가 많다.				

▶측정결과

㉠ '그렇다'가 많은 경우 : 자기의 관점을 중요하게 생각하는 유형으로, 주위의 상황보다 자신의 느낌과 생각을 중시한다.
  • 면접관의 심리 : '제멋대로 행동하지 않을까?'
  • 면접대책 : 주위 사람과 협조하여 일을 진행할 수 있다는 것과 상식에 얽매이지 않는다는 인상을 심어준다.

㉡ '그렇지 않다'가 많은 경우 : 상식적으로 행동하고 주변 사람의 시선에 신경을 쓴다.
  • 면접관의 심리 : '다른 직원들과 협조하여 업무를 진행할 수 있겠다.'
  • 면접대책 : 협조성이 요구되는 기업체에서는 플러스 평가를 받을 수 있다.

⑤ **자신감**(자존심도) … 자기 자신에 대해 얼마나 긍정적으로 평가하는지를 측정한다.

질문	전혀 그렇지 않다	그렇지 않다	그렇다	매우 그렇다
• 다른 사람보다 능력이 뛰어나다고 생각한다. • 다소 반대의견이 있어도 나만의 생각으로 행동할 수 있다. • 나는 다른 사람보다 기가 센 편이다. • 동료가 나를 모욕해도 무시할 수 있다. • 대개의 일을 목적한 대로 헤쳐나갈 수 있다고 생각한다.				

▶측정결과
㉠ '그렇다'가 많은 경우 : 자기 능력이나 외모 등에 자신감이 있고, 비판당하는 것을 좋아하지 않는다.
 • 면접관의 심리 : '자만하여 지시에 잘 따를 수 있을까?'
 • 면접대책 : 다른 사람의 조언을 잘 받아들이고, 겸허하게 반성하는 면이 있다는 것을 보여주고, 동료들과 잘 지내며 리더의 자질이 있다는 것을 강조한다.
㉡ '그렇지 않다'가 많은 경우 : 자신감이 없고 다른 사람의 비판에 약하다.
 • 면접관의 심리 : '패기가 부족하지 않을까?', '쉽게 좌절하지 않을까?'
 • 면접대책 : 극도의 자신감 부족으로 평가되지는 않는다. 그러나 마음이 약한 면은 있지만 의욕적으로 일을 하겠다는 마음가짐을 보여준다.

⑥ **고양성**(분위기에 들뜨는 정도) … 자유분방함, 명랑함과 같이 감정(기분)의 높고 낮음의 정도를 측정한다.

질문	전혀 그렇지 않다	그렇지 않다	그렇다	매우 그렇다
• 침착하지 못한 편이다. • 다른 사람보다 쉽게 우쭐해진다. • 모든 사람이 아는 유명인사가 되고 싶다. • 모임이나 집단에서 분위기를 이끄는 편이다. • 취미 등이 오랫동안 지속되지 않는 편이다.				

▶측정결과

㉠ '그렇다'가 많은 경우 : 자극이나 변화가 있는 일상을 원하고 기분을 들뜨게 하는 사람과 친밀하게 지내는 경향이 강하다.
- 면접관의 심리 : '일을 진행하는 데 변덕스럽지 않을까?'
- 면접대책 : 밝은 태도는 플러스 평가를 받을 수 있지만, 착실한 업무능력이 요구되는 직종에서는 마이너스 평가가 될 수 있다. 따라서 자기조절이 가능하다는 것을 보여준다.

㉡ '그렇지 않다'가 많은 경우 : 감정이 항상 일정하고, 속을 드러내 보이지 않는다.
- 면접관의 심리 : '안정적인 업무 태도를 기대할 수 있겠다.'
- 면접대책 : '고양성'의 낮음은 대체로 플러스 평가를 받을 수 있다. 그러나 '무엇을 생각하고 있는지 모르겠다' 등의 평을 듣지 않도록 주의한다.

⑦ 허위성(진위성) … 필요 이상으로 자기를 좋게 보이려 하거나 기업체가 원하는 '이상형'에 맞춘 대답을 하고 있는지, 없는지를 측정한다.

질문	전혀 그렇지 않다	그렇지 않다	그렇다	매우 그렇다
• 약속을 깨뜨린 적이 한 번도 없다. • 다른 사람을 부럽다고 생각해 본 적이 없다. • 꾸지람을 들은 적이 없다. • 사람을 미워한 적이 없다. • 화를 낸 적이 한 번도 없다.				

▶측정결과

㉠ '그렇다'가 많은 경우 : 실제의 자기와는 다른, 말하자면 원칙으로 해답할 가능성이 있다.
- 면접관의 심리 : '거짓을 말하고 있다.'
- 면접대책 : 조금이라도 좋게 보이려고 하는 '거짓말쟁이'로 평가될 수 있다. '거짓을 말하고 있다.'는 마음 따위가 전혀 없다 해도 결과적으로는 정직하게 답하지 않는다는 것이 되어 버린다. '허위성'의 측정 질문은 구분되지 않고 다른 질문 중에 섞여 있다. 그러므로 모든 질문에 솔직하게 답하여야 한다. 또한 자기 자신과 너무 동떨어진 이미지로 답하면 좋은 결과를 얻지 못한다. 그리고 면접에서 '허위성'을 기본으로 한 질문을 받게 되므로 당황하거나 또다른 모순된 답변을 하게 된다. 겉치레를 하거나 무리한 욕심을 부리지 말고 '이런 사회인이 되고 싶다.'는 현재의 자신보다, 조금 성장한 자신을 표현하는 정도가 적당하다.

㉡ '그렇지 않다'가 많은 경우 : 냉정하고 정직하며, 외부의 압력과 스트레스에 강한 유형이다. '대쪽 같음'의 이미지가 굳어지지 않도록 주의한다.

(2) 행동적인 측면

행동적 측면은 인격 중에 특히 행동으로 드러나기 쉬운 측면을 측정한다. 사람의 행동 특징 자체에는 선도 악도 없으나, 일반적으로는 일의 내용에 의해 원하는 행동이 있다. 때문에 행동적 측면은 주로 직종과 깊은 관계가 있는데 자신의 행동 특성을 살려 적합한 직종을 선택한다면 플러스가 될 수 있다.

행동 특성에서 보여 지는 특징은 면접장면에서도 드러나기 쉬운데 본서의 모의 TEST의 결과를 참고하여 자신의 태도, 행동이 면접관의 시선에 어떻게 비치는지를 점검하도록 한다.

① 사회적 내향성 … 대인관계에서 나타나는 행동경향으로 '낯가림'을 측정한다.

질문	선택
A : 파티에서는 사람을 소개받은 편이다. B : 파티에서는 사람을 소개하는 편이다.	
A : 처음 보는 사람과는 어색하게 시간을 보내는 편이다. B : 처음 보는 사람과는 즐거운 시간을 보내는 편이다.	
A : 친구가 적은 편이다. B : 친구가 많은 편이다.	
A : 자신의 의견을 말하는 경우가 적다. B : 자신의 의견을 말하는 경우가 많다.	
A : 사교적인 모임에 참석하는 것을 좋아하지 않는다. B : 사교적인 모임에 항상 참석한다.	

▶측정결과

㉠ 'A'가 많은 경우 : 내성적이고 사람들과 접하는 것에 소극적이다. 자신의 의견을 말하지 않고 조심스러운 편이다.
- 면접관의 심리 : '소극적인데 동료와 잘 지낼 수 있을까?'
- 면접대책 : 대인관계를 맺는 것을 싫어하지 않고 의욕적으로 일을 할 수 있다는 것을 보여준다.

㉡ 'B'가 많은 경우 : 사교적이고 자기의 생각을 명확하게 전달할 수 있다.
- 면접관의 심리 : '사교적이고 활동적인 것은 좋지만, 자기주장이 너무 강하지 않을까?'
- 면접대책 : 협조성을 보여주고, 자기주장이 너무 강하다는 인상을 주지 않도록 주의한다.

② 내성성(침착도) … 자신의 행동과 일에 대해 침착하게 생각하는 정도를 측정한다.

질문	선택
A : 시간이 걸려도 침착하게 생각하는 경우가 많다. B : 짧은 시간에 결정을 하는 경우가 많다.	
A : 실패의 원인을 찾고 반성하는 편이다. B : 실패를 해도 그다지(별로) 개의치 않는다.	
A : 결론이 도출되어도 몇 번 정도 생각을 바꾼다. B : 결론이 도출되면 신속하게 행동으로 옮긴다.	
A : 여러 가지 생각하는 것이 능숙하다. B : 여러 가지 일을 재빨리 능숙하게 처리하는 데 익숙하다.	
A : 여러 가지 측면에서 사물을 검토한다. B : 행동한 후 생각을 한다.	

▶측정결과

㉠ 'A'가 많은 경우 : 행동하기 보다는 생각하는 것을 좋아하고 신중하게 계획을 세워 실행한다.
• 면접관의 심리 : '행동으로 실천하지 못하고, 대응이 늦은 경향이 있지 않을까?'
• 면접대책 : 발로 뛰는 것을 좋아하고, 일을 더디게 한다는 인상을 주지 않도록 한다.

㉡ 'B'가 많은 경우 : 차분하게 생각하는 것보다 우선 행동하는 유형이다.
• 면접관의 심리 : '생각하는 것을 싫어하고 경솔한 행동을 하지 않을까?'
• 면접대책 : 계획을 세우고 행동할 수 있는 것을 보여주고 '사려깊다'라는 인상을 남기도록 한다.

③ **신체활동성** … 몸을 움직이는 것을 좋아하는가를 측정한다.

질문	선택
A : 민첩하게 활동하는 편이다. B : 준비행동이 없는 편이다.	
A : 일을 척척 해치우는 편이다. B : 일을 더디게 처리하는 편이다.	
A : 활발하다는 말을 듣는다. B : 얌전하다는 말을 듣는다.	
A : 몸을 움직이는 것을 좋아한다. B : 가만히 있는 것을 좋아한다.	
A : 스포츠를 하는 것을 즐긴다. B : 스포츠를 보는 것을 좋아한다.	

▶**측정결과**

㉠ 'A'가 많은 경우 : 활동적이고, 몸을 움직이게 하는 것이 컨디션이 좋다.
 • 면접관의 심리 : '활동적으로 활동력이 좋아 보인다.'
 • 면접대책 : 활동하고 얻은 성과 등과 주어진 상황의 대응능력을 보여준다.
㉡ 'B'가 많은 경우 : 침착한 인상으로, 차분하게 있는 타입이다.
 • 면접관의 심리 : '좀처럼 행동하려 하지 않아 보이고, 일을 빠르게 처리할 수 있을까?'

④ **지속성(노력성)** … 무슨 일이든 포기하지 않고 끈기 있게 하려는 정도를 측정한다.

질문	선택
A : 일단 시작한 일은 시간이 걸려도 끝까지 마무리한다. B : 일을 하다 어려움에 부딪히면 단념한다.	
A : 끈질긴 편이다. B : 바로 단념하는 편이다.	
A : 인내가 강하다는 말을 듣는다. B : 금방 싫증을 낸다는 말을 듣는다.	
A : 집념이 깊은 편이다. B : 담백한 편이다.	
A : 한 가지 일에 구애되는 것이 좋다고 생각한다. B : 간단하게 체념하는 것이 좋다고 생각한다.	

▶측정결과

㉠ 'A'가 많은 경우 : 시작한 것은 어려움이 있어도 포기하지 않고 인내심이 높다.
- 면접관의 심리 : '한 가지의 일에 너무 구애되고, 업무의 진행이 원활할까?'
- 면접대책 : 인내력이 있는 것은 플러스 평가를 받을 수 있지만 집착이 강해 보이기도 한다.

㉡ 'B'가 많은 경우 : 뒤끝이 없고 조그만 실패로 일을 포기하기 쉽다.
- 면접관의 심리 : '질리는 경향이 있고, 일을 정확히 끝낼 수 있을까?'
- 면접대책 : 지속적인 노력으로 성공했던 사례를 준비하도록 한다.

⑤ 신중성(주의성) ⋯ 자신이 처한 주변상황을 즉시 파악하고 자신의 행동이 어떤 영향을 미치는지를 측정한다.

질문	선택
A : 여러 가지로 생각하면서 완벽하게 준비하는 편이다. B : 행동할 때부터 임기응변적인 대응을 하는 편이다.	
A : 신중해서 타이밍을 놓치는 편이다. B : 준비 부족으로 실패하는 편이다.	
A : 자신은 어떤 일에도 신중히 대응하는 편이다. B : 순간적인 충동으로 활동하는 편이다.	
A : 시험을 볼 때 끝날 때까지 재검토하는 편이다. B : 시험을 볼 때 한 번에 모든 것을 마치는 편이다.	
A : 일에 대해 계획표를 만들어 실행한다. B : 일에 대한 계획표 없이 진행한다.	

▶측정결과

㉠ 'A'가 많은 경우 : 주변 상황에 민감하고, 예측하여 계획 있게 일을 진행한다.
- 면접관의 심리 : '너무 신중해서 적절한 판단을 할 수 있을까?', '앞으로의 상황에 불안을 느끼지 않을까?'
- 면접대책 : 예측을 하고 실행을 하는 것은 플러스 평가가 되지만, 너무 신중하면 일의 진행이 정체될 가능성을 보이므로 추진력이 있다는 강한 의욕을 보여준다.

㉡ 'B'가 많은 경우 : 주변 상황을 살펴보지 않고 착실한 계획 없이 일을 진행시킨다.
- 면접관의 심리 : '사려 깊지 않고, 실패하는 일이 많지 않을까?', '판단이 빠르고 유연한 사고를 할 수 있을까?'
- 면접대책 : 사전준비를 중요하게 생각하고 있다는 것 등을 보여주고, 경솔한 인상을 주지 않도록 한다. 또한 판단력이 빠르거나 유연한 사고 덕분에 일 처리를 잘 할 수 있다는 것을 강조한다.

(3) 의욕적인 측면

의욕적인 측면은 의욕의 정도, 활동력의 유무 등을 측정한다. 여기서의 의욕이란 우리들이 보통 말하고 사용하는 '하려는 의지'와는 조금 뉘앙스가 다르다. '하려는 의지'란 그 때의 환경이나 기분에 따라 변화하는 것이지만, 여기에서는 조금 더 변화하기 어려운 특징, 말하자면 정신적 에너지의 양으로 측정하는 것이다.

의욕적 측면은 행동적 측면과는 다르고, 전반적으로 어느 정도 점수가 높은 쪽을 선호한다. 모의검사의 의욕적 측면의 결과가 낮다면, 평소 일에 몰두할 때 조금 의욕 있는 자세를 가지고 서서히 개선하도록 노력해야 한다.

① 달성의욕 … 목적의식을 가지고 높은 이상을 가지고 있는지를 측정한다.

질문	선택
A : 경쟁심이 강한 편이다. B : 경쟁심이 약한 편이다.	
A : 어떤 한 분야에서 제1인자가 되고 싶다고 생각한다. B : 어느 분야에서든 성실하게 임무를 진행하고 싶다고 생각한다.	
A : 규모가 큰 일을 해보고 싶다. B : 맡은 일에 충실히 임하고 싶다.	
A : 아무리 노력해도 실패한 것은 아무런 도움이 되지 않는다. B : 가령 실패했을 지라도 나름대로의 노력이 있었으므로 괜찮다.	
A : 높은 목표를 설정하여 수행하는 것이 의욕적이다. B : 실현 가능한 정도의 목표를 설정하는 것이 의욕적이다.	

▶측정결과

㉠ 'A'가 많은 경우 : 큰 목표와 높은 이상을 가지고 승부욕이 강한 편이다.
• 면접관의 심리 : '열심히 일을 해줄 것 같은 유형이다.'
• 면접대책 : 달성의욕이 높다는 것은 어떤 직종이라도 플러스 평가가 된다.

㉡ 'B'가 많은 경우 : 현재의 생활을 소중하게 여기고 비약적인 발전을 위하여 기를 쓰지 않는다.
• 면접관의 심리 : '외부의 압력에 약하고, 기획입안 등을 하기 어려울 것이다.'
• 면접대책 : 일을 통하여 하고 싶은 것들을 구체적으로 어필한다.

② **활동의욕** … 자신에게 잠재된 에너지의 크기로, 정신적인 측면의 활동력이라 할 수 있다.

질문	선택
A : 하고 싶은 일을 실행으로 옮기는 편이다. B : 하고 싶은 일을 좀처럼 실행할 수 없는 편이다.	
A : 어려운 문제를 해결해 가는 것이 좋다. B : 어려운 문제를 해결하는 것을 잘하지 못한다.	
A : 일반적으로 결단이 빠른 편이다. B : 일반적으로 결단이 느린 편이다.	
A : 곤란한 상황에도 도전하는 편이다. B : 사물의 본질을 깊게 관찰하는 편이다.	
A : 시원시원하다는 말을 잘 듣는다. B : 꼼꼼하다는 말을 잘 듣는다.	

▶측정결과

㉠ 'A'가 많은 경우 : 꾸물거리는 것을 싫어하고 재빠르게 결단해서 행동하는 타입이다.
- 면접관의 심리 : '일을 처리하는 솜씨가 좋고, 일을 척척 진행할 수 있을 것 같다.'
- 면접대책 : 활동의욕이 높은 것은 플러스 평가가 된다. 사교성이나 활동성이 강하다는 인상을 준다.

㉡ 'B'가 많은 경우 : 안전하고 확실한 방법을 모색하고 차분하게 시간을 아껴서 일에 임하는 타입이다.
- 면접관의 심리 : '재빨리 행동을 못하고, 일의 처리속도가 느린 것이 아닐까?'
- 면접대책 : 활동성이 있는 것을 좋아하고 움직임이 더디다는 인상을 주지 않도록 한다.

03 성격의 유형

(1) 인성검사유형의 4가지 척도

정서적인 측면, 행동적인 측면, 의욕적인 측면의 요소들은 성격 특성이라는 관점에서 제시된 것들로 각 개인의 장·단점을 파악하는 데 유용하다. 그러나 전체적인 개인의 인성을 이해하는 데는 한계가 있다.

성격의 유형은 개인의 '성격적인 특색'을 가리키는 것으로, 사회인으로서 적합한지, 아닌지를 말하는 관점과는 관계가 없다. 따라서 채용의 합격 여부에는 사용되지 않는 경우가 많으며, 입사 후의 적정 부서 배치의 자료가 되는 편이라 생각하면 된다. 그러나 채용과 관계가 없다고 해서 아무런 준비도 필요없는 것은 아니다. 자신을 아는 것은 면접 대책의 밑거름이 되므로 모의검사 결과를 충분히 활용하도록 하여야 한다.

본서에서는 4개의 척도를 사용하여 기본적으로 16개의 패턴으로 성격의 유형을 분류하고 있다. 각 개인의 성격이 어떤 유형인지 재빨리 파악하기 위해 사용되며, '적성'에 맞는지, 맞지 않는지의 관점에 활용된다.

- 흥미 · 관심의 방향 : 내향형 ←——————→ 외향형
- 사물에 대한 견해 : 직관형 ←——————→ 감각형
- 판단하는 방법 : 감정형 ←——————→ 사고형
- 환경에 대한 접근방법 : 지각형 ←——————→ 판단형

(2) 성격유형

① 흥미 · 관심의 방향(내향⇆외향) … 흥미 · 관심의 방향이 자신의 내면에 있는지, 주위환경 등 외면에 향하는 지를 가리키는 척도이다.

질문	선택
A : 내성적인 성격인 편이다. B : 개방적인 성격인 편이다.	
A : 항상 신중하게 생각을 하는 편이다. B : 바로 행동에 착수하는 편이다.	
A : 수수하고 조심스러운 편이다. B : 자기 표현력이 강한 편이다.	
A : 다른 사람과 함께 있으면 침착하지 않다. B : 혼자서 있으면 침착하지 않다.	

▶측정결과
㉠ 'A'가 많은 경우(내향) : 관심의 방향이 자기 내면에 있으며, 조용하고 낯을 가리는 유형이다. 행동력은 부족하나 집중력이 뛰어나고 신중하고 꼼꼼하다.
㉡ 'B'가 많은 경우(외향) : 관심의 방향이 외부환경에 있으며, 사교적이고 활동적인 유형이다. 꼼꼼함이 부족하여 대충하는 경향이 있으나 행동력이 있다.

② **일(사물)을 보는 방법(직감⇆감각)** … 일(사물)을 보는 법이 직감적으로 형식에 얽매이는지, 감각적으로 상식적인지를 가리키는 척도이다.

질문	선택
A : 현실주의적인 편이다. B : 상상력이 풍부한 편이다.	
A : 정형적인 방법으로 일을 처리하는 것을 좋아한다. B : 만들어진 방법에 변화가 있는 것을 좋아한다.	
A : 경험에서 가장 적합한 방법으로 선택한다. B : 지금까지 없었던 새로운 방법을 개척하는 것을 좋아한다.	
A : 성실하다는 말을 듣는다. B : 호기심이 강하다는 말을 듣는다.	

▶측정결과

㉠ 'A'가 많은 경우(감각) : 현실적이고 경험주의적이며 보수적인 유형이다.
㉡ 'B'가 많은 경우(직관) : 새로운 주제를 좋아하며, 독자적인 시각을 가진 유형이다.

③ **판단하는 방법(감정⇆사고)** … 일을 감정적으로 판단하는지, 논리적으로 판단하는지를 가리키는 척도이다.

질문	선택
A : 인간관계를 중시하는 편이다. B : 일의 내용을 중시하는 편이다.	
A : 결론을 자기의 신념과 감정에서 이끌어내는 편이다. B : 결론을 논리적 사고에 의거하여 내리는 편이다.	
A : 다른 사람보다 동정적이고 눈물이 많은 편이다. B : 다른 사람보다 이성적이고 냉정하게 대응하는 편이다.	
A : 남의 이야기를 듣고 감정몰입이 빠른 편이다. B : 고민 상담을 받으면 해결책을 제시해주는 편이다.	

▶측정결과

㉠ 'A'가 많은 경우(감정) : 일을 판단할 때 마음·감정을 중요하게 여기는 유형이다. 감정이 풍부하고 친절하나 엄격함이 부족하고 우유부단하며, 합리성이 부족하다.
㉡ 'B'가 많은 경우(사고) : 일을 판단할 때 논리성을 중요하게 여기는 유형이다. 이성적이고 합리적이나 타인에 대한 배려가 부족하다.

④ 환경에 대한 **접근방법** … 주변상황에 어떻게 접근하는지, 그 판단기준을 어디에 두는지를 측정한다.

질문	선택
A : 사전에 계획을 세우지 않고 행동한다. B : 반드시 계획을 세우고 그것에 의거해서 행동한다. A : 자유롭게 행동하는 것을 좋아한다. B : 조직적으로 행동하는 것을 좋아한다. A : 조직성이나 관습에 속박당하지 않는다. B : 조직성이나 관습을 중요하게 여긴다. A : 계획 없이 낭비가 심한 편이다. B : 예산을 세워 물건을 구입하는 편이다.	

▶측정결과

㉠ 'A'가 많은 경우(지각) : 일의 변화에 융통성을 가지고 유연하게 대응하는 유형이다. 낙관적이며 질서보다는 자유를 좋아하나 임기응변식의 대응으로 무계획적인 인상을 줄 수 있다.

㉡ 'B'가 많은 경우(판단) : 일의 진행시 계획을 세워서 실행하는 유형이다. 순차적으로 진행하는 일을 좋아하고 끈기가 있으나 변화에 대해 적절하게 대응하지 못하는 경향이 있다.

04 인성검사의 대책

(1) 미리 알아두어야 할 점

① 출제 문항 수 … 인성검사의 출제 문항 수는 특별히 정해진 것이 아니며 각 기업체의 기준에 따라 달라질 수 있다. 보통 100문항 이상에서 500문항까지 출제된다고 예상하면 된다.

② 출제형식

　㉠ 1Set로 묶인 세 개의 문항 중 자신에게 가장 가까운 것(Most)과 가장 먼 것(Least)을 하나씩 고르는 유형(72Set, 1Set당 3문항)

다음 세 가지 문항 중 자신에게 가장 가까운 것은 Most, 가장 먼 것은 Least에 체크하시오.

질문	Most	Least
① 자신의 생각이나 의견은 좀처럼 변하지 않는다.	✔	
② 구입한 후 끝까지 읽지 않은 책이 많다.		✔
③ 여행가기 전에 계획을 세운다.		

　㉡ '예' 아니면 '아니오'의 유형(178문항)

다음 문항을 읽고 자신에게 해당되는지 안 되는지를 판단하여 해당될 경우 '예'를, 해당되지 않을 경우 '아니오'를 고르시오.

질문	예	아니오
① 걱정거리가 있어서 잠을 못 잘 때가 있다.	✔	
② 시간에 쫓기는 것이 싫다.		✔

　㉢ 그 외의 유형

다음 문항에 대해서 평소에 자신이 생각하고 있는 것이나 행동하고 있는 것에 체크하시오.

질문	전혀 그렇지 않다	그렇지 않다	그렇다	매우 그렇다
① 머리를 쓰는 것보다 땀을 흘리는 일이 좋다.			✔	
② 자신은 사교적이 아니라고 생각한다.	✔			

(2) 임하는 자세

① **솔직하게 있는 그대로 표현한다** … 인성검사는 평범한 일상생활 내용들을 다룬 짧은 문장과 어떤 대상이나 일에 대한 선로를 선택하는 문장으로 구성되었으므로 평소에 자신이 생각한 바를 너무 골똘히 생각하지 말고 문제를 보는 순간 떠오른 것을 표현한다.

② **모든 문제를 신속하게 대답한다** … 인성검사는 시간 제한이 없는 것이 원칙이지만 기업체들은 일정한 시간 제한을 두고 있다. 인성검사는 개인의 성격과 자질을 알아보기 위한 검사이기 때문에 정답이 없다. 다만, 기업체에서 바람직하게 생각하거나 기대되는 결과가 있을 뿐이다. 따라서 시간에 쫓겨서 대충 대답을 하는 것은 바람직하지 못하다.

③ **일관성 있게 대답한다** … 간혹 반복되는 문제들이 출제되기 때문에 일관성 있게 답하지 않으면 감점될 수 있으므로 유의한다. 실제로 공기업 인사부 직원의 인터뷰에 따르면 일관성이 없게 대답한 응시자들이 감점을 받아 탈락했다고 한다. 거짓된 응답을 하다보면 일관성 없는 결과가 나타날 수 있으므로, 위에서 언급한 대로 신속하고 솔직하게 답해 일관성 있는 응답을 하는 것이 중요하다.

④ **마지막까지 집중해서 검사에 임한다** … 장시간 진행되는 검사에 지치지 않고 마지막까지 집중해서 정확히 답할 수 있도록 해야 한다.

실전 인성검사

✍ 유형 Ⅰ

❚1~30❚ 다음 질문에 대해서 평소 자신이 생각하고 있는 것이나 행동하고 있는 것에 대해 주어진 응답요령에 따라 박스에 답하시오.

응답요령

• **응답 Ⅰ** : 제시된 문항들을 읽은 다음 각각의 문항에 대해 자신이 동의하는 정도를 ①(전혀 그렇지 않다)~⑤(매우 그렇다)로 표시하면 된다.

• **응답 Ⅱ** : 제시된 문항들을 비교하여 상대적으로 자신의 성격과 가장 가까운 문항 하나와 가장 거리가 먼 문항 하나를 선택하여야 한다(응답 Ⅱ의 응답은 가깝다 1개, 멀다 1개, 무응답 2개이어야 한다).

1

문항	응답 Ⅰ					응답 Ⅱ	
	①	②	③	④	⑤	멀다	가깝다
A. 몸을 움직이는 것을 좋아하지 않는다.							
B. 쉽게 질리는 편이다.							
C. 경솔한 편이라고 생각한다.							
D. 인생의 목표는 손이 닿을 정도면 된다.							

2

문항	응답 Ⅰ					응답 Ⅱ	
	①	②	③	④	⑤	멀다	가깝다
A. 무슨 일도 좀처럼 시작하지 못한다.							
B. 초면인 사람과도 바로 친해질 수 있다.							
C. 행동하고 나서 생각하는 편이다.							
D. 쉬는 날은 집에 있는 경우가 많다.							

3

문항	응답 I					응답 II	
	①	②	③	④	⑤	멀다	가깝다
A. 조금이라도 나쁜 소식은 절망의 시작이라고 생각해 버린다.							
B. 언제나 실패가 걱정이 되어 어쩔 줄 모른다.							
C. 다수결의 의견에 따르는 편이다.							
D. 혼자서 술집에 들어가는 것은 전혀 두려운 일이 아니다.							

4

문항	응답 I					응답 II	
	①	②	③	④	⑤	멀다	가깝다
A. 승부근성이 강하다.							
B. 자주 흥분해서 침착하지 못하다.							
C. 지금까지 살면서 타인에게 폐를 끼친 적이 없다.							
D. 소곤소곤 이야기하는 것을 보면 자기에 대해 험담하고 있는 것으로 생각된다.							

5

문항	응답 I					응답 II	
	①	②	③	④	⑤	멀다	가깝다
A. 무엇이든지 자기가 나쁘다고 생각하는 편이다.							
B. 자신을 변덕스러운 사람이라고 생각한다.							
C. 고독을 즐기는 편이다.							
D. 자존심이 강하다고 생각한다.							

6

문항	응답 I					응답 II	
	①	②	③	④	⑤	멀다	가깝다
A. 금방 흥분하는 성격이다.							
B. 거짓말을 한 적이 없다.							
C. 신경질적인 편이다.							
D. 끙끙대며 고민하는 타입이다.							

7

문항	응답 I					응답 II	
	①	②	③	④	⑤	멀다	가깝다
A. 감정적인 사람이라고 생각한다.							
B. 자신만의 신념을 가지고 있다.							
C. 다른 사람을 바보 같다고 생각한 적이 있다.							
D. 금방 말해버리는 편이다.							

8

문항	응답 I					응답 II	
	①	②	③	④	⑤	멀다	가깝다
A. 싫어하는 사람이 없다.							
B. 대재앙이 오지 않을까 항상 걱정을 한다.							
C. 쓸데없는 고생을 하는 일이 많다.							
D. 자주 생각이 바뀌는 편이다.							

9

문항	응답 I					응답 II	
	①	②	③	④	⑤	멀다	가깝다
A. 문제점을 해결하기 위해 여러 사람과 상의한다.							
B. 내 방식대로 일을 한다.							
C. 영화를 보고 운 적이 많다.							
D. 어떤 것에 대해서도 화낸 적이 없다.							

10

문항	응답 I					응답 II	
	①	②	③	④	⑤	멀다	가깝다
A. 사소한 충고에도 걱정을 한다.							
B. 자신은 도움이 안 되는 사람이라고 생각한다.							
C. 금방 싫증을 내는 편이다.							
D. 개성적인 사람이라고 생각한다.							

11

문항	응답 I					응답 II	
	①	②	③	④	⑤	멀다	가깝다
A. 자기주장이 강한 편이다.							
B. 뒤숭숭하다는 말을 들은 적이 있다.							
C. 학교를 쉬고 싶다고 생각한 적이 한 번도 없다.							
D. 사람들과 관계 맺는 것을 보면 잘하지 못한다.							

12

문항	응답 I					응답 II	
	①	②	③	④	⑤	멀다	가깝다
A. 사려 깊은 편이다.							
B. 몸을 움직이는 것을 좋아한다.							
C. 끈기가 있는 편이다.							
D. 신중한 편이라고 생각한다.							

13

문항	응답 I					응답 II	
	①	②	③	④	⑤	멀다	가깝다
A. 인생의 목표는 큰 것이 좋다.							
B. 어떤 일이라도 바로 시작하는 타입이다.							
C. 낯가림을 하는 편이다.							
D. 생각하고 나서 행동하는 편이다.							

14

문항	응답 I					응답 II	
	①	②	③	④	⑤	멀다	가깝다
A. 쉬는 날은 밖으로 나가는 경우가 많다.							
B. 시작한 일은 반드시 완성시킨다.							
C. 면밀한 계획을 세운 여행을 좋아한다.							
D. 야망이 있는 편이라고 생각한다.							

15

문항	응답 I					응답 II	
	①	②	③	④	⑤	멀다	가깝다
A. 활동력이 있는 편이다.							
B. 많은 사람들과 와자지껄하게 식사하는 것을 좋아하지 않는다.							
C. 돈을 허비한 적이 없다.							
D. 운동회를 아주 좋아하고 기대했다.							

16

문항	응답 I					응답 II	
	①	②	③	④	⑤	멀다	가깝다
A. 하나의 취미에 열중하는 타입이다.							
B. 모임에서 회장에 어울린다고 생각한다.							
C. 입신출세의 성공이야기를 좋아한다.							
D. 어떠한 일도 의욕을 가지고 임하는 편이다.							

17

문항	응답 I					응답 II	
	①	②	③	④	⑤	멀다	가깝다
A. 학급에서는 존재가 희미했다.							
B. 항상 무언가를 생각하고 있다.							
C. 스포츠는 보는 것보다 하는 게 좋다.							
D. 잘한다라는 말을 자주 듣는다.							

18

문항	응답 I					응답 II	
	①	②	③	④	⑤	멀다	가깝다
A. 흐린 날은 반드시 우산을 가지고 간다.							
B. 주연상을 받을 수 있는 배우를 좋아한다.							
C. 공격하는 타입이라고 생각한다.							
D. 리드를 받는 편이다.							

19

문항	응답 I					응답 II	
	①	②	③	④	⑤	멀다	가깝다
A. 너무 신중해서 기회를 놓친 적이 있다.							
B. 시원시원하게 움직이는 타입이다.							
C. 야근을 해서라도 업무를 끝낸다.							
D. 누군가를 방문할 때는 반드시 사전에 확인한다.							

20

문항	응답 I					응답 II	
	①	②	③	④	⑤	멀다	가깝다
A. 노력해도 결과가 따르지 않으면 의미가 없다.							
B. 무조건 행동해야 한다.							
C. 유행에 둔감하다고 생각한다.							
D. 정해진 대로 움직이는 것은 시시하다.							

21

문항	응답 I					응답 II	
	①	②	③	④	⑤	멀다	가깝다
A. 꿈을 계속 가지고 있고 싶다.							
B. 질서보다 자유를 중요시하는 편이다.							
C. 혼자서 취미에 몰두하는 것을 좋아한다.							
D. 직관적으로 판단하는 편이다.							

22

문항	응답 I					응답 II	
	①	②	③	④	⑤	멀다	가깝다
A. 영화나 드라마를 보면 등장인물의 감정에 이입된다.							
B. 시대의 흐름에 역행해서라도 자신을 관철하고 싶다.							
C. 다른 사람의 소문에 관심이 없다.							
D. 창조적인 편이다.							

23

문항	응답 I					응답 II	
	①	②	③	④	⑤	멀다	가깝다
A. 비교적 눈물이 많은 편이다.							
B. 융통성이 있다고 생각한다.							
C. 친구의 휴대전화 번호를 잘 모른다.							
D. 스스로 고안하는 것을 좋아한다.							

24

문항	응답 I					응답 II	
	①	②	③	④	⑤	멀다	가깝다
A. 정이 두터운 사람으로 남고 싶다.							
B. 조직의 일원으로 별로 안 어울린다.							
C. 세상의 일에 별로 관심이 없다.							
D. 변화를 추구하는 편이다.							

25

문항	응답 I					응답 II	
	①	②	③	④	⑤	멀다	가깝다
A. 업무는 인간관계로 선택한다.							
B. 환경이 변하는 것에 구애되지 않는다.							
C. 불안감이 강한 편이다.							
D. 인생은 살 가치가 없다고 생각한다.							

26

문항	응답 I					응답 II	
	①	②	③	④	⑤	멀다	가깝다
A. 의지가 약한 편이다.							
B. 다른 사람이 하는 일에 별로 관심이 없다.							
C. 사람을 설득시키는 것은 어렵지 않다.							
D. 심심한 것을 못 참는다.							

27

문항	응답 Ⅰ					응답 Ⅱ	
	①	②	③	④	⑤	멀다	가깝다
A. 다른 사람을 욕한 적이 한 번도 없다.							
B. 다른 사람에게 어떻게 보일지 신경을 쓴다.							
C. 금방 낙심하는 편이다.							
D. 다른 사람에게 의존하는 경향이 있다.							

28

문항	응답 Ⅰ					응답 Ⅱ	
	①	②	③	④	⑤	멀다	가깝다
A. 그다지 융통성이 있는 편이 아니다.							
B. 다른 사람이 내 의견에 간섭하는 것이 싫다.							
C. 낙천적인 편이다.							
D. 숙제를 잊어버린 적이 한 번도 없다.							

29

문항	응답 Ⅰ					응답 Ⅱ	
	①	②	③	④	⑤	멀다	가깝다
A. 밤길에는 발소리가 들리기만 해도 불안하다.							
B. 상냥하다는 말을 들은 적이 있다.							
C. 자신은 유치한 사람이다.							
D. 잡담을 하는 것보다 책을 읽는게 낫다.							

30

문항	응답 Ⅰ					응답 Ⅱ	
	①	②	③	④	⑤	멀다	가깝다
A. 나는 영업에 적합한 타입이라고 생각한다.							
B. 술자리에서 술을 마시지 않아도 흥을 돋울 수 있다.							
C. 한 번도 병원에 간 적이 없다.							
D. 나쁜 일은 걱정이 되어서 어쩔 줄을 모른다.							

✎ 유형 II

┃1~30┃ 다음 각 문제에서 제시된 4개의 질문 중 자신의 생각과 일치하거나 자신을 가장 잘 나타내는 질문과 가장 거리가 먼 질문을 각각 하나씩 고르시오.

	질문	가깝다	멀다
1	나는 계획적으로 일을 하는 것을 좋아한다.		
	나는 꼼꼼하게 일을 마무리 하는 편이다.		
	나는 새로운 방법으로 문제를 해결하는 것을 좋아한다.		
	나는 빠르고 신속하게 일을 처리해야 마음이 편하다.		
2	나는 문제를 해결하기 위해 여러 사람과 상의한다.		
	나는 어떠한 결정을 내릴 때 신중한 편이다.		
	나는 시작한 일은 반드시 완성시킨다.		
	나는 문제를 현실적이고 객관적으로 해결한다.		
3	나는 글보다 말로 표현하는 것이 편하다.		
	나는 논리적인 원칙에 따라 행동하는 것이 좋다.		
	나는 집중력이 강하고 매사에 철저하다.		
	나는 자기능력을 뽐내지 않고 겸손하다.		
4	나는 융통성 있게 업무를 처리한다.		
	나는 질문을 받으면 충분히 생각하고 나서 대답한다.		
	나는 긍정적이고 낙천적인 사고방식을 갖고 있다.		
	나는 매사에 적극적인 편이다.		
5	나는 기발한 아이디어를 많이 낸다.		
	나는 새로운 일을 하는 것이 좋다.		
	나는 타인의 견해를 잘 고려한다.		
	나는 사람들을 잘 설득시킨다.		
6	나는 종종 화가 날 때가 있다.		
	나는 화를 잘 참지 못한다.		
	나는 단호하고 통솔력이 있다.		
	나는 집단을 이끌어가는 능력이 있다.		
7	나는 조용하고 성실하다.		
	나는 책임감이 강하다.		
	나는 독창적이며 창의적이다.		
	나는 복잡한 문제도 간단하게 해결한다.		

질문	가깝다	멀다
8 나는 관심 있는 분야에 몰두하는 것이 즐겁다.		
나는 목표를 달성하는 것을 중요하게 생각한다.		
나는 상황에 따라 일정을 조율하는 융통성이 있다.		
나는 의사결정에 신속함이 있다.		
9 나는 정리 정돈과 계획에 능하다.		
나는 사람들의 관심을 받는 것이 기분 좋다.		
나는 때로는 고집스러울 때도 있다.		
나는 원리원칙을 중시하는 편이다.		
10 나는 맡은 일에 헌신적이다.		
나는 타인의 감정에 민감하다.		
나는 목적과 방향은 변화할 수 있다고 생각한다.		
나는 다른 사람과 의견의 충돌은 피하고 싶다.		
11 나는 구체적인 사실을 잘 기억하는 편이다.		
나는 새로운 일을 시도하는 것이 즐겁다.		
나는 겸손하다.		
나는 다른 사람과 별다른 마찰이 없다.		
12 나는 나이에 비해 성숙한 편이다.		
나는 유머감각이 있다.		
나는 다른 사람의 생각이나 의견을 중요시 생각한다.		
나는 솔직하고 단호한 편이다.		
13 나는 낙천적이고 긍정적이다.		
나는 집단을 이끌어가는 능력이 있다.		
나는 사람들에게 인기가 많다.		
나는 활동을 조직하고 주도해나가는데 능하다.		
14 나는 사람들에게 칭찬을 잘 한다.		
나는 사교성이 풍부한 편이다.		
나는 동정심이 많다.		
나는 정보에 밝고 지식에 대한 욕구가 높다.		
15 나는 호기심이 많다.		
나는 다수결의 의견에 쉽게 따른다.		
나는 승부근성이 강하다.		
나는 자존심이 강한 편이다.		
16 나는 한번 생각한 것은 자주 바꾸지 않는다.		
나는 개성 있다는 말을 자주 듣는다.		
나는 나만의 방식으로 업무를 풀어나가는데 능하다.		
나는 신중한 편이라고 생각한다.		

	질문	가깝다	멀다
17	나는 문제를 해결하기 위해 많은 사람의 의견을 참고한다.		
	나는 몸을 움직이는 것을 좋아한다.		
	나는 시작한 일은 반드시 완성시킨다.		
	나는 문제 상황을 객관적으로 대처하는데 자신이 있다.		
18	나는 목표를 향해 계속 도전하는 편이다.		
	나는 실패하는 것이 두렵지 않다.		
	나는 친구들이 많은 편이다.		
	나는 다른 사람의 시선을 고려하여 행동한다.		
19	나는 추상적인 이론을 잘 기억하는 편이다.		
	나는 적극적으로 행동하는 편이다.		
	나는 말하는 것을 좋아한다.		
	나는 꾸준히 노력하는 타입이다.		
20	나는 실행력이 있는 편이다.		
	나는 조직 내 분위기 메이커이다.		
	나는 세심하지 못한 편이다.		
	나는 모임에서 지원자 역할을 맡는 것이 좋다.		
21	나는 현실적이고 실용적인 것을 추구한다.		
	나는 계획을 세우고 실행하는 것이 재미있다.		
	나는 꾸준한 취미를 갖고 있다.		
	나는 성급하게 결정하지 않는다.		
22	나는 싫어하는 사람과도 아무렇지 않게 이야기 할 수 있다.		
	내 책상은 항상 깔끔히 정돈되어 있다.		
	나는 실패보다 성공을 먼저 생각한다.		
	나는 동료와의 경쟁도 즐긴다.		
23	나는 능력을 칭찬받는 경우가 많다.		
	나는 논리정연하게 말을 하는 편이다.		
	나는 사물의 근원과 배경에 대해 관심이 많다.		
	나는 문제에 부딪히면 스스로 해결하는 편이다.		
24	나는 부지런한 편이다.		
	나는 일을 하는 속도가 빠르다.		
	나는 독특하고 창의적인 생각을 잘한다.		
	나는 약속한 일은 어기지 않는다.		
25	나는 환경의 변화에도 쉽게 적응할 수 있다.		
	나는 망설이는 것보다 도전하는 편이다.		
	나는 완벽주의자이다.		
	나는 팀을 짜서 일을 하는 것이 재미있다.		

	질문	가깝다	멀다
26	나는 조직을 위해서 내 이익을 포기할 수 있다.		
	나는 상상력이 풍부하다.		
	나는 여러 가지 각도로 사물을 분석하는 것이 좋다.		
	나는 인간관계를 중시하는 편이다.		
27	나는 경험한 방법 중 가장 적합한 방법으로 일을 해결한다.		
	나는 독자적인 시각을 갖고 있다.		
	나는 시간이 걸려도 침착하게 생각하는 경우가 많다.		
	나는 높은 목표를 설정하고 이루기 위해 노력하는 편이다.		
28	나는 성격이 시원시원하다는 말을 자주 듣는다.		
	나는 자기 표현력이 강한 편이다.		
	나는 일의 내용을 중요시 여긴다.		
	나는 다른 사람보다 동정심이 많은 편이다.		
29	나는 하기 싫은 일을 맡아도 표시내지 않고 마무리 한다.		
	나는 누가 시키지 않아도 일을 계획적으로 진행한다.		
	나는 한 가지 일에 집중을 잘 하는 편이다.		
	나는 남을 설득하고 이해시키는데 자신이 있다.		
30	나는 비합리적이거나 불의를 보면 쉽게 지나치지 못한다.		
	나는 무엇이던 시작하면 이루어야 직성이 풀린다.		
	나는 사람을 가리지 않고 쉽게 사귄다.		
	나는 어렵고 힘든 일에 도전하는 것에 쾌감을 느낀다.		

✎ 유형 Ⅲ

┃1~200 ┃ 다음 ( ) 안에 당신에게 해당사항이 있으면 'YES', 그렇지 않다면 'NO'를 선택하시오.

	YES	NO

1. 사람들이 붐비는 도시보다 한적한 시골이 좋다. ·····( )( )
2. 전자기기를 잘 다루지 못하는 편이다. ·····( )( )
3. 인생에 대해 깊이 생각해 본 적이 없다. ·····( )( )
4. 혼자서 식당에 들어가는 것은 전혀 두려운 일이 아니다. ·····( )( )
5. 남녀 사이의 연애에서 중요한 것은 돈이다. ·····( )( )
6. 걸음걸이가 빠른 편이다. ·····( )( )
7. 육류보다 채소류를 더 좋아한다. ·····( )( )
8. 소곤소곤 이야기하는 것을 보면 자기에 대해 험담하고 있는 것으로 생각된다. ·····( )( )
9. 여럿이 어울리는 자리에서 이야기를 주도하는 편이다. ·····( )( )
10. 집에 머무는 시간보다 밖에서 활동하는 시간이 더 많은 편이다. ·····( )( )
11. 무엇인가 창조해내는 작업을 좋아한다. ·····( )( )
12. 자존심이 강하다고 생각한다. ·····( )( )
13. 금방 흥분하는 성격이다. ·····( )( )
14. 거짓말을 한 적이 많다. ·····( )( )
15. 신경질적인 편이다. ·····( )( )
16. 끙끙대며 고민하는 타입이다. ·····( )( )
17. 자신이 맡은 일에 반드시 책임을 지는 편이다. ·····( )( )
18. 누군가와 마주하는 것보다 통화로 이야기하는 것이 더 편하다. ·····( )( )
19. 운동신경이 뛰어난 편이다. ·····( )( )
20. 생각나는 대로 말해버리는 편이다. ·····( )( )
21. 싫어하는 사람이 없다. ·····( )( )
22. 학창시절 국·영·수보다는 예체능 과목을 더 좋아했다. ·····( )( )

23. 쓸데없는 고생을 하는 일이 많다. ·····························( )( )

24. 자주 생각이 바뀌는 편이다. ·····································( )( )

25. 갈등은 대화로 해결한다. ·······································( )( )

26. 내 방식대로 일을 한다. ···( )( )

27. 영화를 보고 운 적이 많다. ·····································( )( )

28. 어떤 것에 대해서도 화낸 적이 없다. ·························( )( )

29. 좀처럼 아픈 적이 없다. ···( )( )

30. 자신은 도움이 안 되는 사람이라고 생각한다. ···············( )( )

31. 어떤 일이든 쉽게 싫증을 내는 편이다. ·····················( )( )

32. 개성적인 사람이라고 생각한다. ·······························( )( )

33. 자기주장이 강한 편이다. ·······································( )( )

34. 뒤숭숭하다는 말을 들은 적이 있다. ·························( )( )

35. 인터넷 사용이 아주 능숙하다. ·································( )( )

36. 사람들과 관계 맺는 것을 보면 잘하지 못한다. ···············( )( )

37. 사고방식이 독특하다. ··( )( )

38. 대중교통보다는 걷는 것을 더 선호한다. ·····················( )( )

39. 끈기가 있는 편이다. ···( )( )

40. 신중한 편이라고 생각한다. ·····································( )( )

41. 인생의 목표는 큰 것이 좋다. ···································( )( )

42. 어떤 일이라도 바로 시작하는 타입이다. ·····················( )( )

43. 낯가림을 하는 편이다. ···( )( )

44. 생각하고 나서 행동하는 편이다. ·······························( )( )

45. 쉬는 날은 밖으로 나가는 경우가 많다. ·····················( )( )

46. 시작한 일은 반드시 완성시킨다. ·······························( )( )

47. 면밀한 계획을 세운 여행을 좋아한다. ·····························(　)(　)

48. 야망이 있는 편이라고 생각한다. ·······························(　)(　)

49. 활동력이 있는 편이다. ····································(　)(　)

50. 많은 사람들과 왁자지껄하게 식사하는 것을 좋아하지 않는다. ···(　)(　)

51. 장기적인 계획을 세우는 것을 꺼려한다. ·····················(　)(　)

52. 자기 일이 아닌 이상 무심한 편이다. ························(　)(　)

53. 하나의 취미에 열중하는 타입이다. ··························(　)(　)

54. 스스로 모임에서 회장에 어울린다고 생각한다. ···············(　)(　)

55. 입신출세의 성공이야기를 좋아한다. ························(　)(　)

56. 어떠한 일도 의욕을 가지고 임하는 편이다. ··················(　)(　)

57. 학급에서는 존재가 희미했다. ······························(　)(　)

58. 항상 무언가를 생각하고 있다. ····························(　)(　)

59. 스포츠는 보는 것보다 하는 게 좋다. ·······················(　)(　)

60. 문제 상황을 바르게 인식하고 현실적이고 객관적으로 대처한다. ·(　)(　)

61. 흐린 날은 반드시 우산을 가지고 간다. ·····················(　)(　)

62. 여러 명보다 1 : 1로 대화하는 것을 선호한다. ···············(　)(　)

63. 공격하는 타입이라고 생각한다. ···························(　)(　)

64. 리드를 받는 편이다. ···································(　)(　)

65. 너무 신중해서 기회를 놓친 적이 있다. ·····················(　)(　)

66. 시원시원하게 움직이는 타입이다. ·························(　)(　)

67. 야근을 해서라도 업무를 끝낸다. ··························(　)(　)

68. 누군가를 방문할 때는 반드시 사전에 확인한다. ··············(　)(　)

69. 아무리 노력해도 결과가 따르지 않는다면 의미가 없다. ·········(　)(　)

70. 솔직하고 타인에 대해 개방적이다. ·························(　)(　)

71. 유행에 둔감하다고 생각한다. ·······································(　)(　)

72. 정해진 대로 움직이는 것은 시시하다. ·······························(　)(　)

73. 꿈을 계속 가지고 있고 싶다. ·······································(　)(　)

74. 질서보다 자유를 중요시하는 편이다. ·······························(　)(　)

75. 혼자서 취미에 몰두하는 것을 좋아한다. ···························(　)(　)

76. 직관적으로 판단하는 편이다. ·······································(　)(　)

77. 영화나 드라마를 보며 등장인물의 감정에 이입된다. ···············(　)(　)

78. 시대의 흐름에 역행해서라도 자신을 관철하고 싶다. ···············(　)(　)

79. 다른 사람의 소문에 관심이 없다. ···································(　)(　)

80. 창조적인 편이다. ···(　)(　)

81. 비교적 눈물이 많은 편이다. ·······································(　)(　)

82. 융통성이 있다고 생각한다. ···(　)(　)

83. 친구의 휴대전화 번호를 잘 모른다. ·································(　)(　)

84. 스스로 고안하는 것을 좋아한다. ···································(　)(　)

85. 정이 두터운 사람으로 남고 싶다. ···································(　)(　)

86. 새로 나온 전자제품의 사용방법을 익히는 데 오래 걸린다. ·········(　)(　)

87. 세상의 일에 별로 관심이 없다. ·····································(　)(　)

88. 변화를 추구하는 편이다. ···(　)(　)

89. 업무는 인간관계로 선택한다. ·······································(　)(　)

90. 환경이 변하는 것에 구애되지 않는다. ·······························(　)(　)

91. 다른 사람들에게 첫인상이 좋다는 이야기를 자주 듣는다. ···········(　)(　)

92. 인생은 살 가치가 없다고 생각한다. ·································(　)(　)

93. 의지가 약한 편이다. ···(　)(　)

94. 다른 사람이 하는 일에 별로 관심이 없다. ···························(　)(　)

95. 자주 넘어지거나 다치는 편이다. ……………………………………………( )( )

96. 심심한 것을 못 참는다. …………………………………………………( )( )

97. 다른 사람을 욕한 적이 한 번도 없다. ………………………………( )( )

98. 몸이 아프더라도 병원에 잘 가지 않는 편이다. ……………………( )( )

99. 금방 낙심하는 편이다. …………………………………………………( )( )

100. 평소 말이 빠른 편이다. …………………………………………………( )( )

101. 어려운 일은 되도록 피하는 게 좋다. …………………………………( )( )

102. 다른 사람이 내 의견에 간섭하는 것이 싫다. ………………………( )( )

103. 낙천적인 편이다. …………………………………………………………( )( )

104. 남을 돕다가 오해를 산 적이 있다. ……………………………………( )( )

105. 모든 일에 준비성이 철저한 편이다. …………………………………( )( )

106. 상냥하다는 말을 들은 적이 있다. ……………………………………( )( )

107. 맑은 날보다 흐린 날을 더 좋아한다. …………………………………( )( )

108. 많은 친구들을 만나는 것보다 단 둘이 만나는 것이 더 좋다. ……( )( )

109. 평소에 불평불만이 많은 편이다. ………………………………………( )( )

110. 가끔 나도 모르게 엉뚱한 행동을 하는 때가 있다. …………………( )( )

111. 생리현상을 잘 참지 못하는 편이다. …………………………………( )( )

112. 다른 사람을 기다리는 경우가 많다. …………………………………( )( )

113. 술자리나 모임에 억지로 참여하는 경우가 많다. ……………………( )( )

114. 결혼과 연애는 별개라고 생각한다. ……………………………………( )( )

115. 노후에 대해 걱정이 될 때가 많다. ……………………………………( )( )

116. 잃어버린 물건은 쉽게 찾는 편이다. …………………………………( )( )

117. 비교적 쉽게 감격하는 편이다. …………………………………………( )( )

118. 어떤 것에 대해서는 불만을 가진 적이 없다. ………………………( )( )

119. 걱정으로 밤에 못 잘 때가 많다. ···( )( )

120. 자주 후회하는 편이다. ···( )( )

121. 쉽게 학습하지만 쉽게 잊어버린다. ··( )( )

122. 낮보다 밤에 일하는 것이 좋다. ···( )( )

123. 많은 사람 앞에서도 긴장하지 않는다. ··( )( )

124. 상대방에게 감정 표현을 하기가 어렵게 느껴진다. ·······················( )( )

125. 인생을 포기하는 마음을 가진 적이 한 번도 없다. ·······················( )( )

126. 규칙에 대해 드러나게 반발하기보다 속으로 반발한다. ·················( )( )

127. 자신의 언행에 대해 자주 반성한다. ···( )( )

128. 활동범위가 좁아 늘 가던 곳만 고집한다. ···································( )( )

129. 나는 끈기가 다소 부족하다. ···( )( )

130. 좋다고 생각하더라도 좀 더 검토하고 나서 실행한다. ·················( )( )

131. 위대한 인물이 되고 싶다. ··( )( )

132. 한 번에 많은 일을 떠맡아도 힘들지 않다. ·································( )( )

133. 사람과 약속은 부담스럽다. ··( )( )

134. 질문을 받으면 충분히 생각하고 나서 대답하는 편이다. ··············( )( )

135. 머리를 쓰는 것보다 땀을 흘리는 일이 좋다. ·····························( )( )

136. 결정한 것에는 철저히 구속받는다. ···( )( )

137. 아무리 바쁘더라도 자기관리를 위한 운동을 꼭 한다. ·················( )( )

138. 이왕 할 거라면 일등이 되고 싶다. ···( )( )

139. 과감하게 도전하는 타입이다. ···( )( )

140. 자신은 사교적이 아니라고 생각한다. ···( )( )

141. 무심코 도리에 대해서 말하고 싶어진다. ····································( )( )

142. 목소리가 큰 편이다. ···( )( )

143. 단념하기보다 실패하는 것이 낫다고 생각한다. ·······························( )( )

144. 예상하지 못한 일은 하고 싶지 않다. ·······································( )( )

145. 파란만장하더라도 성공하는 인생을 살고 싶다. ·····························( )( )

146. 활기찬 편이라고 생각한다. ···( )( )

147. 자신의 성격으로 고민한 적이 있다. ·······································( )( )

148. 무심코 사람들을 평가 한다. ···( )( )

149. 때때로 성급하다고 생각한다. ··( )( )

150. 자신은 꾸준히 노력하는 타입이라고 생각한다. ····························( )( )

151. 터무니없는 생각이라도 메모한다. ··( )( )

152. 리더십이 있는 사람이 되고 싶다. ··( )( )

153. 열정적인 사람이라고 생각한다. ··( )( )

154. 다른 사람 앞에서 이야기를 하는 것이 조심스럽다. ·······················( )( )

155. 세심하기보다 통찰력이 있는 편이다. ·······································( )( )

156. 엉덩이가 가벼운 편이다. ···( )( )

157. 여러 가지로 구애받는 것을 견디지 못한다. ································( )( )

158. 돌다리도 두들겨 보고 건너는 쪽이 좋다. ··································( )( )

159. 자신에게는 권력욕이 있다. ···( )( )

160. 자신의 능력보다 과중한 업무를 할당받으면 기쁘다. ······················( )( )

161. 사색적인 사람이라고 생각한다. ··( )( )

162. 비교적 개혁적이다. ··( )( )

163. 좋고 싫음으로 정할 때가 많다. ··( )( )

164. 전통에 얽매인 습관은 버리는 것이 적절하다. ······························( )( )

165. 교제 범위가 좁은 편이다. ··( )( )

166. 발상의 전환을 할 수 있는 타입이라고 생각한다. ·························( )( )

167. 주관적인 판단으로 실수한 적이 있다. ·······················( )( )

168. 현실적이고 실용적인 면을 추구한다. ·······················( )( )

169. 타고난 능력에 의존하는 편이다. ···························( )( )

170. 다른 사람을 의식하여 외모에 신경을 쓴다. ·················( )( )

171. 마음이 담겨 있으면 선물은 아무 것이나 좋다. ···············( )( )

172. 여행은 내 마음대로 하는 것이 좋다. ·······················( )( )

173. 추상적인 일에 관심이 있는 편이다. ·······················( )( )

174. 큰일을 먼저 결정하고 세세한 일을 나중에 결정하는 편이다. ····( )( )

175. 괴로워하는 사람을 보면 답답하다. ·························( )( )

176. 자신의 가치기준을 알아주는 사람은 아무도 없다. ·············( )( )

177. 인간성이 없는 사람과는 함께 일할 수 없다. ·················( )( )

178. 상상력이 풍부한 편이라고 생각한다. ·······················( )( )

179. 의리, 인정이 두터운 상사를 만나고 싶다. ···················( )( )

180. 인생은 앞날을 알 수 없어 재미있다. ·······················( )( )

181. 조직에서 분위기 메이커다. ······························( )( )

182. 반성하는 시간에 차라리 실수를 만회할 방법을 구상한다. ·······( )( )

183. 늘 하던 방식대로 일을 처리해야 마음이 편하다. ·············( )( )

184. 쉽게 이룰 수 있는 일에는 흥미를 느끼지 못한다. ·············( )( )

185. 좋다고 생각하면 바로 행동한다. ·························( )( )

186. 후배들은 무섭게 가르쳐야 따라온다. ·······················( )( )

187. 한 번에 많은 일을 떠맡는 것이 부담스럽다. ·················( )( )

188. 능력 없는 상사라도 진급을 위해 아부할 수 있다. ·············( )( )

189. 질문을 받으면 그때의 느낌으로 대답하는 편이다. ·············( )( )

190. 땀을 흘리는 것보다 머리를 쓰는 일이 좋다. ·················( )( )

191. 단체 규칙에 그다지 구속받지 않는다. ···( )( )

192. 물건을 자주 잃어버리는 편이다. ···( )( )

193. 불만이 생기면 즉시 말해야 한다. ···( )( )

194. 안전한 방법을 고르는 타입이다. ···( )( )

195. 사교성이 많은 사람을 보면 부럽다. ···( )( )

196. 성격이 급한 편이다. ···( )( )

197. 갑자기 중요한 프로젝트가 생기면 혼자서라도 야근할 수 있다. ·····························( )( )

198. 내 인생에 절대로 포기하는 경우는 없다. ···( )( )

199. 예상하지 못한 일도 해보고 싶다. ···( )( )

200. 평범하고 평온하게 행복한 인생을 살고 싶다. ···( )( )

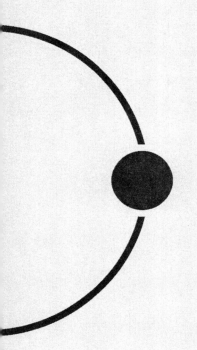

PART

Ⅱ

적성검사

Chapter 01

공간지각

▮1~5▮ 다음 전개도를 접었을 때, 나타나는 입체도형의 모양으로 알맞은 것을 고르시오. (단, 전개도는 문자나 기호가 있는 면이 바깥에 보이도록 접는다.)

1

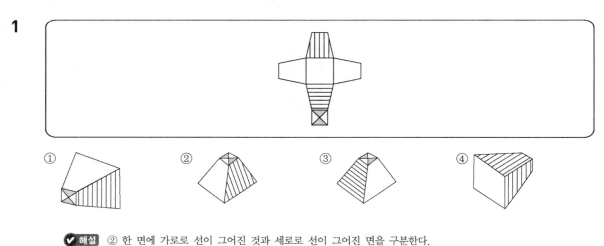

✔**해설** ② 한 면에 가로로 선이 그어진 것과 세로로 선이 그어진 면을 구분한다.

2

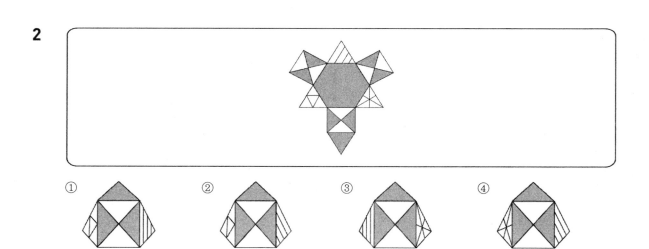

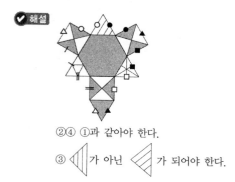

②④ ①과 같아야 한다.

③ 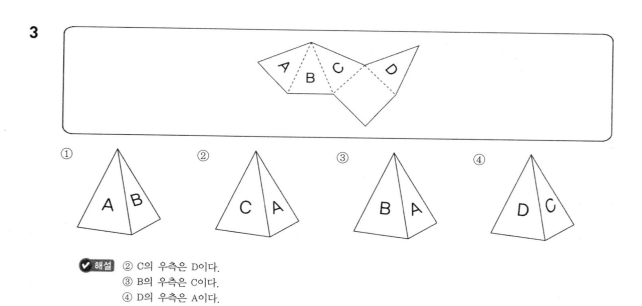 가 아닌 ...... 가 되어야 한다.

3

① A B ② C A ③ B A ④ D C

② C의 우측은 D이다.
③ B의 우측은 C이다.
④ D의 우측은 A이다.

Answer 1.② 2.① 3.①

4

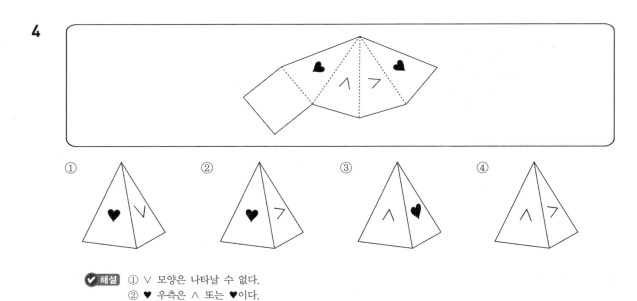

✔ 해설 ① ∨ 모양은 나타날 수 없다.
② ♥ 우측은 ∧ 또는 ♥이다.
③ ∧ 우측은 >이다.

5

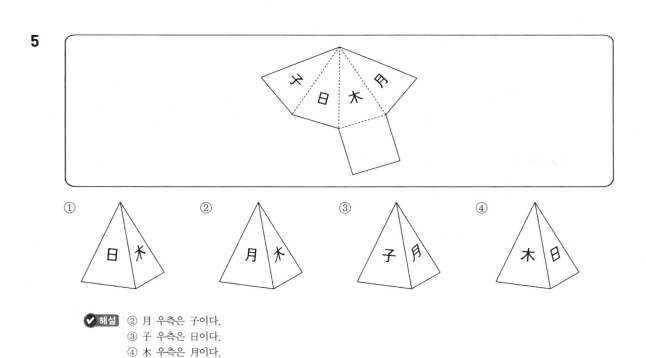

✔ 해설 ② 月 우측은 子이다.
③ 子 우측은 日이다.
④ 木 우측은 月이다.

┃6~10┃ 다음 입체도형의 전개도로 옳은 것을 고르시오. (단, 전개도는 문자나 기호가 있는 면이 바깥에 보이도록 접는다.)

6

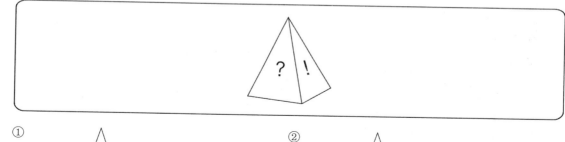

①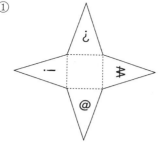

②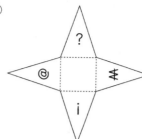

③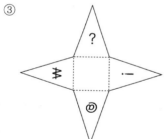

④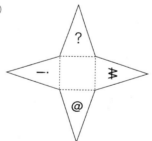

✔해설 ? 우측에 !가 오는 전개도는 ③이다.

7

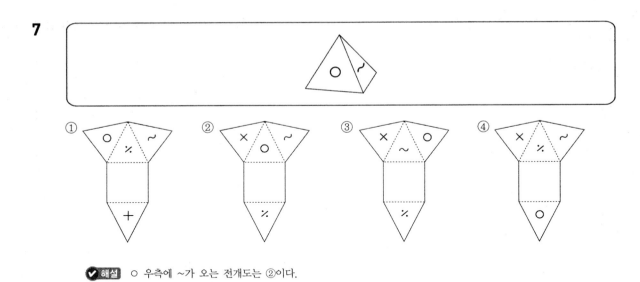

> ✔**해설** ○ 우측에 ~가 오는 전개도는 ②이다.

8

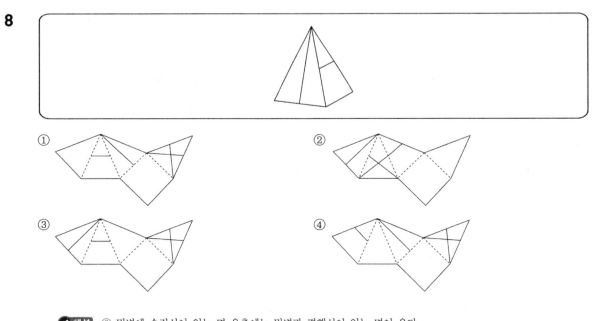

> ✔**해설** ③ 밑변에 수직선이 있는 면 우측에는 밑변과 평행선이 있는 면이 온다.

9

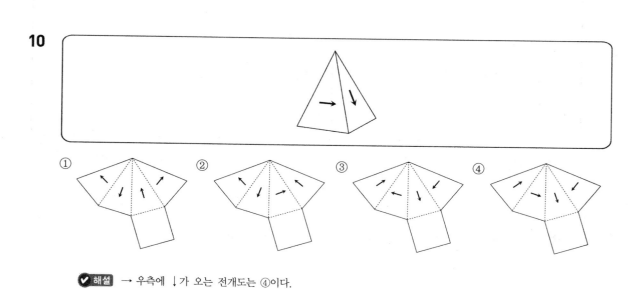

✔해설 ⑦의 우측에 ③이 오는 전개도는 ①이다.

10

✔해설 →의 우측에 ↓가 오는 전개도는 ④이다.

| 11~20 | 다음 전개도를 접었을 때, 나타나는 입체도형의 모양으로 알맞은 것을 고르시오.

11

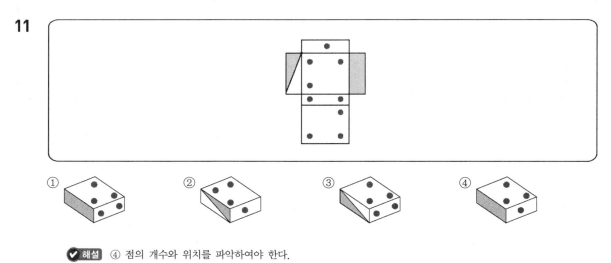

✔ 해설 ④ 점의 개수와 위치를 파악하여야 한다.

12

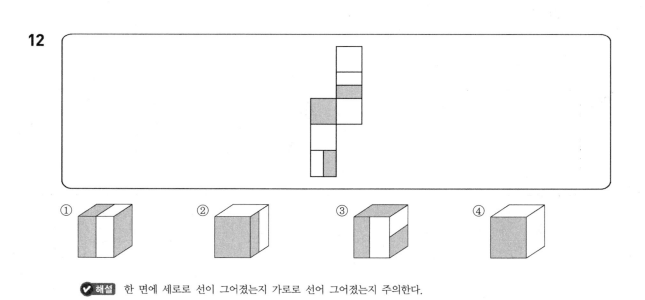

✔ 해설 한 면에 세로로 선이 그어졌는지 가로로 선어 그어졌는지 주의한다.

13

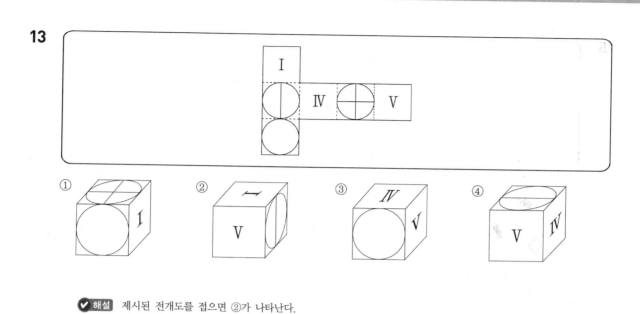

✔ 해설 제시된 전개도를 접으면 ②가 나타난다.

14

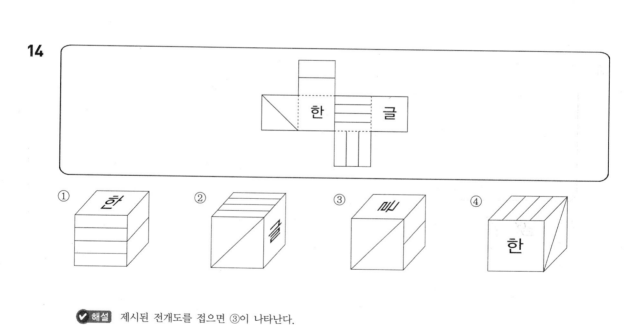

✔ 해설 제시된 전개도를 접으면 ③이 나타난다.

Answer 11.④ 12.④ 13.② 14.③

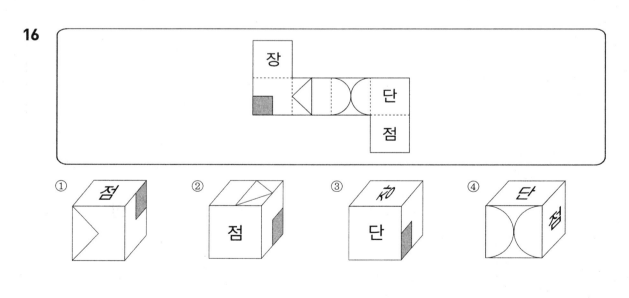

15

① ② ③ ④

✔해설 제시된 전개도를 접으면 ②가 나타난다.

16

① ② ③ ④

✔해설 제시된 전개도를 접으면 ③이 나타난다.

17

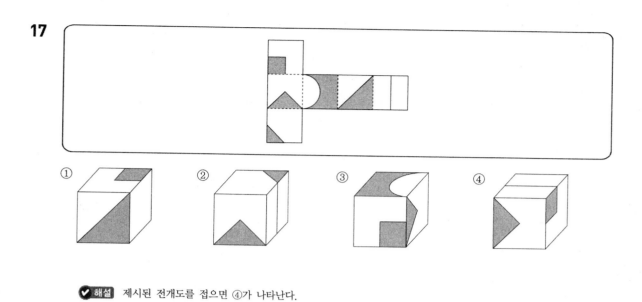

제시된 전개도를 접으면 ④가 나타난다.

18

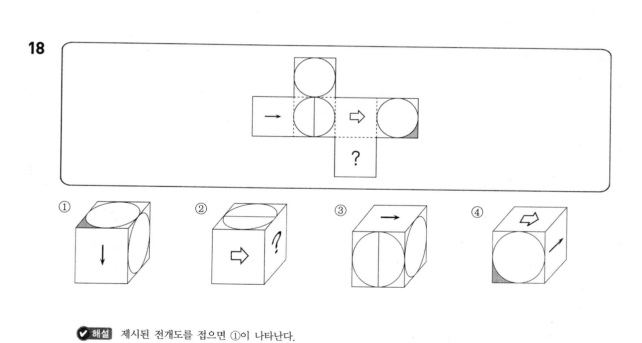

제시된 전개도를 접으면 ①이 나타난다.

19

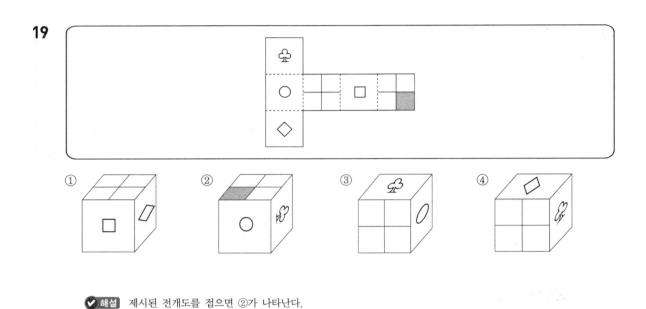

✔ 해설 제시된 전개도를 접으면 ②가 나타난다.

20

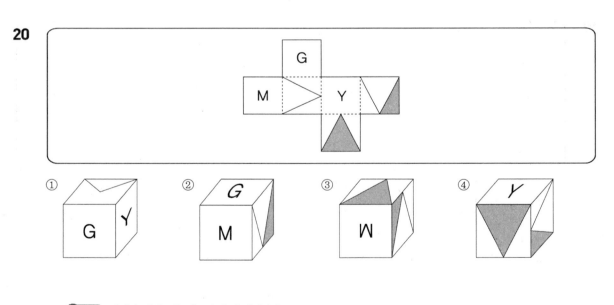

✔ 해설 제시된 전개도를 접으면 ③이 나타난다.

▌21~30▐ 다음 입체도형의 전개도로 옳은 것을 고르시오.

21

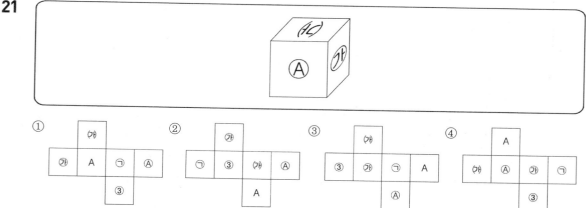

해설 해당 도형을 펼치면 ①이 나타날 수 있다.

22

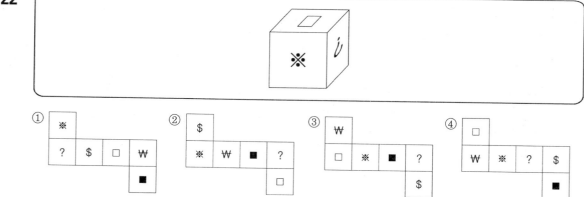

해설 해당 도형을 펼치면 ②가 나타날 수 있다.

23

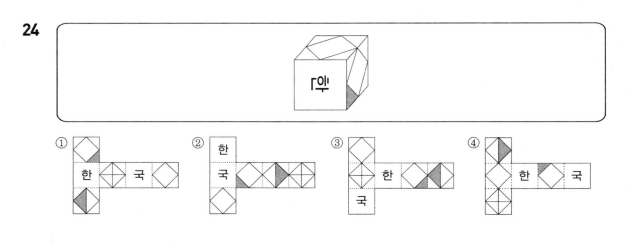

①　②　③　④

✔해설 제시된 도형을 전개하면 ③이 나타난다.

24

①　②　③　④

✔해설 제시된 도형을 전개하면 ①이 나타난다.

25

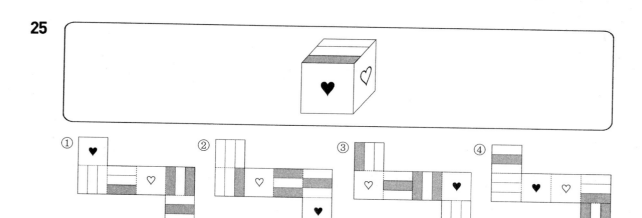

✔ 해설 제시된 도형을 전개하면 ③이 나타난다.

26

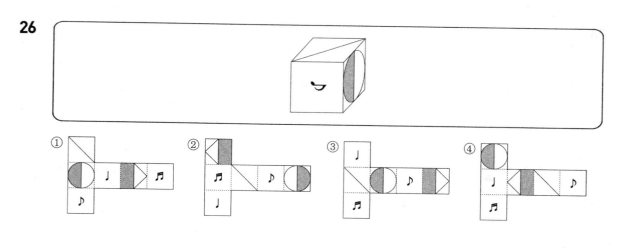

✔ 해설 제시된 도형을 전개하면 ④가 나타난다.

27

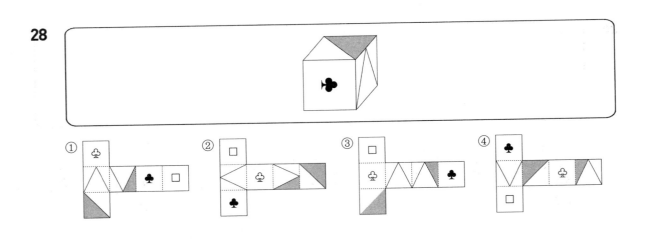

① ② ③ ④

✔해설 제시된 도형을 전개하면 ①이 나타난다.

28

① ② ③ ④

✔해설 제시된 도형을 전개하면 ②가 나타난다.

29

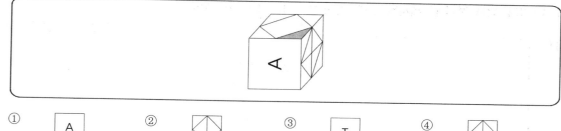

① 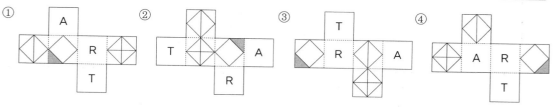 ② ③ ④

✔해설 제시된 도형을 전개하면 ③이 나타난다.

30

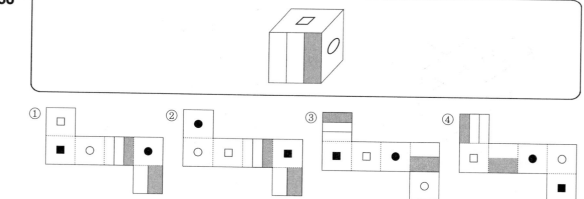

① ② ③ ④

✔해설 제시된 도형을 전개하면 ④가 나타난다.

Answer 27.① 28.② 29.③ 30.④

▌31~35▐ 다음 보기 중 제시된 입체도형과 일치하는 것을 고르시오.

※ 31~35번까지는 해설이 없습니다.

31

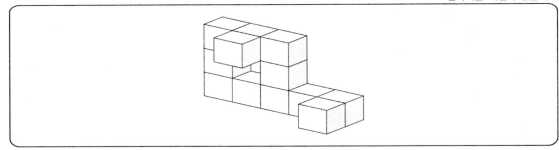

①
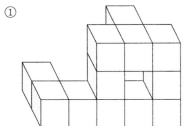

②
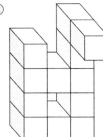

③
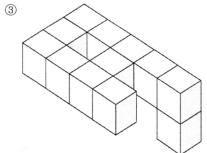

④
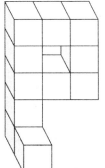

32

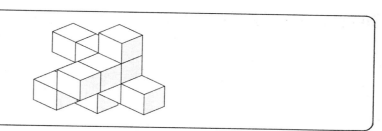

①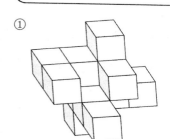

②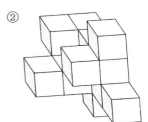

③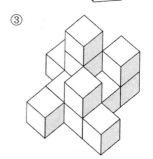

④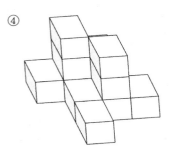

33

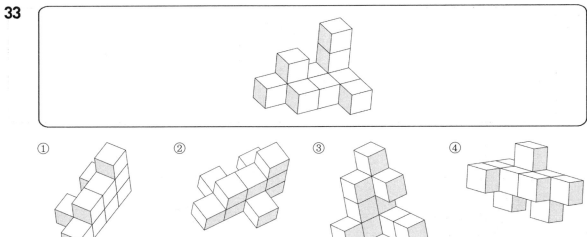

①   ②   ③   ④

34

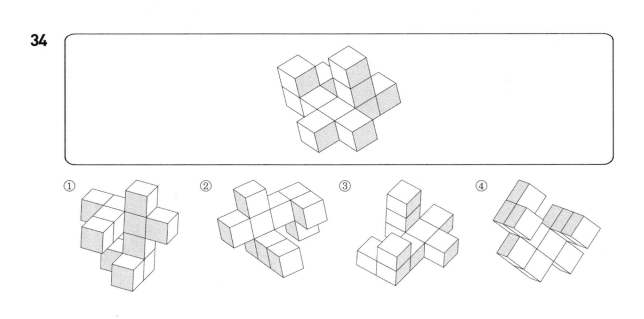

①   ②   ③   ④

35

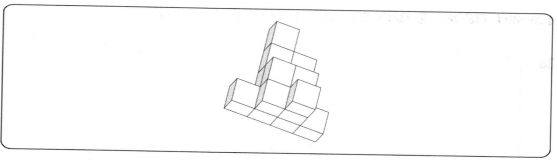

①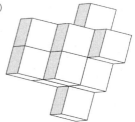

②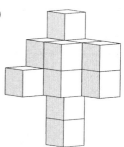

③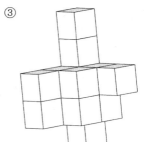

④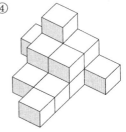

※ 36~40번까지는 해설이 없습니다.

36

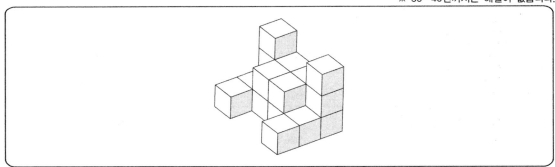

①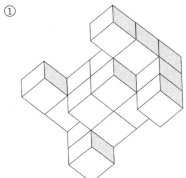

②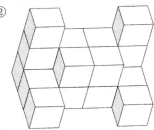

③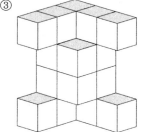

④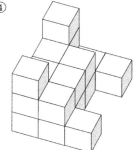

37

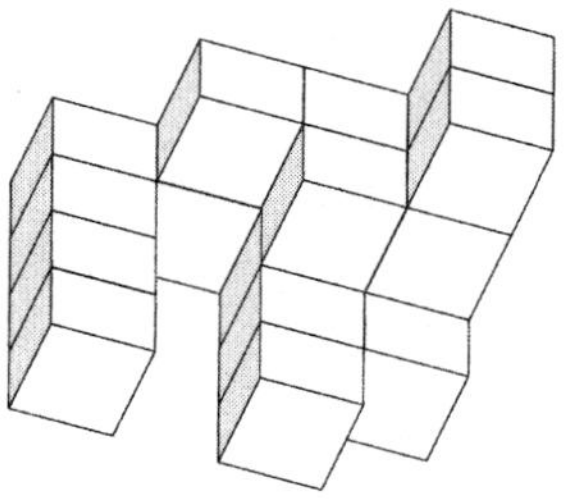

①

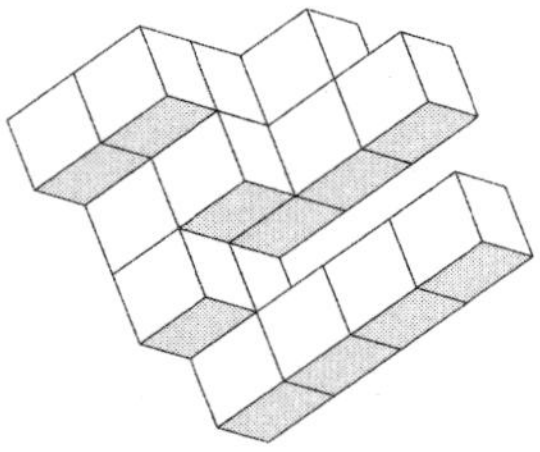

②

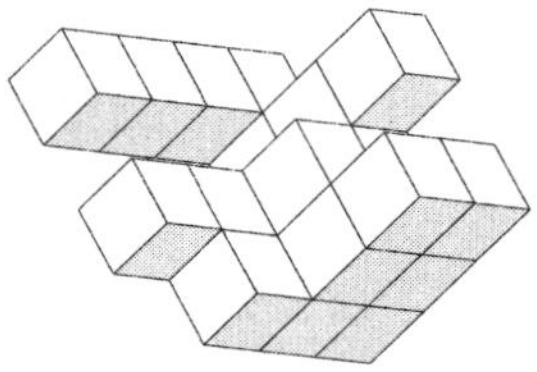

③

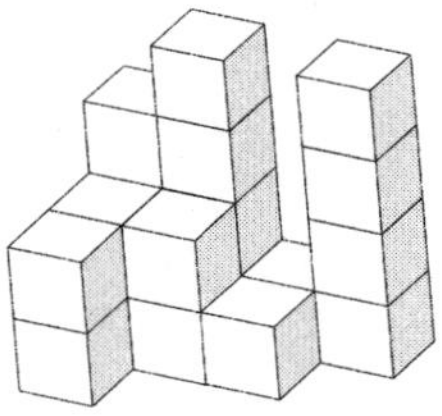

④

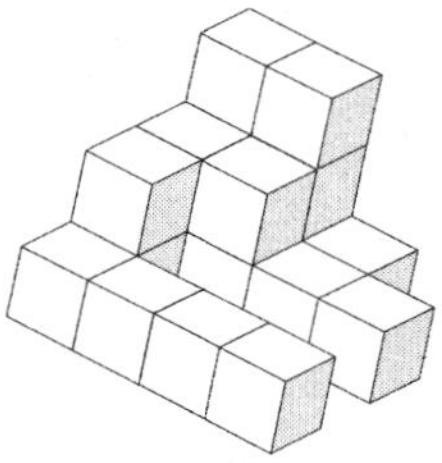

38

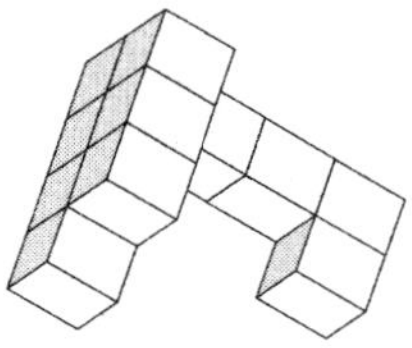

①

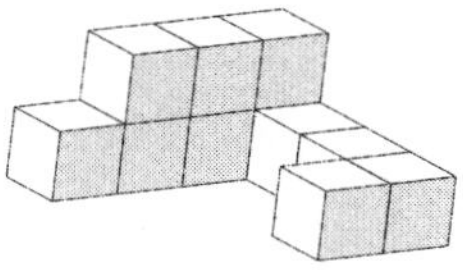

②

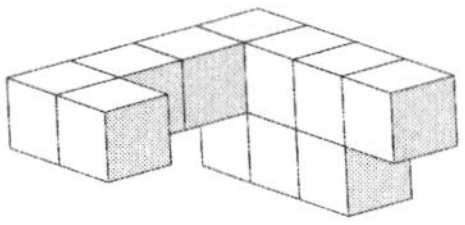

③

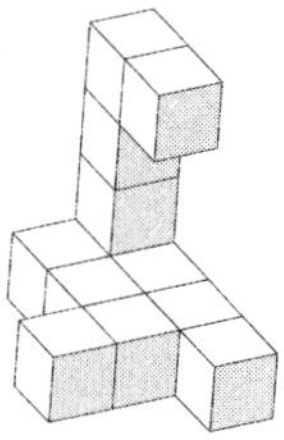

④

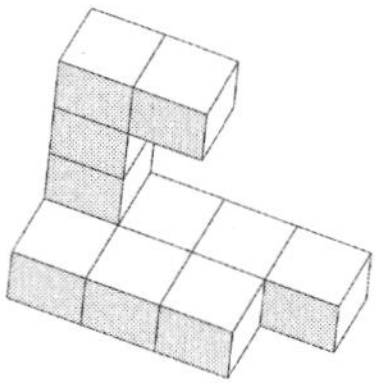

39

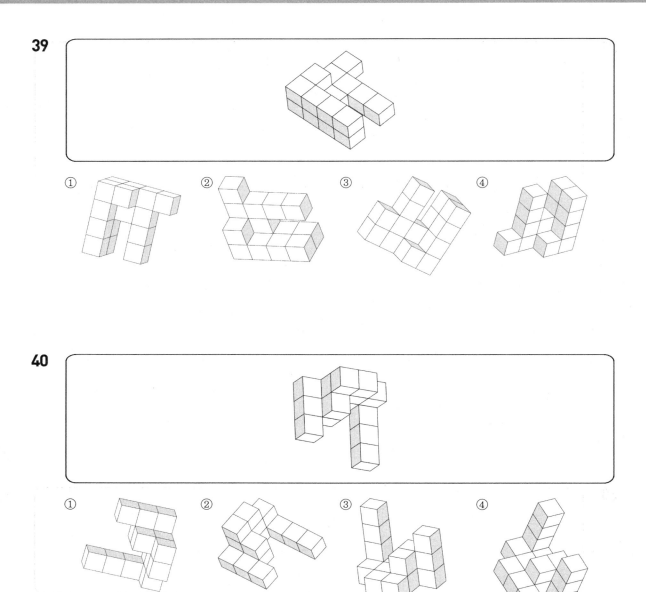

① ② ③ ④

40

① ② ③ ④

Chapter 02

도형추리

┃1~5┃ 다음 제시된 도형의 규칙이 다음과 같을 때, 규칙을 적용한 결과로 알맞은 것을 고르시오.

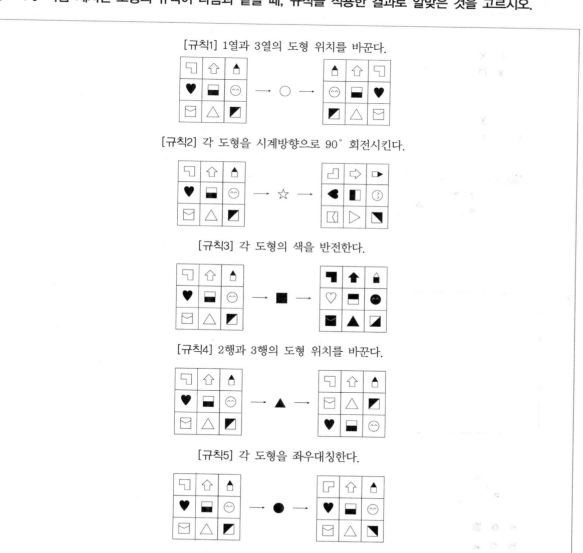

1

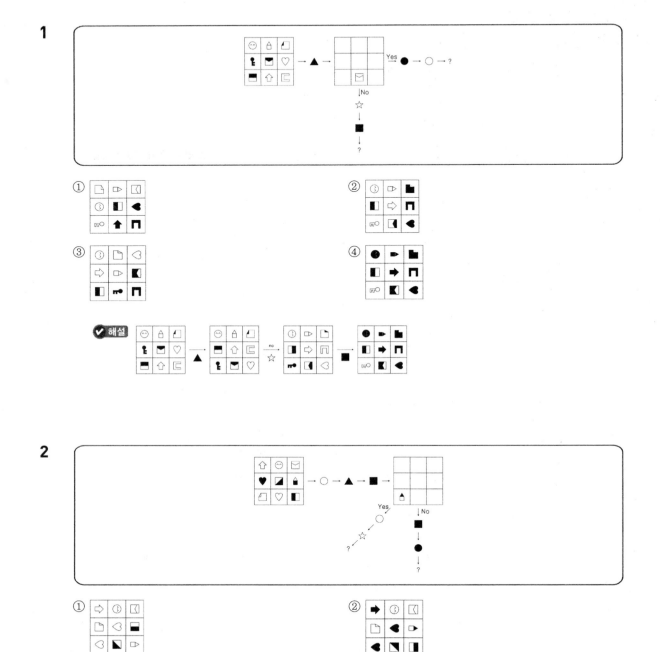

①
②
③
④

2

①
②
③
④

해설

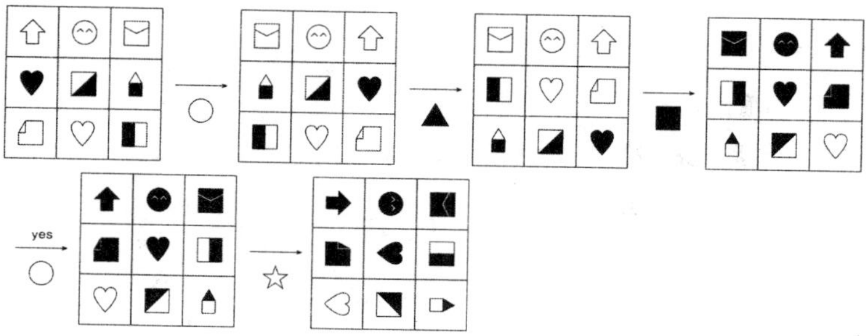

3

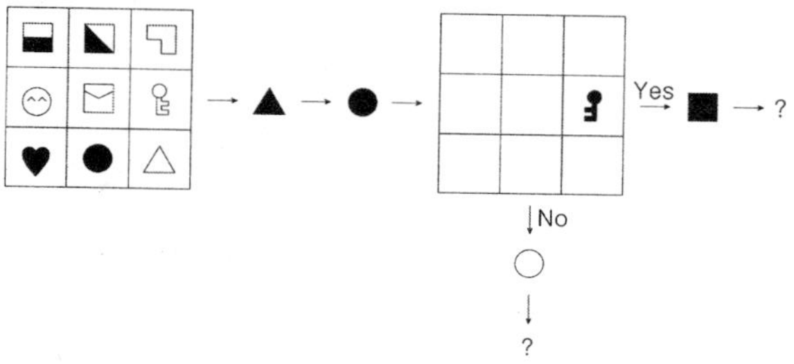

①

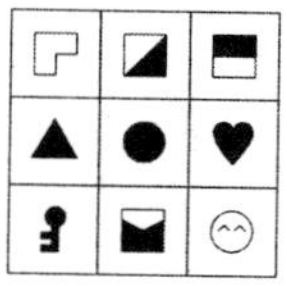

②

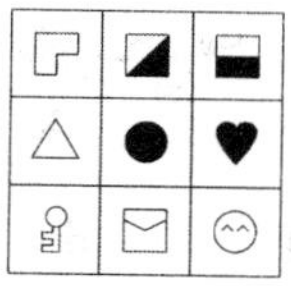

③

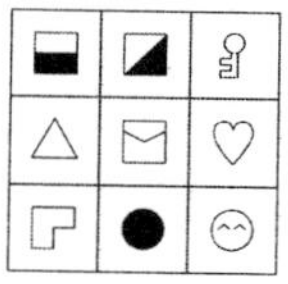

④

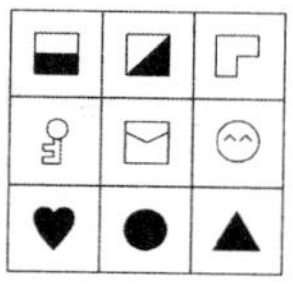

해설

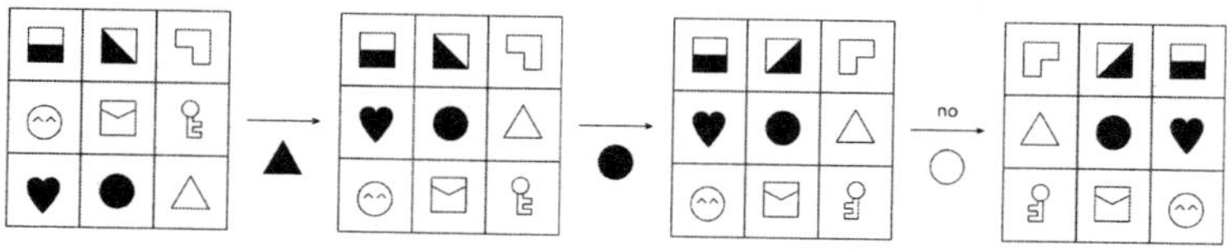

Answer 1.④ 2.③ 3.②

4

①

②

③

④

✔ 해설

5

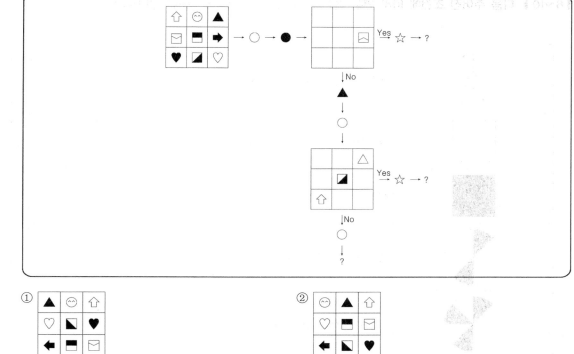

①

②

③

④

✔ 해설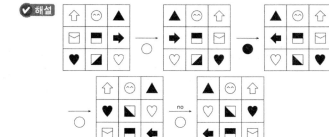

┃6~10┃ 다음 주어진 조건에 따라 변환했을 때, '?'에 들어갈 알맞은 수를 구하시오.

	표시한 자리에 있는 문자 위치 바꾸기
	홀수끼리만 묶어서 시계방향으로 세 칸 이동
	음영의 위치를 시계방향으로 세 칸 이동
	색칠한 칸에 있는 문자를 수로 바꾸어 더하기
	색칠한 칸에 있는 문자를 수로 바꾸어 곱하기
	순서도 결과 값이 해당 수보다 큰지 판단하기
	순서도 결과 값이 해당 수보다 작은지 판단하기

A	B	C	D	E	F	G	H	I	J	K	L	M	N	O	P	Q	R	S	T	U	V	W	X	Y	Z
1	2	3	4	5	6	7	8	9	10	11	12	13	14	15	16	17	18	19	20	21	22	23	24	25	26

6

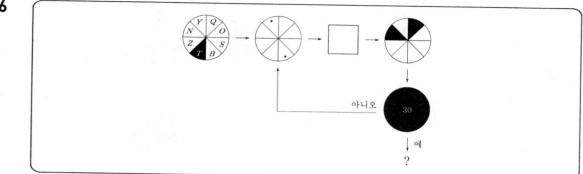

① 29

② 30

③ 31

④ 32

  → 14+15=29

7

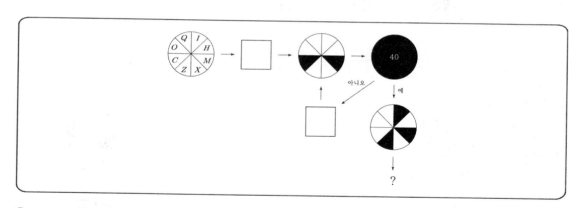

① 1000

② 1100

③ 1150

④ 1170

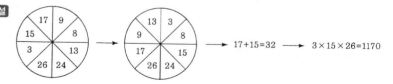 → 17+15=32 → 3×15×26=1170

8

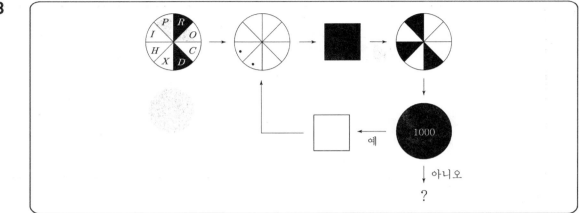

① 1342   ② 1456

③ 1536   ④ 1753

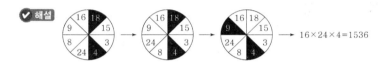

9

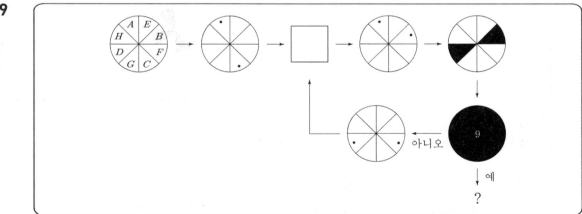

① 5   ② 6

③ 7   ④ 8

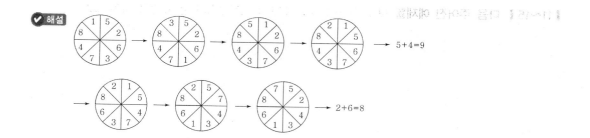

✔ 해설

$5+4=9$

$2+6=8$

10

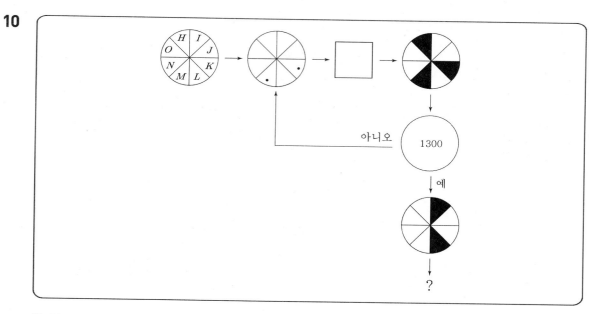

① 20

② 25

③ 30

④ 35

✔ 해설

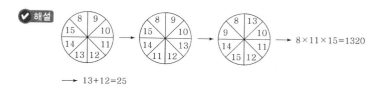

$8 \times 11 \times 15 = 1320$

$13 + 12 = 25$

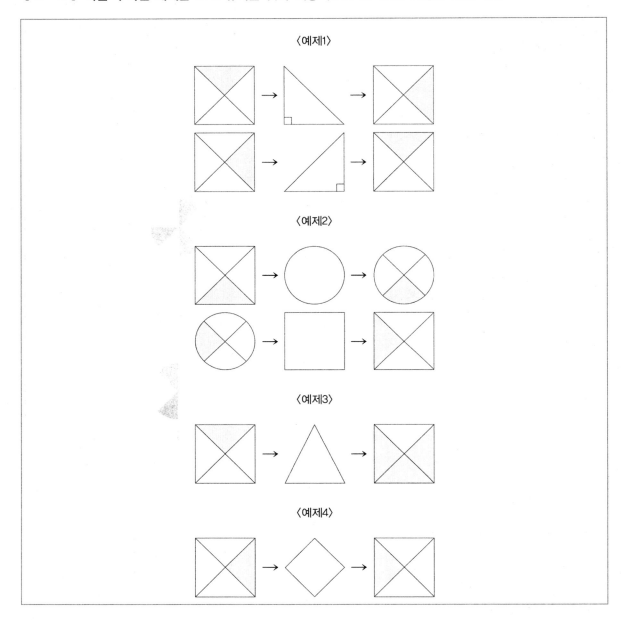

11

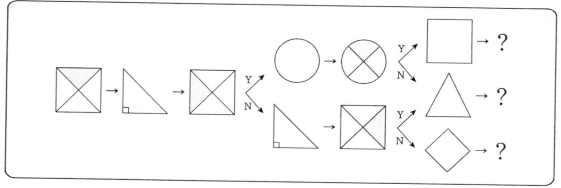

①

②

③

④

✔ 해설

12

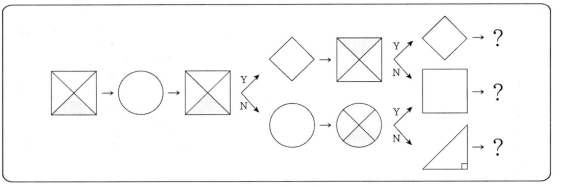

①

②

③

④

13

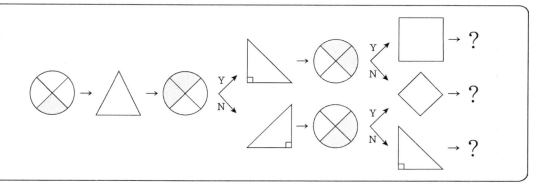

① 　　　　②

③ 　　　　④

✔ 해설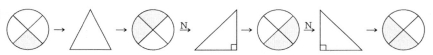

14

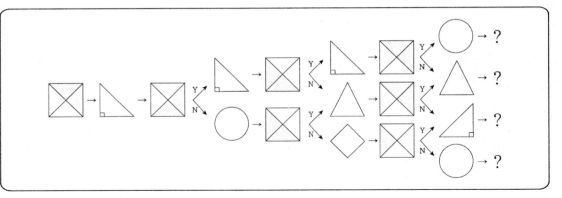

①

②

③

④

✔해설

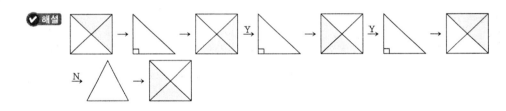

15

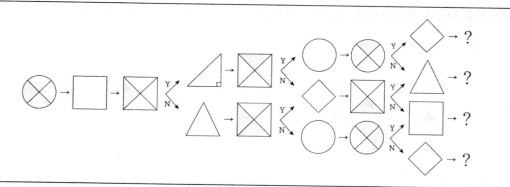

①

②

③

④

✔해설

┃16~20┃ 다음에 제시된 예를 보고 $와 !에 들어갈 도형으로 옳은 것을 고르시오.

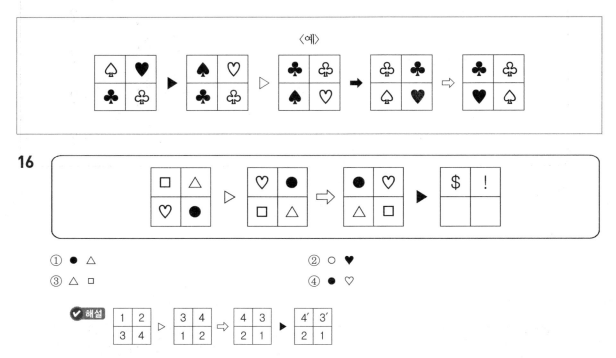

16

① ● △   ② ○ ♥

③ △ ▫   ④ ● ♡

17

① ▲ ●   ② △ ○

③ △ ●   ④ ▲ ○

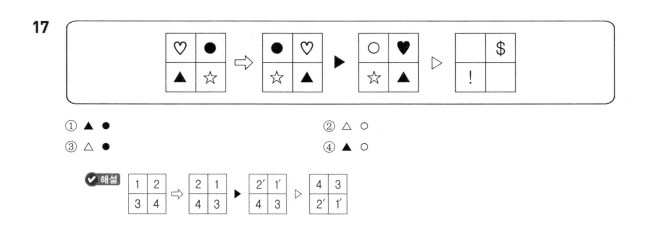

18

① ● ☆

② △ ■

③ ○ ★

④ ▲ □

✔ 해설

$$\begin{array}{|c|c|} \hline 1 & 2 \\ \hline 3 & 4 \\ \hline \end{array} \blacktriangleright \begin{array}{|c|c|} \hline 1' & 2' \\ \hline 3 & 4 \\ \hline \end{array} \Rightarrow \begin{array}{|c|c|} \hline 2' & 1' \\ \hline 4 & 3 \\ \hline \end{array} \triangleright \begin{array}{|c|c|} \hline 4 & 3 \\ \hline 2' & 1' \\ \hline \end{array}$$

19

① ♡ ○

② ♥ ■

③ ● □

④ ○ □

✔ 해설

$$\begin{array}{|c|c|} \hline 1 & 2 \\ \hline 3 & 4 \\ \hline \end{array} \triangleright \begin{array}{|c|c|} \hline 3 & 4 \\ \hline 1 & 2 \\ \hline \end{array} \blacktriangleright \begin{array}{|c|c|} \hline 3' & 4' \\ \hline 1 & 2 \\ \hline \end{array} \blacktriangleright \begin{array}{|c|c|} \hline 3 & 4 \\ \hline 1' & 2' \\ \hline \end{array}$$

20

① ○ ●

② ○ ○

③ ● ●

④ ● ○

✔ 해설

$$\begin{array}{|c|c|} \hline 1 & 2 \\ \hline 3 & 4 \\ \hline \end{array} \blacktriangleright \begin{array}{|c|c|} \hline 1' & 2' \\ \hline 3 & 4 \\ \hline \end{array} \Rightarrow \begin{array}{|c|c|} \hline 2' & 1' \\ \hline 4 & 3 \\ \hline \end{array} \triangleright \begin{array}{|c|c|} \hline 4 & 3 \\ \hline 2' & 1' \\ \hline \end{array}$$

– 예제 –

※ 제시된 도형을 아래의 [변환] 규칙과, [비교] 규칙에 따라 변환시킨다고 할 때, '?'에 들어갈 도형으로 알맞은 것을 고르시오.

[변환]

⇨⇨	1열을 2열로 복제
⇩⇩	1행을 2행으로 복제
↶	가운데를 기준으로 반시계방향으로 한 칸씩 이동
⇧⇩	1행과 3행을 교환

[비교]

□	해당 칸의 최초 도형과 '모양'을 비교
◁	해당 칸의 최초 도형과 모양이 같으면 1열씩 왼쪽으로 이동
△	해당 칸의 최초 도형과 모양이 다르면 1행씩 위로 이동
■	해당 칸의 최초 도형과 '색깔'을 비교
◓	해당 칸의 최초 도형과 색깔이 같으면 해당 행 색 반전
◒	해당 칸의 최초 도형과 색깔이 다르면 해당 열 색 반전

[해설]

┃21~30┃ 제시된 도형을 아래의 [변환] 규칙과, [비교] 규칙에 따라 변환시킨다고 할 때, '?'에 들어갈 도형으로 알맞은 것을 고르시오.

[변환]

▶▶	1열을 3열로 복제
▼▼	1행을 3행으로 복제
◎	가운데를 기준으로 시계방향으로 한 칸씩 이동
◁▷	1열과 3열을 교환

[비교]

⊗	해당 칸의 최초 도형과 '모양'을 비교
▷	해당 칸의 최초 도형과 모양이 같으면 1열씩 오른쪽으로 이동
▽	해당 칸의 최초 도형과 모양이 다르면 1행씩 아래로 이동
⊗	해당 칸의 최초 도형과 '색깔'을 비교
□	해당 칸의 최초 도형과 색깔이 같으면 해당 열 색 반전
■	해당 칸의 최초 도형과 색깔이 다르면 해당 행 색 반전

21

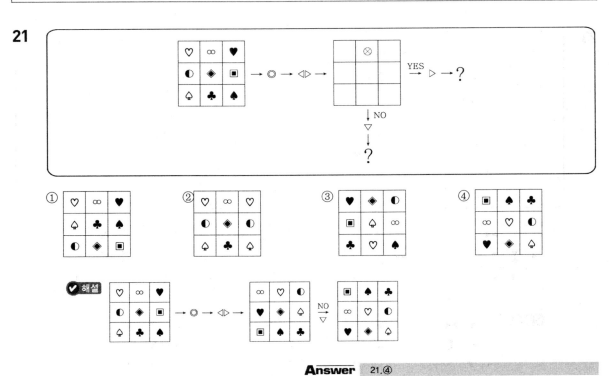

22

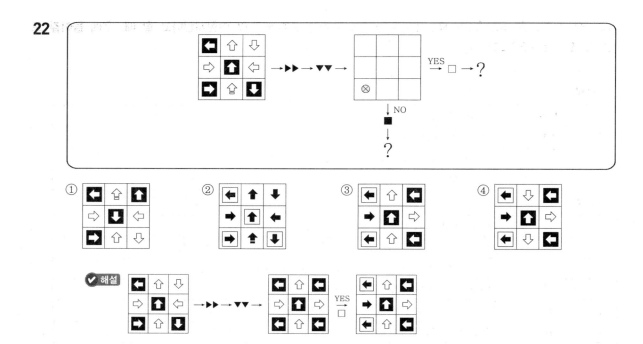

① ② ③ ④

해설

23

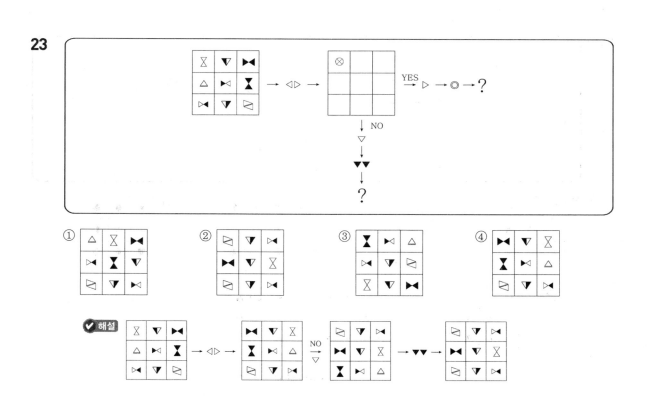

① ② ③ ④

해설

24

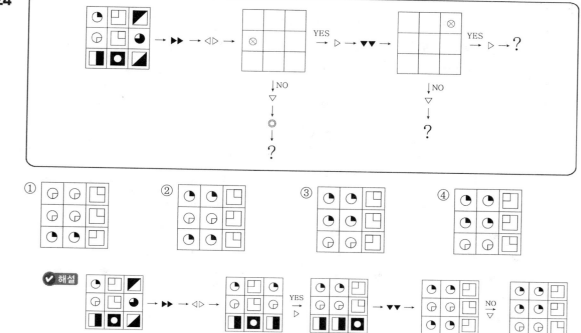

① ② ③ ④

✔해설

25

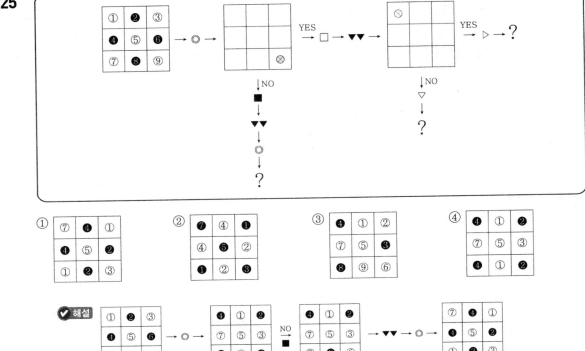

①
⑦	❷	①
❹	⑤	❷
①	❷	③

②
❼	④	❶
④	❺	②
❶	②	❸

③
❹	①	②
⑦	⑤	❸
❽	⑨	⑥

④
❹	①	②
⑦	⑤	③
❹	①	②

✔해설
①	❷	③
❹	⑤	❻
⑦	❽	⑨

→ ◎ →

❹	①	②
⑦	⑤	③
❽	⑨	⑥

→ NO ■ →

❹	①	②
⑦	⑤	③
❽	❾	⑥

→ ▼▼ → ◎ →

⑦	❹	①
❶	⑤	❷
①	❷	③

26

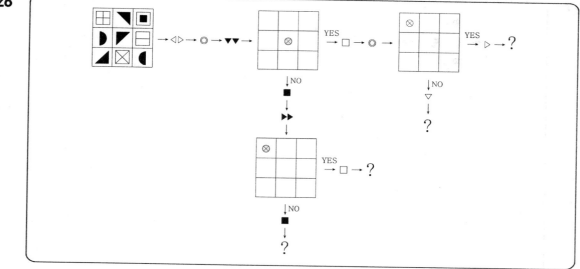

① 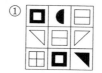 ②   ③   ④

✔해설  → ◁▷ → ◎ → ▼▼ →  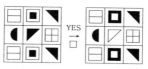 → ◎ →

27

① ② ③ ④

✔해설

28

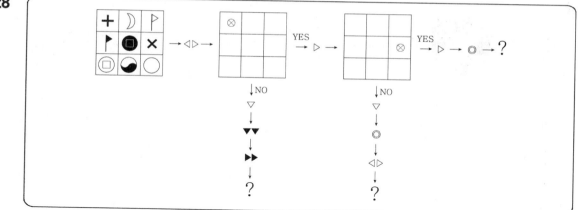

① 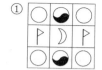 ②   ③   ④

✔ 해설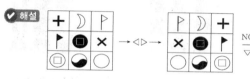

29

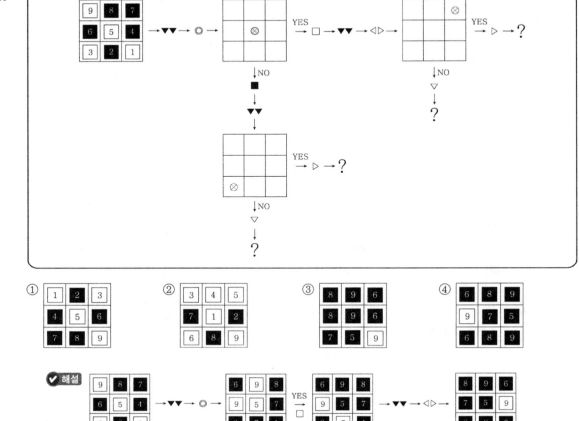

①
1	2	3
4	5	6
7	8	9

②
3	4	5
7	1	2
6	8	9

③
8	9	6
8	9	6
7	5	9

④
6	8	9
9	7	5
6	8	9

✔ 해설

30

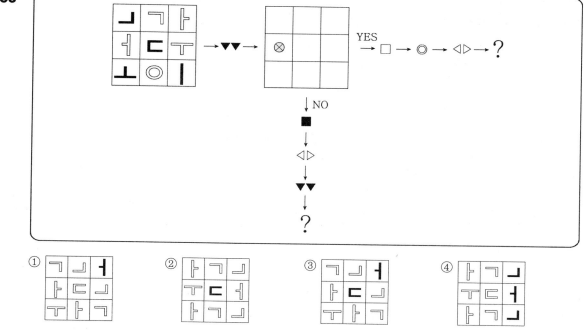

①
ㄱ	ㄴ	ㅓ
ㅏ	ㄷ	ㄴ
ㅜ	ㅏ	ㄴ

②
ㅏ	ㄱ	ㄴ
ㅜ	ㄷ	ㅓ
ㅏ	ㄱ	ㄴ

③
ㄱ	ㄴ	ㅓ
ㅏ	ㄷ	ㄴ
ㅜ	ㅏ	ㄱ

④
ㅏ	ㄱ	ㄴ
ㅜ	ㄷ	ㅓ
ㅏ	ㄱ	ㄴ

✔ 해설

❙31~40❙ 다음 [조건 1], [조건 2], [조건 3]을 적용하면 다음과 같은 규칙이 될 때, '?'에 들어갈 도형으로 알맞은 것을 고르시오.

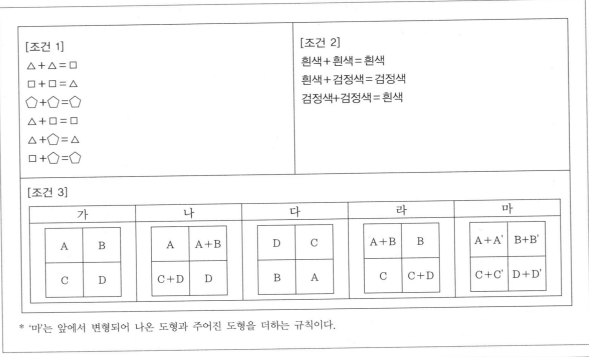

* '마'는 앞에서 변형되어 나온 도형과 주어진 도형을 더하는 규칙이다.

[규칙]

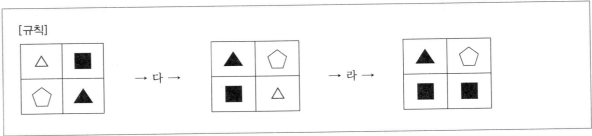

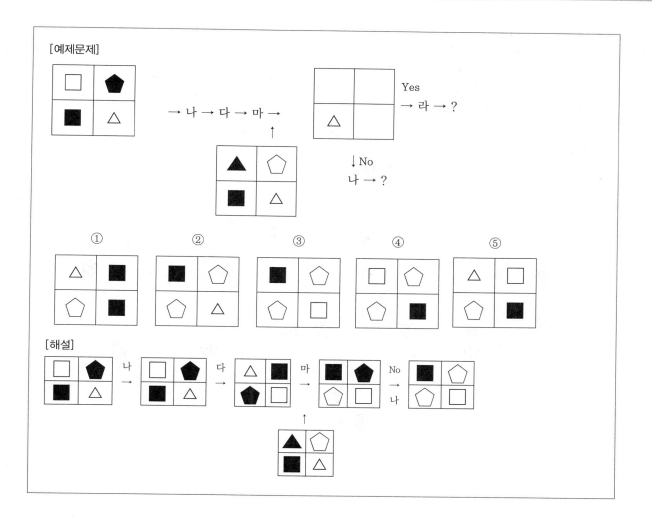

[예제문제]

→ 나 → 다 → 마 →

Yes
→ 라 → ?

↓ No
나 → ?

① ② ③ ④ ⑤

[해설]

나 → 다 → 마 → No → 나

31

① ② ③ ④

✔ 해설

32

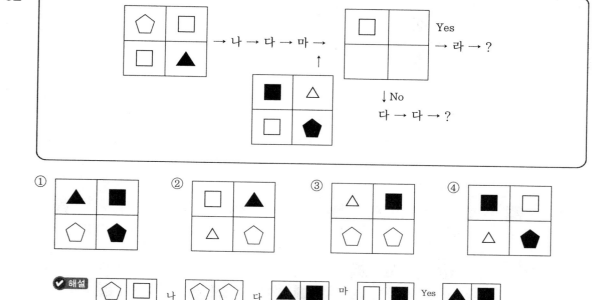

①

②

③

④

✔해설

33

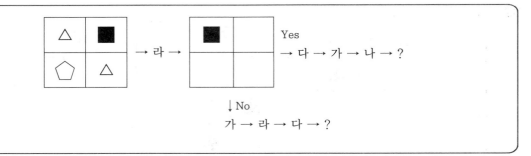

→ 라 →

↓ No
가 → 라 → 다 → ?

① 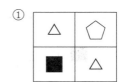　② 　③ 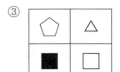　④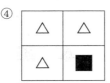

✔ 해설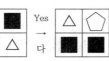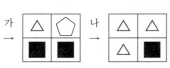

34

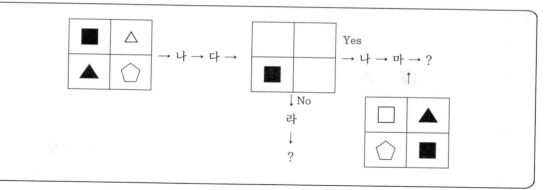

① 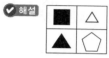 ② ③ ④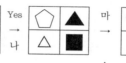

✔ 해설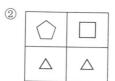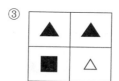

35

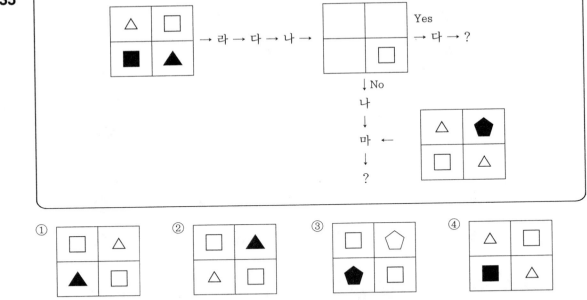

①
②
③
④

✔ 해설

36

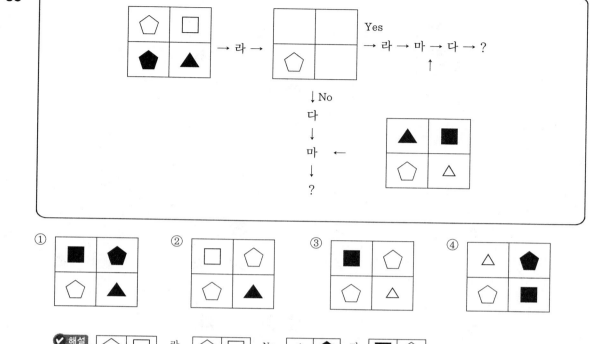

① ② ③ ④

✔해설

37

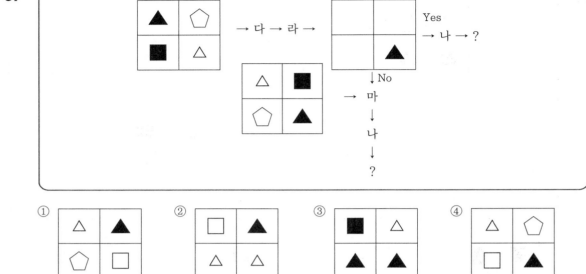

① ② ③ ④

✔해설

38

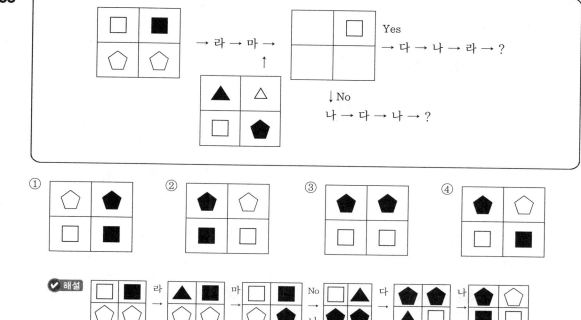

① ② ③ ④

✔해설

39

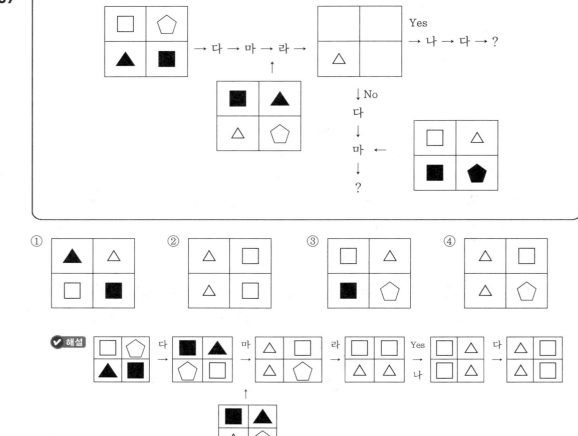

40

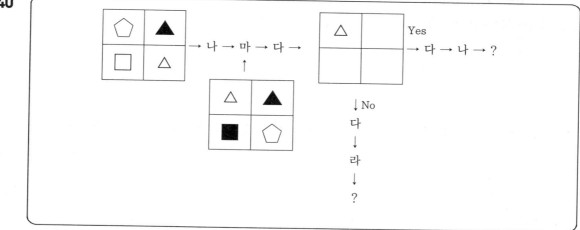

①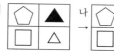

②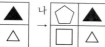

③

④

✔ 해설

Chapter 03

수열추리

▌1~10 ▌ 다음 제시된 숫자의 배열을 보고 규칙을 적용하여 빈칸에 들어갈 알맞은 숫자를 고르시오.

1

| 10 70 11 67 13 64 16 61 20 ( ) |

① 24   ② 35
③ 49   ④ 58

✔해설 한 칸씩 건너뛰면서 보면 규칙이 보인다. 홀수 번째는 +1, +2, +3, +4의 규칙을, 짝수 번째는 −3의 규칙을 갖는다.

2

| 1 6 ( ) 8 5 10 7 |

① 3   ② 4
③ 9   ④ 11

✔해설 +5, −3, +5, −3, +5, −3의 규칙을 가진다. 따라서 6−3=3

3

| 1 5 11 −5 21 ( ) 31 −25 |

① 10   ② −10
③ 15   ④ −15

✔해설 1, 3, 5, 7항은 +10의 규칙을, 2, 4, 6, 8항은 −10의 규칙을 가진다. 따라서 −5−10=−15

4

$$1 \quad 3 \quad (\quad) \quad 15 \quad 31 \quad 63 \quad 127$$

① 5

② 7

③ 9

④ 11

✔ 해설 $+2$, $+2^2$, $+2^3$, $+2^4$, $+2^5$, $+2^6$의 규칙을 가진다.

5

$$932 \quad 466 \quad -466 \quad -233 \quad (\quad) \quad 233 \quad -699$$

① -932

② 699

③ -466

④ 466

✔ 해설 $\div 2$, $\times(-1)$, $\div 2$, $\times(-2)$, $\div 2$, $\times(-3)$의 규칙이 반복되고 있다.

6

$$\frac{1}{88} \quad \frac{3}{88} \quad \frac{5}{88} \quad \frac{7}{88} \quad \frac{9}{88} \quad (\quad) \quad \frac{15}{88}$$

① 11

② 12

③ 13

④ 14

✔ 해설 분모가 88인 기약분수이다. $\frac{9}{88}$ 다음에 나올 기약분수는 $\frac{13}{88}$ 이다.

7

$$3 \quad 4 \quad 5 \quad 7 \quad 9 \quad 13 \quad 15 \quad 22 \quad (\quad) \quad 34$$

① 23

② 25

③ 27

④ 29

> **해설** 홀수 항은 2의 배수 씩, 짝수 항은 3의 배수 씩 더해지며 증가한다.

8

$$1 \quad 2 \quad -1 \quad 8 \quad (\quad) \quad 62$$

① −19

② −15

③ 10

④ 12

> **해설** 처음의 숫자에 3^0, -3^1, 3^2, -3^3, 3^4이 더해지고 있다.

9

$$2 \quad 3 \quad 7 \quad 34 \quad 290 \quad (\quad)$$

① 3400

② 3415

③ 3430

④ 3445

> **해설** 처음의 숫자에서 1^1, 2^2, 3^3, 4^4, 5^5이 더해지고 있다.

10

$$61 + 18 = 100 \qquad 99 + 98 = (\quad)$$

① 142

② 148

③ 152

④ 158

> **해설** $61 + 18$을 $180°$ 회전시켜 보면 $81 + 19$이 되어 100임을 알 수 있다.
> $99 + 98$을 $180°$ 회전시켜 보면 $86 + 66$이 되어 152임을 알 수 있다.

11 다음과 같이 일정한 규칙으로 수를 나열할 때, A, B에 들어갈 수를 찾아 A+B의 값을 구하면?

> <u>3 12 16</u> <u>4 16 20</u> <u>5 A B</u>

① 34

② 44

③ 54

④ 64

✔해설 규칙을 잘 살펴보면 세 수를 a, b, c로 놓으면
$a \times 4 = b$, $b + 4 = c$가 됨을 알 수 있다.
$3 \times 4 = 12$, $12 + 4 = 16$
$4 \times 4 = 16$, $16 + 4 = 20$
$5 \times 4 = 20 = $A, $20 + 4 = 24 = $B
A+B$= 20 + 24 = 44$

▌12~19▐ 일정한 규칙에 따라 배열된 수이다. (   ) 안에 알맞은 수를 고르시오.

12

> <u>72 3 216</u> <u>36 ( ) 324</u> <u>41 7 287</u> <u>56 4 224</u>

① 8

② 9

③ 10

④ 11

✔해설 $72 \times 3 = 216$
$36 \times (9) = 324$
$41 \times 7 = 287$
$56 \times 4 = 224$

13

$$\underline{3 \quad 4 \quad 1 \quad 2} \quad \underline{3 \quad 5 \quad 1 \quad 5} \quad \underline{3 \quad 6 \quad 1 \quad (\quad)}$$

① 7　　　　　　　　　　　　　　② 8

③ 9　　　　　　　　　　　　　　④ 10

✔해설 4개 수의 관계를 가만히 살펴보면 3　4　1　2 → 3×4=12 이 모든 수가 하나하나 독립적으로 분리된 것이다.

3×5=15 → 3　5　1　5

3×6=18 → 3　6　1　8

14

$$\underline{2 \quad 7 \quad 9} \quad \underline{10 \quad 5 \quad 3} \quad \underline{6 \quad 1 \quad 11} \quad \underline{1 \quad 1 \quad (\quad)}$$

① 10　　　　　　　　　　　　　② 12

③ 14　　　　　　　　　　　　　④ 16

✔해설 주어진 세 수를 모두 더하면 18이 된다.

15

$$\underline{21 \quad 7 \quad 32} \quad \underline{18 \quad 20 \quad 22} \quad \underline{(\quad) \quad 7 \quad 10} \quad \underline{17 \quad 35 \quad 8}$$

① 41　　　　　　　　　　　　　② 42

③ 43　　　　　　　　　　　　　④ 44

✔해설 21+7+32=60

18+20+22=60

(43)+7+10=60

17+35+8=60

16

$$\underline{8 \quad 3 \quad 2} \quad \underline{14 \quad 4 \quad 3} \quad \underline{20 \quad 6 \quad 3} \quad \underline{(\quad) \quad 7 \quad 4}$$

① 25　　　　　　　　　　　　　② 27

③ 30　　　　　　　　　　　　　④ 34

✔해설 규칙성을 찾으면 $8=(3×2)+2$, $14=(4×3)+2$, $20=(6×3)+2$이므로 $(\quad)=(7×4)+2$

∴ (　　　) 안에 들어갈 수는 30이다.

17

6 2 8 10   3 7 10 17   5 8 13 ( )

① 12

② 15

③ 18

④ 21

✔해설 규칙성을 찾으면 6 2 8 10에서 첫 번째 수와 두 번째 수를 더하면 세 번째 수가 되고 두 번째 수와 세 번째 수를 더하면 네 번째 수가 된다.
∴ ( ) 안에 들어갈 수는 21이다.

18

5 9 −14   3 8 ( )   4 7 −11

① −11

② 24

③ 9

④ −5

✔해설 3개씩 묶어서 살펴보면 규칙이 보인다. 첫 번째 항과 두 번째 항을 더한 후 부호를 바꿔주면 세 번째 항이 된다.

19

3 5 9 15   4 6 16 24   5 7 ( ) 35   6 8 36 48

① 23

② 24

③ 25

④ 26

✔해설 규칙성을 찾으면 3 5 9 15에서 첫 번째 수에 2를 더하면 두 번째 수가 되고, 첫 번째 수에 제곱을 한 값이 세 번째 수, 첫 번째 수와 두 번째 수를 곱한 값이 네 번째 수가 된다.
∴ ( ) 안에 들어갈 수는 25이다.

Answer　13.② 14.④ 15.③ 16.③ 17.④ 18.① 19.③

┃20~24┃ 다음 제시된 식을 보고 빈칸에 들어갈 알맞은 수를 고르시오.

20

$$4 \otimes 3 = 17 \qquad 7 \otimes 2 = 59 \qquad 9 \otimes 3 = 612 \qquad 8 \otimes 6 = (\quad)$$

① 48　　　　　　　　　　　　　② 96

③ 142　　　　　　　　　　　　④ 214

> ✔ 해설　$4 \otimes 3 = 17$을 살펴보면 $4 - 3 = 1$, $4 + 3 = 7$
> 앞의 수와 뒤의 수를 더한 값이 일의 자리 수, 앞의 수에서 뒤의 수를 뺀 것이 십의 자리 수가 된다.
> $7 \otimes 2 = 59 \rightarrow 7 - 2 = 5$, $7 + 2 = 9$
> $9 \otimes 3 = 612 \rightarrow 9 - 3 = 6$, $9 + 3 = 12$
> $8 \otimes 6 = (\quad) \rightarrow 8 - 6 = 2$, $8 - 6 = 14 \rightarrow 214$

21

$$23 \oplus 8 = 3 \qquad 11 \oplus 14 = 1 \qquad 4 \oplus 30 = 2 \qquad 25 \oplus 7 = (\quad)$$

① 0　　　　　　　　　　　　　② 1

③ 2　　　　　　　　　　　　　④ 3

> ✔ 해설　$23 \oplus 8 = 3 \rightarrow 23 + 8 = 31 \rightarrow 31 \div 4$ 몫은 7, 나머지는 3
> $11 \oplus 14 = 1 \rightarrow 11 + 14 = 25 \rightarrow 25 \div 4$ 몫은 6, 나머지는 1
> $4 \oplus 30 = 2 \rightarrow 4 + 30 = 34 \rightarrow 34 \div 4$ 몫은 8, 나머지는 2
> $25 \oplus 7 = (\quad) \rightarrow 25 + 7 = 32 \rightarrow 32 \div 4$ 몫은 8, 나머지는 0

22

$$3 * 5 = 13 \qquad 4 * 7 = 25 \qquad 5 * 9 = 41 \qquad (7 * 11) * 3 = (\quad)$$

① 287　　　　　　　　　　　　② 288

③ 289　　　　　　　　　　　　④ 290

> ✔ 해설　두 수를 곱한 후 뒤의 숫자를 뺀 후 처음 숫자를 더하는 규칙을 가지고 있다.
> 그러므로 $7 * 11 = (7 \times 11) - 11 + 7 = 73$, $73 * 3 = (73 \times 3) - 3 + 73 = 289$

23

$$4 \circ 8 = 5 \quad 7 \circ 8 = 11 \quad 9 \circ 5 = 9 \quad 3 \circ (7 \circ 2) = (\quad)$$

① 6

② 13

③ 19

④ 24

✔해설 계산 법칙을 유추하면 두 수를 곱한 후 십의자리 수와 일의자리 수를 더하고 있으므로 $(7 \circ 2)$는 $7 \times 2 = 14$에서 $1 + 4 = 5$, $3 \circ 5$는 $3 \times 5 = 15$에서 $1 + 5 = 6$

∴ ( ) 안에는 6이 들어간다.

24

$$5 * 3 = 16 \quad 13 * 3 = 32 \quad 7 * 8 = 30 \quad 4 * (1 * 8) = (\quad)$$

① 41

② 42

③ 43

④ 44

✔해설 두 수를 더한 후 2를 곱해주는 규칙이다.

따라서 $1 * 8 = (1 + 8) \times 2 = 18$, $4 * 18 = (4 + 18) \times 2 = 44$

▮25~27▮ 다음 ▲ 표시된 곳의 숫자에서부터 시계방향으로 진행하면서 숫자와의 관계를 고려하여 ? 표시된 곳에 들어갈 알맞은 숫자를 고르시오.

25

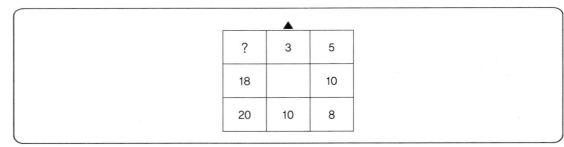

① 16
② 18
③ 20
④ 22

✔해설 3부터 시계방향으로 각 숫자의 차가 +2, ×2, −2의 순서로 변한다.

26

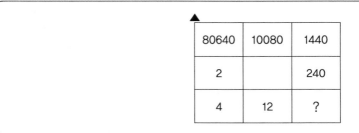

① 24
② 48
③ 60
④ 120

✔해설 80640부터 시계방향 차례대로 8, 7, 6, 5, …이 나눠지면서 변하고 있다.

27

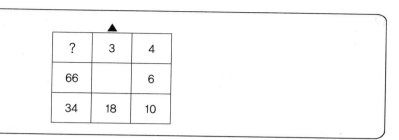

	▲	
?	3	4
66		6
34	18	10

① 120

② 130

③ 140

④ 150

✔해설 +1, +2, +4, +8, +16, +32로 수가 변하고 있으므로, 66에는 64가 더해져 130이 된다.

┃28~35┃ 다음 ? 표시된 부분에 들어갈 숫자를 고르시오.

28

200	40	20	10	5
5	2	2	?	

① 2

② 4

③ 6

④ 8

✔해설  ㉢ = ㉠ ÷ ㉡

29

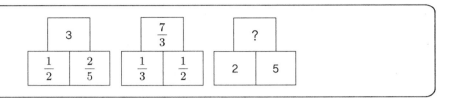

① $\dfrac{11}{5}$

② $\dfrac{17}{5}$

③ $\dfrac{11}{2}$

④ $\dfrac{17}{2}$

✅해설 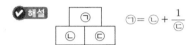 $\text{㉠} = \text{㉡} + \dfrac{1}{\text{㉢}}$

30

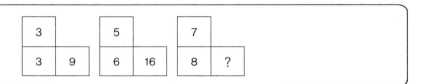

① 22

② 25

③ 28

④ 31

✅해설 $\text{㉢} = \text{㉠} \times 2 + \text{㉡}$

31

19	5	4
18	4	2
17	3	?
16	2	0

① 0

② 1

③ 2

④ 3

✔해설 3열의 수는 1열의 수를 2열의 수로 나눈 나머지이다. 따라서 빈칸에 들어갈 수는 17÷3=5⋯2, 즉 2이다.

32

A	B		B	D		C	F
G	D		N	H		?	L

① U

② V

③ W

④ X

✔해설 영문 알파벳과 숫자를 대응시키면 다음의 표와 같다.

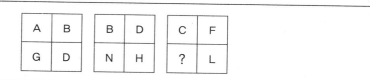

A	B	C	D	E	F	G	H	I	J	K	L	M	N	O	P	Q	R	S	T	U	V	W	X	Y	Z
1	2	3	4	5	6	7	8	9	10	11	12	13	14	15	16	17	18	19	20	21	22	23	24	25	26

주어진 도형의 알파벳을 대응하는 숫자로 치환하면

1	2		2	4		3	6
7	4		14	8		?	12

첫 번째 도형은 시계방향으로 1, 2, 3, 두 번째 도형은 시계방향으로 2, 4, 6씩 더해지며 증가한다. 따라서 세 번째 도형은 시계방향으로 3, 6, 9씩 더해지며 증가해야 한다.

∴ 빈칸에 들어갈 문자는 12+9=21, 즉 U가 들어가야 한다.

33

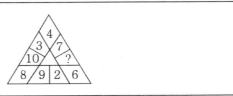

① 5   ② 8

③ 11   ④ 14

✔해설 한 변의 숫자를 더하면 모두 25가 된다.

34

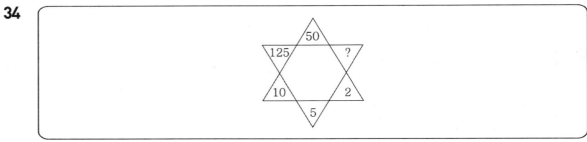

① 21   ② 23

③ 25   ④ 27

✔해설 마주보고 있는 숫자를 곱하면 모두 250이 된다.

35

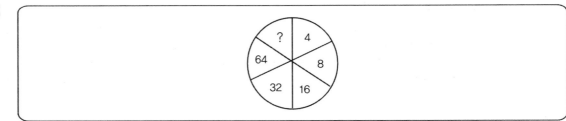

① 126   ② 127

③ 128   ④ 129

✔해설 4에서 시작해서 시계방향으로 2가 곱해지면서 변하고 있다.

$$1212 \qquad 3234$$
$$\downarrow \qquad\quad \downarrow$$
$$2351 \rightarrow \square \rightarrow \star \rightarrow 2362$$
$$\downarrow \qquad\quad \downarrow$$
$$3523 \rightarrow \square \rightarrow \bigcirc \rightarrow 3422$$
$$\downarrow \qquad\quad \downarrow$$
$$1212 \qquad 4143$$

36

$$1523 \rightarrow \bigcirc \rightarrow \square \rightarrow ?$$

① 2421

② 1568

③ 2496

④ 1236

✔ 해설
- $1523 \rightarrow \bigcirc = 1422$
- $1422 \rightarrow \square = 2421$

※ 각 기호의 규칙
- $\square$: 첫째자리와 넷째자리 자리바꿈
- $\star$: 첫째자리와 셋째자리에 $+1$ 적용
- $\bigcirc$: 둘째자리와 넷째자리에 -1 적용

37

$$4512 \rightarrow \square \rightarrow \star \rightarrow ?$$

① 2749

② 3524

③ 4154

④ 5358

✔ 해설
- $4512 \rightarrow \square = 2514$
- $2514 \rightarrow \star = 3524$

※ 각 기호의 규칙
- $\square$: 첫째자리와 넷째자리 자리바꿈
- $\star$: 첫째자리와 셋째자리에 $+1$ 적용
- $\bigcirc$: 둘째자리와 넷째자리에 -1 적용

Answer 33.② 34.③ 35.③ 36.① 37.②

38

$$2342 \rightarrow \bigcirc \rightarrow \square \rightarrow \bigstar \rightarrow \,?$$

① 1357

② 1543

③ 2252

④ 2891

 해설 • 2342 → ○ = 2241
• 2241 → □ = 1242
• 1242 → ☆ = 2252
※ 각 기호의 규칙
　□ : 첫째자리와 넷째자리 자리바꿈
　☆ : 첫째자리와 셋째자리에 +1 적용
　○ : 둘째자리와 넷째자리에 −1 적용

39

$$4255 \rightarrow \bigstar \rightarrow \square \rightarrow \bigcirc \rightarrow \,?$$

① 2354

② 3518

③ 4268

④ 5164

 해설 • 4255 → ☆ = 5265
• 5265 → □ = 5265
• 5265 → ○ = 5164
※ 각 기호의 규칙
　□ : 첫째자리와 넷째자리 자리바꿈
　☆ : 첫째자리와 셋째자리에 +1 적용
　○ : 둘째자리와 넷째자리에 −1 적용

40

$$2164 \rightarrow ☆ \rightarrow □ \rightarrow ○ \rightarrow ☆ \rightarrow ?$$

① 3158

② 3842

③ 4032

④ 5082

 해설
- 2164 → ☆ = 3174
- 3174 → □ = 4173
- 4173 → ○ = 4072
- 4072 → ☆ = 5082

※ 각 기호의 규칙
 □ : 첫째자리와 넷째자리 자리바꿈
 ☆ : 첫째자리와 셋째자리에 +1 적용
 ○ : 둘째자리와 넷째자리에 −1 적용

Chapter 04

언어이해

1   글의 빈칸에 들어갈 단어로 가장 적절한 것은?

> 인간은 누구나 건전하고 생산적인 사회에서 타인과 함께 평화롭게 살아가길 원한다. 도덕적이고 문명화된 사회를 가능하게 하는 기본적인 사회 원리를 수용할 경우에만 인간은 생산적인 사회에서 평화롭게 살 수 있다. 기본적인 사회 원리를 수용한다면, 개인의 권리는 침해당하지 않는다. 인간의 본성에 의해 요구되는 인간 생존의 기본 조건, 즉 생각의 자유와 자신의 이성적 판단에 따라 행동할 수 있는 자유가 인정되지 않는다면, 개인의 권리는 침해당한다.
>
> 물리적 힘의 사용이 허용되는 경우에만 개인의 권리는 침해당한다. 어떤 사람이 다른 사람의 삶을 빼앗거나 그 사람의 의지에 반하는 것을 _____하기 위해서는 물리적 수단을 사용할 수밖에 없기 때문이다. 이성적인 수단인 토론이나 설득을 사용하여 다른 사람의 의견이나 행동에 영향을 미친다면, 개인의 권리는 침해당하지 않는다.
>
> 인간이 생산적인 사회에서 평화롭게 사는 것은 매우 중요하다. 왜냐하면 인간이 생산적인 사회에서 평화롭게 살 수 있을 경우에만 인간은 지식 교환의 가치를 사회로부터 얻을 수 있기 때문이다.

① 강요   ② 반대

③ 인지   ④ 대화

✔**해설** '의지에 반하는 것을 _____하다'에 어울리는 단어는 ①이 적절하다.

2 다음 중 밑줄 친 단어와 같은 의미로 사용된 문장은?

> 무기물의 세계는 인과법칙의 지배를 받기 때문에, 과거와 현재가 미래를 결정한다. 그러나 생명체의 생장과 발달과정에서는 현재의 상태가 미래의 목적에 맞게끔 조정되고, 그런 식으로 현재가 미래에 의해 결정되는 것처럼 보인다. 이처럼 미래가 현재를 결정한다는 견해가 '목적론'이다. 그러나 '결정된다'는 말을 인과법칙과 일관된 방식으로 사용한다면, 우리는 미래가 현재를 결정한다고 말할 수 없다. 어떤 목적이든 그 실현 과정은 인과법칙에 따라 이루어져야 하며, 이런 관점에서 볼 때 생명체에서도 현재의 모습은 미래에 의해서가 아니라 이미 존재하는 어떤 청사진의 구현 과정에서 결정될 뿐이다.
>
> 실제로 우리는 인과법칙과 상충하는 요소를 끌어들이지 않고도 생명에 관한 목적론적 설명을 대체할 수 있다. 우연이 낳는 변화와 자연에 의한 선택이라는 개념으로 진화를 설명한 다윈의 업적이 바로 그것이다. 현존하는 종들을 하나의 체계적인 질서 속에 위치시켜 보면, 인간이 이 질서의 맨 위쪽에 있고, 그 밑에 영장류, 이어 포유동물이 있다. 이런 계열은 조류, 파충류, 어류를 지나 여러 형태의 해양생물로 이어지고 마침내 아메바 같은 단세포생물에 <u>이른다</u>. 다윈에 따르면 현존하는 종들 간의 이런 체계적 질서는 종 발생의 역사적 질서를 반영한다. 그리고 목적론적 과정에 의해서가 아니라 인과법칙을 따르는 진화의 과정을 통해 단세포생물로부터 오랜 세월을 거쳐 고등생물이 나타났다. 다양한 시대의 지층에 대한 지질학적 탐구의 성과 역시 이런 추리를 적극적으로 지지한다.

① 그가 주모에게 술을 더 가져오라고 <u>이른다</u>.
② 선생님은 아이들에게 싸우지 말라고 <u>일러</u> 주었다.
③ 그가 선생님에게 내가 유리창을 깼다고 <u>일렀다</u>.
④ 김선생의 학문은 아주 높은 수준에 <u>이르게</u> 되었다.

> ✔해설 ④ 어떤 정도나 범위에 미치다
> ① 무엇이라고 말하다
> ② 타이르다(잘 깨닫도록 일의 이치를 밝혀 말해 주다)
> ③ 어떤 사람의 잘못을 윗사람에게 말하여 알게 하다

3 다음 글을 읽고 보기의 문장이 들어갈 위치로 적절한 것은?

갑은 고려 전기까지를 고대 노예제 사회로, 무신 정권기에서 고려 말까지를 과도기로, 조선 시대부터는 중세 봉건제 사회로 본다. 갑은 고려 전기 국가 수취의 준거를 토지가 아닌 노동력에 둔다. ㉮ 고대의 수취는 신라 장적문서에서 보이듯, 호의 등급이 토지가 아니라 정남(丁男)의 노동력으로 구분되었고 이러한 특징은 고려 전기까지도 바뀌지 않았다고 한다. ㉯ 물론 신라, 고려 때에도 토지에 대하여 부과하는 조세가 없지는 않았지만 수취의 중점은 노동력 수탈과 인신 예속에 있었다는 것이다. 갑은 이러한 고대적 요소는 무신란 이후 점차 해체·극복되었으며, 조선조에 들어와 중세 봉건제 사회가 이루어졌다고 한다.

한편 을은 고려의 성립을 중세 봉건제 사회의 출발로 본다. 을은 시대 구분의 기준을 경제적 측면은 물론 정치, 사회, 문화의 모든 면을 아울러 살펴보아야 한다고 주장한다. 그에 따르면 고대적 혈연관계에 기반한 골품제가 사회생활 전반을 제약하던 신라 사회는 하대(下代)에 들어와 점차 무너지기 시작하였다고 한다. ㉰ 고려 건국에 성공한 태조 왕건이 노비를 풀어준다든가 백성들의 수취에 기준을 세워야 한다는 것을 주장하며 인신 예속의 약화를 표방한 것은 역사적 의미를 갖는 것이었다. ㉱ 이러한 사회 원리의 형성이 곧 중세 봉건제 사회의 성립이라고 보았다.

〈보기〉
이러한 상황에서 호족 세력이 등장하여 나말·후삼국의 혼란기가 나타났지만 그것은 곧 고대 사회를 극복하는 과정이라고 할 수 있다.

① ㉮

② ㉯

③ ㉰

④ ㉱

✔**해설** 〈보기〉는 호족이 등장하기 이전 상황이 나타난 뒤에 들어가야 적절하다.
따라서 ㉰의 앞 내용이 호족이 본격적으로 등장하기 이전인 신라 하대의 내용이므로 〈보기〉의 내용은 ㉰에 들어가야 적절하다.

4 다음 글에서 추론할 수 없는 것은?

> 세종대 오례(五禮) 운영의 특징은 더욱 완벽한 유교적 예악(禮樂) 이념에 접근하고자 노력하였다는 점에 있다. 유교적 예악 이념을 근간으로 국가의 오례 운영을 심화시키는 과정에서 예제(禮制)와 음악, 즉 예악이 유교적 정치 질서를 이루는 중요한 요소라는 점이 인식되었고, 예제와 음악이 조화된 단계의 오례 운영이 모색되었다.
>
> 이에 따라 음악에 대한 정리가 시도되었는데, 음악연구의 심화는 박연(朴堧)에 의한 음악서 편찬으로 이어졌다. 박연은 음악을 양성음과 음성음의 대응과 조화로서 이해하였고, 박연의 의견에 따라 이후 조선시대 오례 의식에 사용되는 모든 음악은 양성음인 양률과 음성음인 음려의 화합으로 이루어지게 되었다. 음악에 대한 이해가 심화됨에 따라 자주적인 악기 제조가 가능하게 되었으며, 악공(樂工)의 연주 수준이 향상되었다.
>
> 한편으로 박연 이후 아악(雅樂)과 향악(鄕樂)의 문제가 제기되었다. 아악은 중국에서 들어온 음악으로 우리에게는 익숙한 음악이 아니었다. 따라서 우리나라 사람들이 평소에는 우리의 성음으로 이루어진 향악을 듣다가 오례 때에는 중국의 성음으로 이루어진 아악을 듣는 것에 대한 의문이 제기되었다. 이로 인해 오례에서는 으레 아악을 연주해야 한다는 관행을 벗어나, 우리의 고유 음악인 향악을 유교의 예악과 어떻게 조화시킬 것인가에 관한 문제가 공론화되기 시작하였다. 이후 여러 논의를 거쳐 오례 의식에서 향악을 반드시 연주하게 되었다.
>
> 나아가 향악에 대한 관심은 중국에서 유래된 아악과 우리 향악 사이에 음운 체계가 근본적으로 다르다는 것을 인식하게 하였다. 또한 보편적 음성이론에 의한 예악 운영에 따라 향악의 수준이 향상되는 결과를 가져왔다.

① 아악과 향악은 음운 체계가 서로 다르다.
② 향악의 수준 향상으로 아악은 점차 오례 의식에서 배제되어갔다.
③ 오례에서 연주된 향악은 양률과 음려가 화합을 이룬 음악이었다.
④ 세종대 음악에 대한 심화된 이해는 자주적인 악기 제조, 악공의 연주 수준 향상으로 이어졌다.

> **✔해설** 향악에 대한 관심은 중국에서 유래된 아악과 우리 향악 사이에 음운 체계가 근본적으로 다르다는 것을 인식하게 하였지만 아악이 오례 의식에서 배제된 점은 알 수 없다.

5 다음 중 밑줄 친 전략에 해당하지 않는 것은?

> 키르케의 섬에 표류한 오디세우스의 부하들은 키르케의 마법에 걸려 변신의 형벌을 받았다. 변신의 형벌이란 몸은 돼지로 바뀌었지만 정신은 인간의 것으로 남아 자신이 돼지가 아니라 인간이라는 기억을 유지해야 하는 형벌이다. 그 기억은, 돼지의 몸과 인간의 정신이라는 기묘한 결합의 내부에 견딜 수 없는 비동일성과 분열이 담겨 있기 때문에 고통스럽다. "나는 돼지이지만 돼지가 아니다, 나는 인간이지만 인간이 아니다."라고 말해야만 하는 것이 비동일성의 고통이다.
>
> 바로 이 대목이 현대 사회의 인간을 '물화(物化)'라는 개념으로 파악하고자 했던 루카치를 전율케 했다. 물화된 현대 사회에서 인간 존재의 모습은 두 가지로 갈린다. 먼저 인간은 상품이 되었으면서도 인간이라는 것을 기억하는, 따라서 현실에서 소외당한 자신을 회복하려는 가혹한 노력을 경주해야 하는 존재이다. 자신이 인간이라는 점을 기억하고 있지 않다면 그에게 구원은 구원이 아닐 것이므로, 인간 이라는 본질을 계속 기억하는 일은 그에게 구원의 첫째 조건이 된다. 키르케의 마법으로 변신의 계절을 살고 있지만, 자신이 기억을 계속 유지하면 그 계절은 영원하지 않을 것이라는 희망을 가질 수 있다. 그는 소외 없는 저편의 세계, 구원과 해방의 순간을 기다린다.
>
> 반면 밑줄 친 망각의 전략을 선택하는 자는 자신이 인간이었다는 기억 자체를 포기하는 인간이다. 그는 구원을 위해 기억에 매달리지 않는다. 그는 그에게 발생한 변화를 받아들이고 그것을 새로운 현실로 인정하며 그 현실에 맞는 새로운 언어를 얻기 위해 망각의 정치학을 개발한다. 망각의 정치학에서는 인간이 고유의 본질을 갖고 있다고 믿는 것 자체가 현실적인 변화를 포기하는 것이 된다. 일단 키르케의 돼지가 된 자는 인간 본질을 붙들고 있는 한 새로운 변화를 꾀할 수 없다.
>
> 키르케의 돼지는 자신이 인간이었다는 기억을 망각하고 포기할 때 새로운 존재로 탄생할 수 있겠지만, 바로 그 때문에 그는 소외된 현실이 가져다주는 비참함으로부터 눈을 돌리게 된다. 대중소비를 신성화하는 대신 왜곡된 현실에는 관심을 두지 않는다고 비판받았던 1960년대 팝아트 예술은 망각의 전략을 구사하는 키르케의 돼지들이다.

① 왜곡되거나 물화된 현실에 순응한다.
② 구원을 위해 기억에 매달리지 않는다.
③ 인간의 최소한의 본질에 대한 믿음을 가진다.
④ 인간 본질을 붙들고 있는 한 새로운 변화를 꾀할 수 있다.

> **✔ 해설** ④ 망각의 정치학에서는 인간 본질을 붙들고 있는 한 새로운 변화를 꾀할 수 없다고 본다.
> ※ 3문단에 나타난 망각의 전략을 선택하는 자의 특징
>   ㉠ 자신이 인간이었다는 기억 자체를 포기하여 구원을 위해 기억에 매달리지 않는다.
>   ㉡ 변화를 받아들이고 그것을 새로운 현실로 인정하며 그 현실에 맞는 새로운 언어를 얻기 위해 망각의 정치학을 개발한다.
>   ㉢ 인간이 고유의 본질을 갖고 있다고 믿는 것 자체가 현실적인 변화를 포기하는 것이 되기 때문에, 인간 본질을 붙들고 있는 한 새로운 변화를 꾀할 수 없다.

6

> (개) 자연 가운데서 가장 연약한 것이다.
>
> (내) 그러나 우주가 인간을 죽여 없애더라도, 인간은 그를 죽이는 우주보다도 뛰어난 값어치를 가지고 있다.
>
> (대) 그를 눌러 지르기 위하여, 전 우주가 무장할 필요는 없다.
>
> (래) 인간은 한 줄기 갈대다.
>
> (마) 왜냐하면, 그는 자기가 죽는다는 것과 우주가 자기보다 뛰어난 것임을 알고 있으나, 우주는 그런 것에 대하여 아무것도 모르기 때문이다.
>
> (바) 그러나 그것은 생각하는 갈대다.
>
> (사) 한 번 내뿜은 증기 한 방울의 물이라도 그를 죽이기에 충분하다.
>
> (아) 따라서 우리들의 모든 존엄은 우리들의 사고(思考) 속에 있는 것이다.

① (래) – (개) – (바) – (대) – (사) – (내) – (마) – (아)

② (래) – (대) – (사) – (내) – (마) – (아) – (개) – (바)

③ (래) – (바) – (개) – (내) – (사) – (대) – (마) – (아)

④ (래) – (바) – (아) – (대) – (사) – (개) – (마) – (내)

✔ 해설 (래) 제시된 글은 파스칼의 팡세의 일부로서, 인간은 갈대(주지) →(개) 가장 연약한 존재(구체화) →(바) 그러나 생각하는 갈대(구체화) →(대) 죽이기 위해 우주의 무장은 필요 없고(전개) →(사) 한 번 내뿜은 증기 한 방울로 충분(전개) →(내) 하지만 인간은 우주보다 뛰어난 값어치(반론) →(마) 왜냐하면 인간은 알지만 우주는 모른다 →(아) 따라서 우리들의 존 엄은 우리의 사고 속에 있다(결론)의 구성이다.

7

> (가) 영어 공용화의 효과는 두 세대 정도 지나야 드러나며 교육제도 개선 등 부단한 노력이 필요하다.
> (나) 사람들이 '영어 공용화'의 효용성에 대해서 말하면서 가장 많이 언급하는 것이 영어 능력의 향상이다.
> (다) 오히려 영어를 공용화하지 않은 노르웨이, 핀란드, 네덜란드 등에서 체계적인 영어 교육을 통해 뛰어난 영어 구사자를 만들어 내고 있다.
> (라) 그러나 영어 공용화를 한다고 해서 그것이 바로 영어 능력의 향상으로 이어지는 것은 아니다.

① (가) - (다) - (나) - (라)   ② (나) - (라) - (가) - (다)

③ (나) - (가) - (라) - (다)   ④ (다) - (라) - (가) - (라)

✔ **해설** (나) 화제(영어 공용화의 효용성) 제시→(라) (나)에 대한 반박→(가) (라)에 대한 부연→(다) 영어 공용화를 하지 않고 뛰어난 영어 구사하는 나라의 예

8

> (가) 그는 훌륭한 영혼이 훌륭한 신체를 만든다고 보아 무엇보다도 영혼을 위한 교육이 중요하다고 생각하였다.
> (나) 그러나 플라톤에게 예술은 그 자체로서의 미를 추구하는 것이 아니라 이상 국가 건설이라는 목적에 부합하는 것이어야 했다.
> (다) 그 중에서도 음악이 어떤 예술보다도 인간의 영혼에 큰 영향을 미친다고 보아 음악 교육을 강조했다.
> (라) 따라서 음악 교육도 도덕성을 확립하는데 가장 중요한 방법으로 간주했다.
> (마) 플라톤은 이상 국가 건설을 위해 국가에서 가르쳐야 할 것으로, 신체를 위한 교육과 영혼을 위한 교육을 들었다.

① (가) - (다) - (라) - (나) - (마)   ② (가) - (나) - (라) - (다) - (마)

③ (마) - (가) - (다) - (나) - (라)   ④ (마) - (다) - (가) - (나) - (라)

✔ **해설** (마) 플라톤의 교육에 대한 관점→(가) 플라톤이 강조한 영혼을 위한 교육→(다) 영혼을 위한 교육으로써의 음악 교육→(나) 플라톤의 예술관→(라) 도덕성 확립을 위한 음악 교육

9

(가) 역사상 간첩활동이 학문적으로 체계화된 것은 중국의 춘추전국시대에 완성된 「손자병법」 제13편 용간에 나타나 있다.

(나) 우리나라에서도 이미 삼국시대부터 정보활동으로 인정될 수 있는 역사적 사례가 있는데 고구려 태무신왕 때 낙랑을 침범하기 위한 왕자 호동의 자명고 파괴작전이나 신라 눌지왕 때 일본에 억류된 왕자를 구출하기 위한 박제상의 파견, 고구려 영양왕 때 살수대첩을 이끈 을지문덕의 적정 탐지 등이 그것이라 할 수 있다.

(다) 간첩이란 적국·가상적국·적대집단 등에 들어가 몰래 또는 공인되지 않은 방법으로 정보를 수집하거나 전복활동 등을 하는 자를 말하는데 첩자·밀정과 같은 뜻으로 쓰이고 있다.

(라) 여기에는 간자의 종류와 활용원리가 서술되어 있으며 이것이 세계 최초의 정보수집 및 공작원리로 인정되고 있다.

① (가) – (나) – (다) – (라) 　　② (다) – (가) – (라) – (나)
③ (다) – (라) – (가) – (나) 　　④ (가) – (다) – (나) – (라)

✔ 해설　(다) 간첩의 정의 – (가) 「손자병법」에서 학문적으로 체계화된 간첩활동 – (라) 「손자병법」에 서술된 간첩활동의 내용 – (나) 우리나라에서 정보활동으로 인정될 수 있는 역사적 사례

10

(가) 그러나, 종과 종이라는 관계에서 본 경우는 어떨까.

(나) 포식관계에 있는 동물은 일반적으로 먹히는 쪽보다는 먹는 쪽이 강하다고 생각되는 경향이 있다.

(다) 확실히 일대일 개체 간의 관계에서는 그럴지도 모른다.

(라) 먹는 쪽의 목숨은 먹히는 쪽의 목숨에 따라 양육되어 왔다.

(마) 즉, 먹히는 쪽이 없으면 먹는 쪽은 살아갈 수 없다는 것이다.

① (가) – (다) – (나) – (라) – (마) 　　② (나) – (다) – (가) – (라) – (마)
③ (다) – (나) – (가) – (라) – (마) 　　④ (다) – (나) – (가) – (마) – (라)

✔ 해설　(나) 먹는 쪽이 강하다고 여겨지는 동물의 포식관계(도입) → (다) 이러한 포식관계가 전 개체 간에서 통용되는 것은 아님 → (가) 종과 종이라는 관계에서 본 먹고 먹힘의 관계 → (라) 먹히는 쪽의 목숨에 따라 양육되어 온 먹는 쪽의 목숨 → (마) 먹히는 쪽에 달린 먹는 쪽의 목숨

Answer　7.② 8.③ 9.② 10.②

11

> 우리말을 외국어와 비교하면서 우리말 자체가 논리적 표현을 위해서는 부족하다는 것을 주장하는 사람들이 있다. (   ) 우리말이 논리적 표현에 부적합하다는 말은 우리말을 어떻게 이해하느냐에 따라 수긍이 갈 수도 있고 그렇지 않을 수도 있다.

① 그리고

② 그런데

③ 왜냐하면

④ 그러나

✔**해설** 뒷 문장은 앞 문장의 내용에 대한 부정과 반박에 해당하므로 역접의 기능을 가진 '그러나'가 들어가는 것이 적절하다.

PLUS tip ··

접속 부사의 사용

㉠ 그리고, 또(한), 한편
  앞 문장과 뒤 문장이 병렬 관계 일 경우, 연쇄적·점층적 어구를 이어줄 경우
㉡ 그러나
  앞말을 구체화하거나 부연할 경우, 앞말과 뒷말이 상반되는 내용일 경우
㉢ 그러므로, 따라서
  앞말이 원인이고 뒷말이 결과일 경우
㉣ 그런데
  화제를 전환할 경우
㉤ 그러면
  앞의 내용을 다시 언급할 경우

12

> 곤충에도 뇌가 있다. 뇌에서 명령을 받아 다리나 날개를 움직이고, 음식물을 찾거나 적에게서 도망친다. (   ), 인간의 뇌에 비하면 그다지 발달되어 있다고는 말할 수 없다. (   ), 인간은 더욱 더 복잡한 일을 생각하거나, 기억하거나, 마음을 움직이게 하거나 하기 때문이다.

① 왜냐하면, 게다가

② 하지만, 왜냐하면

③ 그렇지만, 아니면

④ 또, 그런데

✔**해설** '곤충에도 뇌가 있다(인간과 같다).'는 문장과 '인간의 뇌만큼 발달되어 있지 않다(차이).'는 문장으로 역접의 관계를 나타내는 접속어를 선택한다. 두 번째 괄호에는 '때문이다'로 보아 원인을 나타내는 접속사가 들어가야 한다.

13

> 어느 날 개 한 마리와 눈먼 남자가 버스에 탔다. 버스는 사람들로 가득 차 있었다. (   ) 그 눈먼 남자가 앉을 수 있는 좌석이 없었다. 개는 옆 사람들을 코로 밀며 그에게 앉을 자리를 갖게 해주려고 애쓰기 시작했다. (   ) 한 소녀가 일어나서 그 불쌍한 사람에게 자신의 자리를 내어 주었다.

① 그래서, 그러자
② 하지만, 그러자
③ 그래서, 그러므로
④ 그러므로, 따라서

> **✔해설** 버스가 사람들로 가득 차 있어서 눈먼 남자가 앉을 자리가 없었다(원인과 결과)'는 문장과 '개가 눈먼 남자의 자리를 마련해 주기위해 코로 밀치자 소녀가 일어났다(행동과 결과)'는 문장으로 '그래서'와 '그러자'가 들어가야 적합하다.

14

> 좀 더 나은 경청자가 되려면 다른 사람이 말하는 내용에 집중해야 한다. 요점은 받아 적는다. (   ) 그 사람이 사용하는 연결어, (   ) '처음으로', '다음에는', 그리고 '마지막으로'와 같은 말에 주의를 기울여야 한다.

① 하지만, 왜냐하면
② 게다가, 따라서
③ 곧, 예를 들어
④ 그리고, 예를 들어

> **✔해설** '요점은 받아 적고 그 사람이 사용하는 연결어에도 주의를 기울여야 한다(순접).'의 문장과 '그 사람이 사용하는 연결어에는 처음으로 · 다음에는 · 마지막으로 등과 같은 말이 있다(예시).'의 문장이므로 '그리고'와 '예를 들어'가 가장 적절하다.

15

> 펭귄들은 바다에서 먹이를 구해야 하지만 바다로 뛰어들기를 머뭇거린다. 바다에 숨어 있을지도 모르는 천적을 경계하기 때문이다. (　　　) 그중 한 마리가 먼저 몸을 던지면 나머지 펭귄들도 뒤따라 뛰어들어 먹이를 잡는다.

① 예를 들어
② 그러므로
③ 그래서
④ 그런데

> ✅해설 화제를 앞의 내용과 관련시키면서 다른 방향으로 이끌어 나갈 때 쓰는 접속 부사인 '그런데'를 쓰는 것이 가장 적절하다.

┃16~17┃ 다음 글을 읽고 물음에 답하시오.

> 아마존 강은 세계에서 가장 큰 강으로 그 길이는 약 7,062km에 해당한다. 아마존 강의 유량은 미시시피 강, 나일 강, 창 강을 합친 것보다 많으며 하구는 대서양으로 통한다. 아마존 강은 바다로 흐르는 전 세계 담수의 약 20%를 차지한다. 그 다음으로 많은 담수량을 차지하는 강이 아프리카의 콩고 강과 중국의 양쯔 강인데 이 두 강의 담수량을 합해봐야 겨우 전 세계의 4%에 해당한다. 아마존 강 주변으로는 주기적인 범람으로 인해 습지가 생겼고 이 습지는 다양한 수생식물로 덮여있어 많은 동물들이 살 수 있는 서식지를 마련해준다. 아마존 분지는 그 기후가 대부분 열대우림으로 적도 수렴대에 위치해 매일 폭풍을 동반한 비가 내린다. 이처럼 아마존 강을 포함한 아마존 열대우림은 소위 지구의 허파라고도 불리며 세계 최대의 밀림을 자랑하지만 최근 들어 대규모 벌목 및 경작, 원주민들의 원시적인 열대 이동식 화전 농업으로 인해 빠른 속도로 파괴되고 있다.

16　다음 중 글의 내용과 일치하지 않는 것은?

① 아마존 강은 세계 최대의 강으로 그 유량은 미시시피 강, 나일 강, 창 강을 합친 것보다 많다.
② 콩고 강과 양쯔 강의 담수량을 합치면 전 세계 약 20%를 차지하며 이는 아마존 강보다 많은 양이다.
③ 현재 아마존 우림은 대규모 벌목과 경작, 화전 등으로 인해 빠른 속도로 파괴되고 있다.
④ 아마존 분지는 그 기후가 열대우림에 속하여 매일 폭풍을 동반한 비가 내리고 있다.

> ✅해설 ② 전 세계 담수의 약 20%를 차지하는 것은 아마존 강이며 콩고 강과 양쯔 강의 담수량을 합쳐도 고작 4%에 불과하다.

17 다음 중 위 글에 나온 내용으로 옳지 않은 것은?

① 아마존 강의 길이

② 아마존 강에 서식하는 동물

③ 아마존 강의 기후

④ 아마존 강이 차지하는 담수량의 비율

> ✔해설 ② 위 글에는 단지 아마존 강이 많은 동물들이 살 수 있는 서식지를 마련해 준다고 나올 뿐 정확하게 어떤 동물들이 살고 있는지는 나와 있지 않다.

18 다음은 어느 글의 마지막 문단이다. 이 문단 앞에 올 내용으로 가장 적절한 것은?

> 오늘날 우리가 살고 있는 지구는 이른바 세계화와 신자유주의 경제에 따른 국제 분업 체제에 지배되고 있다. 그런데 이 지구는 생태학적으로 보면 사실 폐쇄계나 다름없다. 석유와 같은 지하자원도 언젠가는 고갈될 것이라는 사실을 생각하면 아바나 시민이 경험한 위기는 세계의 모든 도시가 머지않아 직면하게 될 사태의 예고편이라 할 수 있다. 다시 말해 쿠바는 특수한 정치 상황 때문에 지구의 미래를 좀 더 일찍 경험하게 된 것이다.

① 사회주의체제 유지 강화를 위한 쿠바의 노력

② 쿠바 정부와 미국 정부 간의 갈등

③ 자원이 고갈되고 산업시스템이 멈춘 아바나

④ 쿠바의 인권운동가들을 향한 끊임없는 탄압

> ✔해설 주어진 문단에서는 지구의 생태학 적인 위기에 대해 이야기하고 있고, "아바나 시민이 경험한 위기"가 문단 앞에 나오는 것이 가장 적절하다.

Answer 15.④ 16.② 17.② 18.③

19 다음 내용을 가지고 글을 쓸 때 가장 적합한 주제는?

> • 가랑잎이 솔잎더러 바스락거린다고 한다.
> • 자기 얼굴 더러운 줄 모르고 거울만 나무란다.
> • 책인즉명(責人則明)

① 자아실현   ② 합리화

③ 자기성찰   ④ 비난

✔해설   제시된 내용들은 모두 자신의 잘못은 모르고 남의 잘못만 흉을 본다는 내용이다. 따라서 이러한 내용들로 글을 쓸 때는 '자기성찰'이라는 주제가 가장 적합하다.

20 다음 글의 내용을 바르게 이해한 것은?

> 전통은 물론 과거로부터 이어 온 것을 말한다. 이 전통은 대체로 그 사회 및 그 사회의 구성원(構成員)인 개인(個人)의 몸에 배어 있는 것이다. 그러므로 스스로 깨닫지 못하는 사이에 전통은 우리의 현실에 작용(作用)하는 경우(境遇)가 있다. 그러나 과거에서 이어온 것을 무턱대고 모두 전통이라고 한다면, 인습(因襲)이라는 것과의 구별(區別)이 서지 않을 것이다. 우리는 인습을 버려야 할 것이라고는 생각하지만, 계승(繼承)해야 할 것이라고는 생각하지 않는다. 여기서 우리는 과거에서 이어 온 것을 객관화(客觀化)하고 이를 비판(批判)하는 입장에 서야 할 필요를 느끼게 된다. 그 비판을 통해서 현재(現在)의 문화 창조에 이바지 할 수 있다고 생각되는 것만을 우리는 전통이라고 불러야 할 것이다. 이같이, 전통은 인습과 구별될뿐더러 또 단순한 유물(遺物)과도 구별되어야 한다. 현재의 문화를 창조하는 일과 관계가 없는 것을 우리는 문화적 전통이라고 부를 수가 없기 때문이다.

① 전통은 우리 현실에 아무런 영향을 끼치지 못한다.
② 인습은 우리가 계승해야 할 유산이다.
③ 우리는 과거에서 이어 온 것을 비판 없이 수용해야 한다.
④ 문화적 전통은 현재의 문화 창조에 이바지한다.

✔해설   제시된 글을 보면 '현재의 문화 창조에 이바지 할 수 있다고 생각되는 것만을 우리는 전통이라고 불러야 할 것이다.'라는 구절이 있다.

21 다음 글에 대한 평가로 적절한 것은 무엇인가?

> 원두커피 한 잔에는 인스턴트커피의 세 배인 150mg의 카페인이 들어있다. 원두커피 판매의 요체인 커피전문점 수는 2012년 현재 9천 4백여 개로 최근 5년 새 여섯 배나 급증했다. 그런데 같은 기간 동안 우울증과 같은 정신질환과 수면장애로 병원을 찾은 사람 또한 크게 늘었다. 몸 속에 들어온 커피가 완전히 대사되기까지는 여덟 시간 정도가 걸린다. 많은 사람들이 아침, 점심 뿐만 아니라 저녁 식사 후 6시나 7시 전후에도 커피를 마신다. 그런데 카페인은 뇌를 각성시켜 집중력을 높인다. 따라서 많은 사람들이 잠자리에 드는 시간인 오후 10시 이후까지도 뇌는 각성 상태에 있다.
>
> 카페인은 우울증이나 공황장애와도 관련이 있다. 우울증을 앓고 있는 청소년은 건강한 청소년 보다 커피, 콜라 등 카페인이 많은 음료를 네 배 정도 더 섭취했다. 공황장애 환자에게 원두커피 세 잔에 해당하는 450mg의 카페인을 주사했더니 약 60%의 환자로부터 발작 현상이 나타났다. 공황장애 환자는 심장이 빨리 뛰면 극도의 공포감을 느끼기 쉬운데, 이로 인해 발작 현상이 나타난다. 카페인은 심장을 자극하여 심박수를 증가시킨다.
>
> 이러한 사실에 비추어 볼 때, 커피에 들어있는 카페인은 수면장애를 일으키고, 특히 정신질환 자의 우울증이나 공황 장애를 악화시킨다고 볼 수 있다.

① 카페인은 심장을 자극하여 심박수를 감소시킨다.

② 발작 현상이 공포감과 무관하다는 사실이 밝혀질 경우, 위 논증의 결론은 강화된다.

③ 수면장애로 병원을 찾은 사람들이 커피를 마시지 않는다는 사실이 밝혀질 경우, 위 논증의 결론은 강화되지 않는다.

④ 건강한 청소년은 섭취하지 않는 무카페인 음료를 우울증을 앓고 있는 청소년이 많이 섭취하는 것 으로 밝혀질 경우, 위 논증의 결론은 강화된다.

✔**해설**　① 카페인은 심장을 자극하여 심박수를 증가시킨다.
　　　　② 공황장애 환자는 심장이 빨리 뛰면 극도의 공포감을 느끼기 쉬운데, 이로 인해 발작 현상이 나타난다.
　　　　③ 마지막 문단에서 커피에 들어있는 카페인은 수면장애를 일으킨다고 정리하고 있다.
　　　　④ 위 글은 카페인의 영향에 대해 말하고 있다.

22 다음 글의 제목으로 가장 적합한 것은?

> 스포츠는 인간의 역사와 더불어 가장 오랫동안 인류 문명에 공헌한 문화유산이다. 그러나 스포츠는 때로 내셔널리즘과 국가 선전에 이용되었으며, 정치와 권력의 시녀로 전락한 적도 있었다. 특히 오늘날의 스포츠는 인류의 도덕과 윤리를 망각한 것처럼 보일 때조차 있다. 상업화, 프로화로 인해 이제 스포츠의 본질적 요소들을 이해하지 않은 채 스포츠의 신체적, 외부적 측면에만 집착한다면 결국 스포츠는 도덕적으로 또 윤리적으로 낙후된 문화로 전락될 수밖에 없다.
>
> 스포츠에는 정신적, 도덕적, 철학적, 심미적인 예술의 미가 그 본질에 담겨져 있다. 따라서 스포츠를 통한 페어플레이 정신, 훌륭한 경쟁과 우정, 스포츠맨십 등 인격 함양을 위한 노력이 무엇보다 선행되어야 한다. 그렇게 함으로써 스포츠를 윤리적이고 도덕적인 교육문화로 승화시킬 수 있는 것이다.

① 스포츠와 국가 권력
② 스포츠와 인간의 역사
③ 스포츠의 문화적 측면
④ 스포츠의 기원과 변천

✔ 해설 인류 문명에 공헌한 문화유산이라는 문장이 나오고 스포츠를 통한 페어플레이 정신, 훌륭한 경쟁과 우정, 스포츠맨십 등 인격 함양을 위한 노력이 선행될 때 스포츠를 윤리적이고 도덕적인 교육문화로 승화시킬 수 있다는 문장이 나오므로 이글은 스포츠의 문화적 측면에 대한 내용이므로 이 글의 주제는 스포츠의 문화적 측면이 적절하다.

23 이 글의 주제로 가장 적절한 것은?

> 광고란 본래 상품을 선전하여 많이 팔 목적으로 만들어진다. 광고가 처음 등장했을 때에는, 상품이 어떤 용도로 사용되며 어떤 특징과 장점을 지녔는지를 주로 설명하였다. 그러나 오늘 날의 광고는 상품의 용도나 장점과 같은 사용 가치를 설명하는 데에만 그치지 않고 상품의 겉모습을 부각시켜서 소비자들의 욕구를 자극하고 있다. 이것은 상품의 사용 가치를 하나의 미끼로 던져 주고 상품의 겉모습을 통해서 승부를 걸겠다는 전략이라고 할 수 있다. 이 때문에 상품의 사용 가치 못지않게 상품의 겉모습이 중요해지고 있다. 실제로 오늘날 기업들은 별다른 변화도 없이 디자인만 변형시키거나 약간의 기능만을 추가하여 끊임없이 새 제품을 생산하고 있다. 이와 같은 미적 변형이나 혁신은 상품의 형태, 포장, 상표 등에까지 확장되었다. 광고에서 상품의 디자인이나 포장에 역점을 두고 있는 사실도 이런 맥락에서 이해해야 한다.

① 광고 전략의 변화
② 광고의 사용 가치의 변화
③ 광고의 본질적 목적의 변화
④ 광고를 통한 소비자 의식의 변화

✔해설 광고가 처음 등장했을 때에는 상품의 사용 가치를 주로 설명하며 선전하는 방식을 사용했었는데 이제는 상품의 디자인이나 포장에 역점을 두어 선전하는 방식으로 그 전략이 변화하고 있다고 설명하는 것으로 보아 이는 곧 광고 전략이 변화하고 있음을 말한다.

24 다음 빈칸에 들어갈 내용으로 알맞지 않은 것은?

> 우리가 살아남고, 다음 세대들이 이 조그마한 행성 위에서 삶을 향유할 수 있게 하려면 탐욕이 아니라 자연의 순리가 사람살이의 척도가 되는 세상을 향해 조금이라도 나아가기를 염원하고 노력하는 수밖에 다른 선택이 없다. 대량생산과 소비체제, 장거리 유통구조, 거대산업과 권력의 중앙 집중, 관료주의 학교와 병원의 위계질서, 행형제도, 비대화하는 도시공간과 황폐화하는 농촌, 과학기계 영농, 자가용에 의존하는 교통체계 – 도대체 이런 것들이 지탱 가능한 생활방식인지 따져보아야 한다. _____ 진정 생명가치를 인식하고 선양하려면 우리가 탐닉해 있는 문명의 안락과 편의를 많은 부분 포기할 필요가 있다.

① 이와 같은 것들이 불러올 수 있는 환경문제의 심각성을 피부로 깨달아야 한다.

② 우리는 이런 문제의 심각성을 깨닫고 있지만 그것들이 주는 안락함에 안주하고 있다.

③ 환경에 대한 인식이 높아진다 해도 그것을 자신의 일상생활과 관련짓지 못한다면 그런 인식은 헛된 것일 뿐이다.

④ 문명이 이처럼 발달함에 따라 인간의 편안함만을 추구하기보다 환경을 보전하려는 활동이 활발하게 일어나고 있다.

> ✔ **해설** 문명의 발달이 환경에 주는 해악에 대해 무감각하고, 문명이 주는 편의에 젖어 있는 인간들의 모습을 비판하는 것으로 볼 때, 환경 보전을 위한 긍정적인 움직임을 말하고 있는 ④의 문장은 빈칸에 적합하지 않다.

▌25~29 ▌ 다음 제시된 개요의 결론으로 알맞은 것을 고르시오.

25

> 제목 : 미개봉 영화의 불법 파일 유출 문제
> Ⅰ. 서론 : 개봉 영화가 불법 파일로 만들어져 인터넷에 떠돌고 있는 현실
>
> Ⅱ. 본론
> ㉠ 개봉 영화가 불법 파일로 유출되는 사실의 문제점
>   • 저작권법 위반
>   • 영화 산업 침체 우려
> ㉡ 개봉 영화가 불법 파일로 유출되는 원인
>   • 영화사의 관리 소홀
>   • 네티즌의 준법 의식 결여
> ㉢ 문제의 해결 방안
>   • 철저한 저작권법 적용으로 경각심 고취
>   • 영화사의 보안 관리 철저
>
> Ⅲ. 결론
> (   )

① 불법 파일 다운로드 네티즌의 사법처리 위법성
② 영화사의 불법 파일에 대한 보안성 제고 및 네티즌의 자정 노력 촉구
③ 개봉 영화 관람객의 실질적인 감소 현상을 막기 위한 대안 촉구
④ 불법적인 인터넷 공유 사이트의 성장을 막기 위한 방안

✔해설 ① 해결방안으로 제시된 저작권법 강화와 상반되는 논지이다.
② 결론에서는 제시된 해결방안을 바탕으로 주장을 정리해야하므로 주제문에 알맞다.
③④ 본론의 문제 해결방안에 제시되어야 할 내용이다.

26

제목 : 어린이 과보호

Ⅰ. 서론 : 어린이 과보호의 문제점

Ⅱ. 본론
㉠ 문제의 배경
 • 핵가족화 현상으로 인한 가족 우선주의
 • 자녀에 대한 소유 의식
㉡ 문제점의 규명
 • 가정 차원의 문제점
 −아이의 경우 : 자기중심적이고 비자주적인 태도 형성
 −부모의 경우 : 자녀에 대한 기대가 충족되지 않는 데서 오는 배신감과 소외감
 • 사회 차원의 문제점
 −공동체 의식의 이완
 −시민 의식의 파괴

Ⅲ. 결론
(   )

① 과보호 문제 해결을 위해 선진국의 사례를 집중적으로 연구
② 유치원 교육의 개편을 통한 시민 도덕규범의 일상적 실천 촉구
③ 과보호에 대한 인식전환과 건전한 가족 문화 형성의 필요성
④ 과보호 규제를 위한 가정과 사회의 노력 촉구

✔해설 ④ 본론에서 어린이 과보호의 배경과 그로 인한 문제점을 가정, 사회 차원에서 드러내고 있으므로 이를 바탕으로 결론의 내용을 찾는다.

PLUS tip

개요의 서술방법
㉠ 서론 : 글을 쓰게 된 필요성, 동기 등을 밝히는 부분이다. 일반적인 내용으로 제시된 용어를 풀이하거나 제시문을 이용하여 독자의 관심을 자극하는 질문을 던질 수 있다. 문제에 대한 중요성을 어느 정도 부각해야 하지만 필요이상으로 늘어놓지 않아야 한다.
㉡ 본론 : 논제, 제시문에 대해 자신의 입장을 밝히고 분석 혹은 해결해 나가는 부분이다. 중요한 것은 논제의 가장 핵심적인 쟁점 혹은 주장을 파악하고 그것에 대해 찬성 혹은 반대를 분명히 하여 전개를 해야 하는 것이다. 찬반을 정했다면 한쪽에서 반대쪽을 근거 있는 비판을 통해 설득해 나가야 할 부분이다.
㉢ 결론 : 앞서 자신이 정한 주장과 견해가 분명히 드러나도록 하는 부분으로써 '강조'가 중요하다. 간단명료하면서도 서론과 본론을 정확히 압축하여 전달할 수 있는, 마무리 할 수 있는 부분이 되어야 한다.

27

제목 : 유전자 조작

Ⅰ. 서론 : 유전 공학의 발달과 최근의 유전자 조작 사례

Ⅱ. 본론
㉠ 유전자 조작의 긍정적인 측면
 • 자원 부족 문제를 해결
 • 난치병 치료를 위한 단서 마련
 • 기형아 출산 예방
㉡ 유전자 조작의 부정적인 측면
 • 생태계의 파괴의 우려
 • 유전자 조작 생명체의 정체성 문제
 • 인간의 유전자 조작으로 윤리 · 사회 체계의 혼란 초래

Ⅲ. 결론
(   )

① 유전자 조작의 불가피성 역설
② 유전 공학자의 윤리 의식과 사명감 강조
③ 유전자 조작을 통한 난치병의 치료 효과
④ 유전자 조작 금지 법안의 필요성 강조

✔해설 ①④ 유전자 조작의 긍정적인 측면과 부정적인 측면이 모두 나왔으므로 한쪽으로 치우친 결론은 적당하지 않다.
② 결론에서는 유전자 조작에 대한 대안을 제시하는 것이 알맞다.
③ 유전자 조작의 긍정적인 측면의 예시로 알맞은 내용이다.

28

제목 : 소비 생활과 인격

Ⅰ. 서론 : 일상 속에서 소비의 공간과 시간이 많아지고 있다.

Ⅱ. 본론

㉠ 소비 현상에 나타난 현대인의 모습
- 부정적인 모습 : 자아를 상실한 채 소비하는 모습
- 긍정적인 모습 : 자아를 확립하여 소비하는 모습

㉡ 소비에 다스림을 당하는 인격
- 충동적 소유욕으로 인해 소비 통제를 못 하는 사람
- 허영적인 과시욕으로 인해 소비 통제를 못 하는 사람

㉢ 소비를 다스리는 인격
- 생산성 향상을 위해 소비를 능동적으로 추구하는 사람
- 절약을 위해 소비를 적극적으로 억제하는 사람

Ⅲ. 결론
(   )

① 소비 습관의 교정
  ㉠ 소비 습관은 곧 인격이다.
  ㉡ 잘못된 소비 습관이 중대한 문제다.
② 소비 억제와 과소비 추방
  ㉠ 검약과 절제는 언제나 미덕이다.
  ㉡ 미덕을 발휘하는 인간이 되자.
③ 소비자 보호 운동의 실시
  ㉠ 소비자가 다스림을 받아서는 안 된다.
  ㉡ 소비자의 인격을 존중하자.
④ 주체성 있는 소비 철학 확립
  ㉠ 소비 생활 그 자체가 인격이다.
  ㉡ 소비를 잘 다스려 건전한 인격을 갖추자.

✔ 해설 본론을 바탕으로 한 바람직한 결론은 '주체성 있는 소비 철학 확립'이다. 소비를 다스리느냐 다스림을 당하느냐는 인격의 주체성 문제이기 때문이다.
① '소비 습관에 대한 언급은 서론이나 본론에서 찾아볼 수 없다.
② '과소비 추방'에 대한 언급은 서론이나 본론에서 찾아볼 수 없다.
③ '소비자 보호 운동'은 제목과 무관하고 서론, 본론을 모두 충족시킬 수 있는 내용이 아니다.

29

제목 : 과학의 발전과 인간성 회복
Ⅰ. 서론 : 과학과 철학의 관계
㉠ 초기의 미분화 상태
㉡ 과학의 발전으로 길을 달리 함

Ⅱ. 본론
㉠ 과학의 발전이 가져온 폐해
• 윤리 의식의 타락
• 비인간적 측면의 발전
㉡ 인간성 회복을 위한 대책
• 철학의 회복
• 정신문화의 진작

Ⅲ. 결론
(   )

① 인간성 회복을 위한 방안 제시
② 철학과 정신문화의 필요성 강조
③ 비인간적 측면의 최소화 방안 마련
④ 현대 철학의 중요성 제시

> ✔해설 ② '서론'에서 전제로 '과학과 철학의 관계'를 제시하고, '본론㉠'은 윤리의 타락과 비인간화라는 철학적 입장에서 과학 발달의 문제점을 지적하고 있다. '본론㉡'은 철학과 정신문화의 진작을 통해 그 문제점에 대한 해결 방안을 제시하고 있다. 따라서 '결론'은 해결 방안인 '철학과 정신문화의 필요성'이 구체화되거나 강조되어야 한다.

Answer 28.④ 29.②

30 '미래를 걱정하기보다는 현재에 충실하자'라는 주제로 글을 쓰려고 한다. 구상한 내용으로 적절하지 않은 것은?

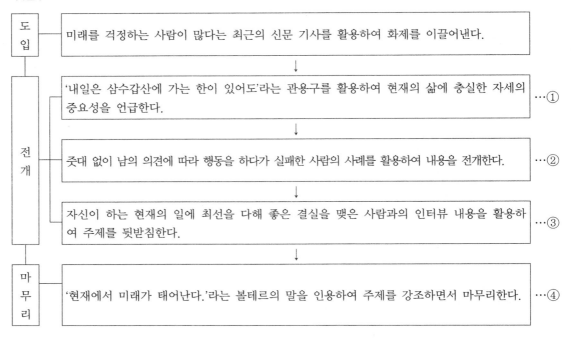

✔해설 ② 줏대 없이 남의 의견에 따라 행동을 하다가 실패한 사람의 사례를 활용하여 내용을 전개하는 것은 주체적으로 행동하는 삶을 강조하는 글에 관련되는 내용이므로, '미래를 걱정하기보다는 현재에 충실하자' 라는 주제의 글에는 적절하지 않다.

31 다음 글에 관련된 내용을 바르게 이해하지 못한 것은?

> 　한 사회의 불평등 수준은 대개 '지니 계수'로 나타난다. 지니 계수는 0과 1 사이의 값을 가지는데 1에 가까울수록 불평등이 심한 것을 의미한다. 먼저 2005년 기준으로 우리나라 시장 소득의 지니 계수는 0.31로 나타났다. OECD 국가 중 복지 강국인 북유럽 국가들을 살펴보면 스웨덴의 지니 계수는 0.23, 핀란드의 지니 계수는 0.27로 가장 낮은 수준이었다. 이밖에 0.28인 독일과 0.29인 프랑스는 북유럽 국가에 비해서는 높은 수준이지만 우리나라보다는 낮았다. 반면 미국의 지니 계수는 0.38로 우리나라보다도 상당히 높은 것으로 나타났으며 OECD국가들 중 지니 계수가 가장 높은 국가는 0.47의 멕시코였다.

① 미국은 우리나라보다 불평등의 문제가 심각한 나라이다.
② 불평등의 문제가 완화되면 지니 계수가 더 떨어질 것이다.
③ 북중미 국가들의 불평등 문제는 다른 대륙의 국가들에 비해서 심각하지 않다.
④ OECD 국가 중 스웨덴은 사회의 불평등 수준이 가장 낮은 국가이다.

> ✔ 해설 　① 우리나라의 지니 계수는 0.31이고 미국은 0.38로 미국이 1에 더 가깝기 때문에 불평등 문제가 더 심각하다.
> 　② 1에 가까울수록 불평등이 심하다고 했으므로, 불평등 문제가 완화되면 지니 계수는 떨어지게 된다.
> 　③ 멕시코는 북중미에 속하는 국가로 OECD국가들 중 지니 계수가 가장 높은 0.47이었다.
> 　④ 스웨덴은 지니 계수가 0.23으로 가장 불평등 수준이 낮은 국가이다.

32 다음 빈칸에 들어갈 말로 가장 알맞은 것은?

> 바야흐로 "21세기는 문화의 세기가 될 것이다."라는 전망과 주장은 단순한 바람의 차원을 넘어서 보편적 현상으로 인식되고 있다. 이러한 현상은 세계 질서가 유형의 자원이 힘이 되었던 산업 사회에서 눈에 보이지 않는 무형의 지식과 정보가 경쟁력의 원천이 되는 지식 정보 사회로 재편되는 것과 맥을 같이 한다.
>
> 지금까지의 산업 사회에서 문화와 경제는 각각 독자적 영역을 유지해 왔다. 그러나 지식 정보 사회에서는 경제 성장에 따라 소득 수준이 향상되고 교육 기회가 확대되면서 물질적 풍요를 뛰어넘는 삶의 질을 고민하게 되었고, 모든 재화와 서비스를 선택할 때 기능성을 능가하는 문화적·미적 가치를 고려하게 되었다. 뿐만 아니라 정보 통신이 급격하게 발달함에 따라 세계 각국의 다양한 문화를 보다 빠르게 수용하면서 문화적 욕구와 소비를 가속화시켰고, 그 상황 속에서 문화와 경제는 서로 도움이 되는 보완적 기능을 하게 되었다.
>
> 이제 문화는 배부른 자나 유한계급의 전유물이 아니라 생활 그 자체가 되었다. 고급문화와 대중문화의 경계가 무너지고 장르 간 구분이 모호해지면서 서로 다른 문화가 뒤섞여 새로운 문화가 생겨나고 있다. 이렇게 해서 나타나는 퓨전 문화가 대중적 관심을 끌고 있는 가운데, 이율배반적인 것처럼 보였던 문화와 경제의 ＿＿ 시대가 열린 것이다. 특히 경제적 측면에서 문화는 고전 경제학에서 말하는 생산의 3대 요소인 토지·노동·자본을 대체하는 생산 요소가 되었을 뿐만 아니라 경제적 자본 이상의 주요한 자본이 되고 있다.

① 혼합(混合)
② 공생(共生)
③ 갈등(葛藤)
④ 혼돈(混沌)

✔해설 서로 대립될 줄 알았던 문화와 경제가 서로 도움이 되는 보완적 기능을 하게 되었다고 하였으므로 빈칸에 가장 적합한 단어는 '서로 도우며 함께 삶'을 뜻하는 '공생(共生)'이다.

흔히 빛조차 빠져나올 수 없을 정도로 강한 중력을 가지고 있는 천체를 블랙홀이라 한다. 이러한 블랙홀은 우리은하에만 수천 개 존재하는데 이들은 모두 태양질량의 수~수십 배에 이른다. 하지만 우리은하 중심에는 추정 질량이 태양의 460만 배에 달하는 거대한 블랙홀이 존재하는데 이는 우리은하에 있는 다른 블랙홀들을 모두 합친 것보다 무거운 것이다. 이렇게 질량이 거대한 블랙홀을 거대질량 블랙홀이라 하는데 이것들은 대다수가 은하 중심에 자리 잡고 있다. 한 예로 우리은하의 이웃이라 할 수 있는 안드로메다은하의 중심에는 태양질량의 1억 배에 달하는 블랙홀이 자리 잡고 있으며 지구에서 3억 2000만 광년 떨어진 곳에 위치한 은하에는 태양질량의 무려 100억 배인 블랙홀이 존재한다는 사실이 최근 밝혀지기도 했다.

거대질량 블랙홀은 그 질량이 태양의 100만~100억 배나 되는 매우 무거운 블랙홀을 일컫는 말로 보통 은하 하나에는 별이 약 100억~1000억 개 정도 존재하니 태양보다 100억 배 무거운 거대질량 블랙홀의 질량은 작은 은하의 질량과 맞먹을 정도라고 할 수 있다. 은하의 안쪽에는 별들이 구형 또는 타원체 모양으로 분포해 있는 팽대부라고 하는 지역이 있는데 거대질량 블랙홀은 주로 이 팽대부의 중심에 위치해 있는 것이다.

거대질량 블랙홀의 존재는 1962년 미국 칼텍의 마르텐 슈미트와 그의 동료들이 퀘이사라고 불리는 특이천체가 발견하면서 세상에 알려지게 되었다. 별은 보통 태양처럼 중심부에서 일어나는 핵융합 반응을 에너지원으로 하면서 빛나는 천체이므로 전파 영역에서는 빛(전자기파)이 매우 미약하다는 것이 상식이다. 하지만 당시 그들이 발견한 천체는 전파 영역에서 많은 빛이 발생하는 천체란 이유에서 매우 특이한 존재였다. 마르텐 슈미트와 동료들은 이 별처럼 보이는 3C273이라고 하는 전파광원의 정체를 밝히기 위해 그 천체의 스펙트럼을 관측해 분석했는데 그 결과 3C273은 우리로부터 매우 빠른 속도로 멀어지고 있는 19억 광년이나 먼 곳에 있는 천체임이 밝혀졌다. 이를 계기로 별처럼 보이지만 별이 아닌 전파를 많이 내면서 아주 멀리 존재하는 특이천체에 퀘이사라는 이름을 붙였다.

그런데 퀘이사가 이렇게 멀리 있는데도 그 겉보기 밝기가 상당하다는 것은 퀘이사들의 실제 광도가 매우 밝다는 것을 의미하고 이를 토대로 지구에서 퀘이사까지 알려진 거리와 겉보기 밝기로부터 퀘이사의 밝기를 추정해보면 퀘이사가 보통 은하보다 수십 배 더 밝다는 사실을 짐작할 수 있다. 또한 이에 비해 퀘이사 광원의 크기는 엄청나게 작다는 사실도 알려졌다. 3C273의 크기는 광속으로 1개월 정도면 갈 수 있는 거리인 약 1광월로 우리은하의 반경이 약 5만 광년이라는 점을 고려할 때 1광월이라는 크기는 60만분의 1에 불과하다. 이렇게 작은 지역에서 매우 밝은 빛이 나올 수 있는 경우는 거대질량 블랙홀 주변에 다량의 가스가 떨어지면서 그 마찰력으로 인한 고온으로 빛을 내는 경우밖에 없다. 별들을 그렇게 좁은 공간에 밀집시킬 수 있다고 하더라도 너무 많은 물질들이 한곳에 몰리게 되면 블랙홀이 돼버리는 것이다. 따라서 퀘이사의 존재는 거대질량 블랙홀의 존재에 대한 꽤 그럴듯한 증거라고 할 수 있고 이러한 거대질량 블랙홀 주변으로 떨어지는 물질은 강착원반이라고 하는 원반모양을 이루면서 빛을 내며 이런 과정을 통해 거대질량 블랙홀은 덩치를 키워나간다.

33 다음 설명 중 옳지 않은 것은?

① 우리 은하 중심에는 태양질량의 약 460만 배에 달하는 거대한 블랙홀이 존재하는데 이렇게 질량이 거대한 블랙홀을 거대질량 블랙홀이라 한다.

② 작은 지역에서 매우 밝은 빛이 나올 수 있는 경우는 거대질량 블랙홀 주변에 다량의 가스가 떨어지면서 그 마찰력으로 인한 저온으로 빛을 내는 경우밖에 없다.

③ 은하의 안쪽, 별들이 구형 또는 타원체 모양으로 분포해 있는 팽대부라는 지역 중심에 주로 거대질량 블랙홀이 위치해 있다.

④ 1962년 미국 칼텍의 마르텐 슈미트와 그의 동료들이 퀘이사라고 불리는 특이천체가 발견하면서 거대질량 블랙홀의 존재가 세상에 알려지게 되었다.

> ✔해설 ② 작은 지역에서 매우 밝은 빛이 나올 수 있는 경우는 거대질량 블랙홀 주변에 다량의 가스가 떨어지면서 그 마찰력으로 인한 고온으로 빛을 내는 경우밖에 없다.

34 다음 중 거대질량 블랙홀에 속하지 않는 것은?

① 태양질량의 500만 배에 달하는 블랙홀

② 태양질량의 50만 배에 달하는 블랙홀

③ 태양질량의 50억 배에 달하는 블랙홀

④ 태양질량의 5억 배에 달하는 블랙홀

> ✔해설 위 글에서 '거대질량 블랙홀은 그 질량이 태양의 100만~100억 배나 되는 매우 무거운 블랙홀을 일컫는 말'이라고 나와 있으므로 ②번은 거대질량 블랙홀에 속하지 않는다.

35 위의 글을 통해 알 수 있는 사실로 옳지 않은 것은?

① 우리은하의 지름은 빛의 속도로 약 10만년 가야하는 거리이다.

② 우주 공간 속에는 수많은 블랙홀이 존재할 것이다.

③ 현재 우주는 매우 빠른 속도로 계속 팽창하고 있다.

④ 블랙홀 주변으로 떨어진 물질들은 우주 어딘가에서 다시 나타난다.

> ✔해설 ④ 위 글을 통해 블랙홀 주변으로 떨어진 물질들이 우주 어딘가에서 다시 나타난다는 사실은 알 수 없다.

36 다음 주어진 문장이 들어갈 위치로 가장 적절한 곳은?

> 유명인의 이미지가 여러 상품으로 분산되면 광고 모델과 상품 간의 결합력이 약해질 것이다. 이는 유명인 광고 모델의 긍정적인 이미지를 광고 상품에 전이하여 얻을 수 있는 광고 효과를 기대하기 어렵게 만든다.

> 유명인의 중복 출연은 과연 높은 광고 효과를 보장할 수 있을까? 유명인이 중복 출연하는 광고의 효과를 점검해 볼 필요가 있다.
>
> 어떤 모델이든지 상품의 특성에 적합한 이미지를 갖는 인물이어야 광고 효과가 제대로 나타날 수 있다. (가)
>
> 유명인의 중복 출연이 소비자가 모델을 상품과 연결시켜 기억하기 어렵게 한다는 점도 광고 효과에 부정적인 영향을 미친다. (나)
>
> 또한 유명인의 중복 출연 광고는 광고 메시지에 대한 신뢰를 얻기 힘들다. (다)
>
> 유명인 모델의 광고 효과를 높이기 위해서는 유명인이 자신과 잘 어울리는 한 상품의 광고에만 지속적으로 나오는 것이 좋다. (라)
>
> 여러 광고에 중복 출연하는 유명인이 많아질수록 외견상으로는 중복 출연이 광고 매출을 증대시켜 광고 산업이 활성화되는 것으로 보일 수 있다. 하지만 모델의 중복 출연으로 광고 효과가 제대로 나타나지 않으면 광고비가 과다 지출되어 결국 광고주와 소비자의 경제적인 부담으로 이어진다. 유명인을 비롯한 광고 모델의 적절한 선정이 요구되는 이유가 여기에 있다.

① (가)

② (나)

③ (다)

④ (라)

✔해설 주어진 지문은 유명인의 중복 출연으로 모델과 상품을 연결시켜 기억하기 어려워지기 때문에 광고 효과가 온전하지 못하다는 것을 부연설명 하고 있으므로 (나)의 위치에 들어가는 것이 적절하다.

37 다음 지문의 논지 전개상 특징으로 가장 적절한 것은?

> 인간은 성장 과정에서 자기 문화에 익숙해지기 때문에 어떤 제도나 관념을 아주 오래 전부터 지속되어 온 것으로 여긴다. 나아가 그것을 전통이라는 이름 아래 자기 문화의 본질적인 특성으로 믿기도 한다. 그러나 이런 생각은 전통의 시대적 배경 및 사회 문화적 의미를 제대로 파악하지 못하게 하는 결과를 초래한다. 여기에서 과거의 문화를 오늘날과는 또 다른 문화로 보아야 할 필요성이 생긴다.
>
> 홉스봄과 레인저는 오래된 것이라고 믿고 있는 전통의 대부분이 그리 멀지 않은 과거에 '발명'되었다고 주장한다. 예컨대 스코틀랜드 사람들은 킬트(kilt)를 입고 전통 의식을 치르며, 이를 대표적인 전통 문화라고 믿는다. 그러나 킬트는 1707년에 스코틀랜드가 잉글랜드에 합병된 후, 이곳에 온 한 잉글랜드 사업가에 의해 불편한 기존의 의상을 대신하여 작업복으로 만들어진 것이다. 이후 킬트는 하층민을 중심으로 유행하였지만, 1745년의 반란 전까지만 해도 전통 의상으로 여겨지지 않았다. 반란 후, 영국 정부는 킬트를 입지 못하도록 했다. 그런데 일부가 몰래 집에서 킬트를 입기 시작했고, 킬트는 점차 전통 의상으로 여겨지게 되었다. 킬트의 독특한 체크무늬가 각 씨족의 상징으로 자리 잡은 것은, 1822년에 영국 왕이 방문했을 때 성대한 환영 행사를 마련하면서 각 씨족장들에게 다른 무늬의 킬트를 입도록 종용하면서부터이다. 이때 채택된 독특한 체크무늬가 각 씨족을 대표하는 의상으로 자리를 잡게 되었다.
>
> 킬트의 사례는 전통이 특정 시기에 정착·사회적 목적을 달성하기 위해 만들어지기도 한다는 것을 보여 준다. 특히 근대 국가의 출현 이후 국가에 의한 '전통의 발명'은 체제를 확립하는 데 큰 역할을 담당하기도 하였다. 이 과정에서 전통은 그 전통이 생성되었던 시기를 넘어 아주 오래 전부터 지속되어 온 것이라는 신화가 형성되었다. 그러나 전통은 특정한 시공간에 위치하는 사람들에 의해 생성되어 공유되는 것으로, 정치·사회·경제 등과 밀접한 관련을 맺으면서 시대마다 다양한 의미를 지니게 된다. 그러므로 전통을 특정한 사회 문화적 맥락으로부터 분리하여 신화화(神話化)하면 당시의 사회 문화를 총체적으로 이해할 수 없게 된다.
>
> 낯선 타(他) 문화를 통해 자기 문화를 좀 더 객관적으로 바라볼 수 있듯이, 과거의 문화를 또 다른 낯선 문화로 봄으로써 전통의 실체를 올바로 인식할 수 있게 된다. 이러한 관점은 신화화된 전통의 실체를 폭로하려는 데에 궁극적 목적이 있는 것이 아니다. 오히려 과거의 문화를 타 문화로 인식함으로써 신화 속에 묻혀 버린 당시의 사람들을 문화와 역사의 주체로 복원하여, 그들의 입장에서 전통의 사회 문화적 맥락과 의미를 새롭게 조명하려는 것이다. 더 나아가 이러한 관점을 통해 우리는 현대 사회에서 전통이 지니는 현재적 의미를 제대로 이해할 수 있을 것이다.

① 연관된 개념들의 상호 관계를 밝혀 문제의 성격을 규명하고 있다.
② 사례를 통해 사회적 통념의 역사적 변화 과정을 추적하고 있다.
③ 상반된 주장을 대비한 후 절충적인 견해를 제시하고 있다.
④ 논지를 제시하고 사례를 통하여 그것을 뒷받침하고 있다.

✔ 해설 필자는 과거의 문화를 오늘날과는 또 다른 문화로 볼 것을 제시하며, 스코틀랜드의 '킬트(kilt)'를 통하여 자신의 논지를 뒷받침하고 있다.

38 다음 글에서 언급하고 있지 않은 내용에 해당하는 것은?

> 회화 작품에는 점, 선, 면, 형태, 색채와 같은 조형 요소와 통일성, 균형, 비례와 같은 조형 원리들이 다양하게 어우러져 있다. 이들은 감상자에게 시각적으로 작용함은 물론 심리적으로도 영향을 미칠 수 있다. 회화의 조형 원리 중 하나인 통일성은 화면의 여러 조형 요소들에 일관성을 부여하여 질서를 갖추게 하는 원리를 말한다.
>
> 회화의 통일성은 시각적인 것과 지적인 것으로 나눌 수 있다. 시각적 통일성이란 눈으로 볼 수 있는 각 조형 요소들 사이에 존재하는 유사성이나 규칙성 등을 통해 통일성을 이루는 것을 의미한다. 이는 작품을 보는 순간 느낄 수 있는 직접적인 것으로 형태나 색채 등의 시각적인 조형 요소들로 표현된다. 지적 통일성이란 주제와 관련된 의미나 개념이 통일성을 이루는 것을 말한다. 즉 사고를 통해 알 수 있는 개념적인 것들이 주제와 연관성을 가지는 통일성을 의미한다. 시각적인 일치를 이루고 있지는 않더라도 특정 주제에 대해 그와 관련된 것들로 그림을 완성하였다면 이는 지적 통일성을 이루고 있다고 말할 수 있다. 따라서 시각적인 통일성이 조형 요소의 형식적 질서라면, 지적인 통일성은 내용에 대한 질서라고 할 수 있다.
>
> 통일성을 구현하기 위해서 보편적으로 인접, 반복, 연속 등의 방법이 사용된다. 인접은 각각 분리된 요소들을 가까이 배치해 서로 관계를 맺고 있는 것처럼 보이게 만드는 방법이다. 밤하늘에서 별자리를 찾는 일도 몇몇 특정한 별들을 인접시켜 해석함으로써 형상에 따라 의미를 부여한 것이고 문자를 인접시켜 단어를 만드는 것도 통일성의 질서를 이용한 것이라 할 수 있다. 반복은 부분적인 것들을 반복시켜 작품 전체에 통일성을 부여하는 방법이다. 반복되는 것에는 색깔이나 형태, 질감은 물론이고 방향이나 각도 등 여러 가지가 있을 수 있다. 마지막으로 연속은 어떤 대상에서 다른 대상으로 연관을 갖고 이어지게 하여 통일성을 구현하는 방법이다. 연관된 것들을 보게 되면 우리의 눈길은 어떤 것에서 연관된 그 다음의 것으로 자연스럽게 옮겨 가게 된다. 시각적으로는 형태나 색채 등이 화면에서 연관되는 것을 의미하고, 지적으로는 주제와 관련된 의미나 개념이 서로 연결되며 이어지는 것을 말한다. 이는 주제와 관련된 대상들을 연속적이고 유기적으로 배열하여 작품 전체에 통일성을 부여하는 것이다.
>
> 통일성은 작품에서 주제를 구현하는 중요한 조형 원리이다. 회화에서 통일성의 원리를 바탕으로 작품을 감상하는 것이 중요한 이유는 작품 속의 다양한 조형 요소와 그 조형 요소들이 이루는 일관된 질서를 바탕으로 작품을 감상했을 때 감상자는 작가가 의도한 작품의 의미에 한발 더 다가서서 작품의 의미를 이해할 수 있기 때문이다.

① 회화에서 통일성의 개념
② 회화에서 통일성의 종류
③ 회화의 통일성을 구현하는 방법
④ 회화에서 통일성을 잘 구현한 작가들의 작품

> ✔해설 회화에서 통일성을 잘 구현한 작가들의 작품에 대해서는 언급하고 있지 않다.
> ①은 1문단, ②는 2문단, ③은 3문단에서 확인할 수 있다.

39 다음 글을 통해 이해할 수 없는 내용에 해당하는 것은?

신경과학의 많은 연구들은 기억의 형성을 '장기강화'로 설명한다. 이에 따르면 뇌의 신경세포들은 세포 사이의 틈새인 시냅스로 전기적·화학적 신호를 전달하면서 정보를 공유하는 시냅스 연결을 한다. 이 신호가 강력해 시냅스 연결이 오래 유지되는 현상이 장기강화이며, 이를 통해 기억이 형성된다는 것이다.

시냅스 연결은 신경세포에 있는 이온들의 활동이 바탕이 된다. 이온은 농도가 높은 곳에서 낮은 곳으로 확산되며 이동하는 성질 등으로 신경세포막의 안과 밖을 이동한다. 이러한 이온의 이동은 신경세포의 상태를 변화시킨다. 우선 외부 자극이 없으면 주로 세포막 밖은 양이온이 많고, 안은 음이온이 많아져 세포막 안팎이 각각 양전하, 음전하로 나뉘는 분극이 일어난다. 이 과정의 신경세포는 안정 상태에 있다. 그런데 새로운 정보 등의 외부 자극이 있으면 양전하를 띤 Na^+(나트륨 이온)이 밖에서 안으로 확산되어 세포 안에 양전하가 쌓이는 탈분극이 일어난다. 탈분극은 신경세포를 흥분상태로 만들면서 전기적 신호인 활동전위를 형성한다. 신경세포가 흥분상태가 되면 세포 밖의 Ca^{2+}(칼슘 이온)이 안으로 확산된다. 그러면 이 Ca^{2+}은 글루탐산을 비롯한 여러 신경전달물질, 즉 화학적 신호를 밖으로 분비시킨다. 이 신호가 다른 신경세포와 결합하면서 시냅스 연결이 이루어진다. 이때 화학적 신호를 분비한 세포를 '시냅스전세포', 화학적 신호를 받는 세포를 '시냅스후세포'라고 한다.

이러한 시냅스 연결이 장기강화로 이어지는 것은 글루탐산과 Ca^{2+}의 역할 때문이다. 흥분상태의 시냅스전세포가 분비한 글루탐산은 시냅스후세포의 암파 수용체와 NMDA 수용체를 자극한다. 먼저 암파 수용체의 통로는 많은 양의 글루탐산의 자극이 있으면 개방된다. 이 통로로 Na^+이 안으로 확산되면 시냅스후세포도 탈분극되어 흥분상태가 된다. 이렇게 되면 글루탐산의 자극을 받고 있는 NMDA 수용체의 통로에서 Mg^{2+}(마그네슘 이온)이 제거되어 통로가 열린다. 그리고 개방된 NMDA 수용체 통로로 Na^+과 Ca^{2+}이 확산에 의해 안으로 유입된다. 유입된 Ca^{2+}은 세포 안의 단백질을 활성화시키고, 활성화된 단백질은 새로운 암파 수용체를 만들어낸다. 그 결과 시냅스후세포는 Na^+을 더 많이 받아들여 탈분극을 강화하고, Ca^{2+}의 유입이 지속되어 흥분상태를 오래 유지할 수 있게 된다.

또한 흥분된 시냅스후세포는 역으로 시냅스전세포에 신호를 보내 시냅스전세포의 글루탐산 분비량을 늘려 시냅스 연결을 더욱 강화한다. 이를 통해 시냅스 연결은 3시간까지 유지되는데, 이를 초기 장기강화라고 한다. 이에 비해 시냅스 연결이 24시간 이상 지속되기도 하는데, 이를 후기 장기강화라고 한다. 후기 장기강화가 초기 장기강화와 다른 점은 새로운 단백질을 합성한다는 것이다. 암파 수용체는 수명이 짧아 시냅스 연결을 유지하려면 암파 수용체를 새로 만들어야 하는데, 초기 장기강화 때처럼 세포 안에 있는 단백질만을 활용하면 이를 지속할 수 없다. 따라서 새롭게 단백질을 합성해 암파 수용체를 계속 만들어내는 것이다. 신경과학자들은 초기 장기강화를 통해 단기기억이, 후기 장기강화를 통해 장기기억이 형성된다고 본다.

① 신경세포들 사이에는 틈새가 존재한다.
② 시냅스 연결이 유지되는 시간은 일정하지 않다.
③ 시냅스전세포와 시냅스후세포는 상호 영향을 미친다.
④ 외부 자극이 가해지면 세포 안으로 이동하는 이온의 양이 줄어든다.

✔ 해설 2문단에서 신경세포에 외부자극이 가해지면 Na^+이 대량으로 들어오는 탈분극이 일어난다고 하였으므로, 세포 안으로 이동하는 이온의 양이 줄어든다는 것은 적절하지 않다.

① 1문단에서 신경세포들은 세포 사이의 틈새인 시냅스로 전기적화학적 신호를 전달한다고 하였으므로 적절하다.

② 2, 3문단에서 시냅스가 오래 유지될 경우에만 장기강화라고 하였고, 4문단에서도 장기강화가 시냅스 연결 시간의 정도에 따라 초기 장기강화와 후기 장기강화로 나뉜다고 하였으므로 적절하다.

③ 2, 3문단을 통해 시냅스 연결은 시냅스전세포가 시냅스후세포에 신호를 보내며 연결되는 것이라고 하였고, 4문단에서 시냅스후세포는 시냅스전세포에 역행성 신호를 보낸다고 하였으므로, 적절하다.

40 다음 글의 내용과 일치하지 않는 것은?

평소 쥐를 무서워하는 사람의 눈앞에 쥐가 나타난 상황을 가정해 보자. 아마도 그는 이성적인 판단을 내리기도 전에 본능적으로 비명을 지르며 도망갈 것이다. 왜 그럴까? 쥐를 본 시각 정보는 가장 먼저 뇌에 있는 시상으로 전송되고, 시상에 전송된 정보는 편도체와 시각피질로 각각 전달된다. 그런데 생존 본능으로 즉각적인 신체 반응을 유도하는 편도체는 이성적인 사고 과정의 한 축을 담당하는 시각피질에 비해 처리 속도가 빠르기 때문에 그는 비명부터 먼저 지르게 된다. 이처럼 편도체는 공포 상황에 신속하게 반응할 수 있도록 해 준다.

사람이 일반적으로 공포 상황에 직면했을 때 편도체는 교감신경을 활성화시킨다. 교감신경이 활성화되면 부신에서 아드레날린 호르몬을 분비하기 시작한다. 혈류로 유입된 아드레날린으로 인해 혈관이 확장되고 심장 박동 수가 높아지며 심장이 한 번 박동할 때 내보내는 혈액량인 박출량도 증가한다. 또한 호흡 속도가 빨라져 평소보다 많은 산소가 체내로 유입된다. 이러한 생리적 변화로 인해 근육에 평소보다 많은 양의 산소와 열량이 공급됨으로써 우리 몸은 공포 상황에 더욱 신속하게 대처할 수 있게 된다.

그런데 실신할 정도로 매우 강한 강도의 공포 상황에 직면하게 되면 교감신경이 지나치게 활성화되어 심장 박동 수와 박출량을 무리하게 늘린다. 이처럼 심장이 과도한 자극을 받게 되면 부교감신경이 활성화되어 우리 몸을 안정시키려고 한다. 이로 인해 심장 박동 수와 혈압이 낮아지고, 맥박 수가 떨어진다. 정상적인 성인의 1분간 맥박 수는 보통 60~80회 정도인데, 그 이하로 떨어지게 되면 결국 뇌로 가는 혈류량이 부족해지거나 순간적으로 혈류가 중단되기도 한다. 심한 공포감을 느꼈을 때 실신하기도 하는 까닭은 바로 이 때문이다.

한편 공포는 학습되기도 한다. 우리 몸의 편도체는 공포 학습과도 관련이 있는데, 공포 조건화 실험을 통해 이를 확인할 수 있다. 특별한 반응을 유발하지 않는 중성적인 조건자극을 불쾌하거나 고통스러운 반응을 유발하는 무조건자극과 연합하는 과정이 바로 공포 조건화인데, 버몬트 대학의 교수 카프는 토끼에게 불쾌하거나 고통스러운 반응을 유발하는 전기 자극을 제시했을 경우 토끼가 즉각적인 공포 반응을 보인다는 점에 착안하여 다음과 같은 실험을 진행했다. 특정 소리를 들려줄 때마다 토끼의 발에 약한 전기 자극을 가하고, 다른 소리를 들려줄 때에는 아무런 자극을 가하지 않았다. 이렇게 조건화된 토끼는 전기 자극을 단독으로 제시했을 때처럼, 그 특정 소리만 들어도 공포 반응을 보이기 시작했다. 토끼가 공포 반응을 보였다는 것은 특정 소리를 들려주었을 때 심장 박동 수가 증가했다는 사실과 편도체가 반응했다는 사실을 통해 확인할 수 있었다.

그런데 편도체가 손상된 토끼의 경우에는 공포 반응이 사라지거나 약화되는 현상이 나타난다. 사람의 경우도 마찬가지이다. '우르바흐-비테 증후군'이라는 희귀한 질병에 걸릴 경우 편도체가 포함된 양쪽 측두엽 부위가 칼슘 침착에 의해 그 기능이 상실된다. 이러한 환자들은 공포라는 감정을 잘 인식하지 못하는 것으로 알려져 있다.

① 박출량은 심장이 한 번 박동할 때 내보내는 혈액의 양이다.

② 부신에서 아드레날린이 분비되면 심장 박동 수가 낮아진다.

③ 정상적인 성인의 1분간 맥박 수는 보통 60~80회 정도이다.

④ 일반적으로 공포 상황에서는 본능적인 신체 반응이 즉각적으로 일어난다.

> **✔ 해설** 2문단의 '교감신경이 활성화되면 ~ 박출량도 증가한다.'에서, 부신에서 아드레날린이 분비되면 혈관이 확장되고 심장 박동 수가 높아지며 박출량이 증가한다는 정보를 확인할 수 있다.

Answer 40.②

Chapter 05

언어추리

┃1~10┃ 다음에 제시된 사실들이 모두 참일 때, 결론의 참, 거짓, 알 수 없음을 판단하시오.

1

사실
세 극장 A, B와 C는 직선도로를 따라 서로 이웃하고 있다.
A, B, C 극장의 건물 색깔이 회색, 파란색, 주황색이다.
B극장은 A극장의 왼쪽에 있다.
C극장의 건물은 회색이다.
주황색 건물은 오른쪽 끝에 있는 극장의 것이다.

결론
C는 맨 왼쪽에 위치하는 극장이다.

① 참   ② 거짓   ③ 알 수 없음

✔ **해설** 제시된 명제에 따라 극장과 건물 색깔을 배열하면 C(회색), B(파란색), A(주황색)가 된다. 따라서 C는 맨 왼쪽
에 위치하는 극장이라는 결론은 참이 된다.

2

사실
사과를 좋아하는 어린이는 수박도 좋아한다.
배를 좋아하지 않는 어린이는 수박도 좋아하지 않는다.
귤을 좋아하지 않는 어린이는 배도 좋아하지 않는다.

결론
배를 좋아하는 어린이는 사과도 좋아한다.

① 참   ② 거짓   ③ 알 수 없음

✔ **해설** 사과 좋아함→수박 좋아함→배를 좋아함→귤을 좋아함

3

사실
A는 B의 어머니다.
C는 D의 어머니다.
D는 B의 아버지다.

결론
C는 B의 조모이다.

① 참   ② 거짓   ③ 알 수 없음

✔해설 B를 기준으로 가족관계를 정리해보면,

           C(어머니)
  ┌─────┘
  D(아버지) A(어머니)
  └────┬────┘
       B
따라서 'C는 B의 조모이다.'라는 결론은 참이다.

4

사실
모든 신부는 사후의 세계를 믿는다.
어떤 무신론자는 사후의 세계를 의심한다.

결론
사후의 세계를 의심하지 않으면 무신론자가 아니다.

① 참   ② 거짓   ③ 알 수 없음

✔해설 제시된 결론의 대우는 '무신론자는 사후세계를 의심한다'가 되는데, 명제는 '어떤 무신론자는 사후의 세계를 의심한다.'이기 때문에 옳지 않다.

Answer   1.①   2.③   3.①   4.②

5

사실
장딴지가 굵은 사람은 축구선수이다.
반바지를 입는 사람 중에서는 더위를 잘 타는 사람이 있다.
어떤 축구선수는 더위를 잘 타지 않는다.
축구선수들은 모두 반바지를 입는다.

결론
더위를 잘 타는 축구선수가 있다.

① 참 　　　　　　　② 거짓 　　　　　　　③ 알 수 없음

✔해설 '더위를 잘 타는 축구선수가 있다'는 '어떤 축구선수는 더위를 잘 타지 않는다.'의 대우명제이므로 참이 된다.

6

사실
무게가 서로 다른 ㉠~㉯의 6개 돌이 있다.
㉡은 ㉠보다 무겁고, ㉯보다 무겁다.
㉢은 ㉡보다 무겁고, ㉣보다 가볍다.
㉭은 ㉢보다 가볍다.

결론
㉠은 ㉯보다 무겁다.

① 참 　　　　　　　② 거짓 　　　　　　　③ 알 수 없음

✔해설 주어진 조건으로는 ㉠과 ㉯의 무게 차이를 알 수 없다.

7

사실

A~E 5명의 입사성적를 비교하면 A의 순번 뒤에는 2명이 있다.

D의 순번 바로 앞에는 B가 있다.

E의 앞에는 2명 이상의 사람이 있고 C보다는 앞이었다.

결론

입사성적인 두 번째로 높은 사람은 D가 된다.

① 참   ② 거짓   ③ 알 수 없음

✔ 해설 조건에 따라 순번을 매겨 높은 순으로 정리하면 BDAEC가 된다.
따라서 두 번째로 높은 사람은 D가 된다.

8

사실

㉠ 어떤 회사의 사원 평가 결과 모든 사원이 최우수, 우수, 보통 중 한 등급으로 분류되었다.

㉡ 최우수에 속한 사원은 모두 45세 이상이었다.

㉢ 35세 이상의 사원은 우수에 속하거나 자녀를 두고 있지 않았다.

㉣ 우수에 속한 사원은 아무도 이직경력이 없다.

㉤ 보통에 속한 사원은 모두 대출을 받고 있으며, 무주택자인 사원 중에는 대출을 받고 있는 사람이 없다.

㉥ 이 회사의 직원A는 자녀가 있으며 이직경력이 있는 사원이다.

결론

A는 35세 미만이고 주택을 소유하고 있다.

① 참   ② 거짓   ③ 알 수 없음

✔ 해설 마지막 단서에서부터 시작해서 추론하면 된다.
직원A는 자녀가 있으며 이직경력이 있는 사원이다. 따라서 이직경력이 있기 때문에 ㉣에 의해 A는 우수에 속한 사원이 아니다. 또 자녀가 있으며 우수에 속하지 않았기 때문에 ㉢에 의해 35세 미만인 것을 알 수 있다. 35세 미만이기 때문에 ㉡에 의해 최우수에 속하지도 않고, 이 결과 A는 보통에 해당함을 알 수 있다. ㉤에 의해 대출을 받고 있으며, 무주택 사원이 아님을 알 수 있다.
따라서, A는 35세 미만이고 주택을 소유하고 있다는 결론은 참이다.

Answer 5.① 6.③ 7.① 8.①

9

사실
사과가 야채라면 고구마는 야채가 아니다.
고구마는 야채다.

결론
사과가 야채인지 아닌지 알 수 없다.

① 참   ② 거짓   ③ 알 수 없음

✔해설 고구마가 야채이므로 사과가 야채라는 조건이 부정된다. 따라서 '사과는 야채가 아니다'라는 결론이 올 수 있으므로 현재의 결론은 거짓이다.

10

사실
오전에 반드시 눈이 오거나 비가 올 것이다.
오전에 비가 오지 않았다.

결론
저녁에는 눈이 올 것이다.

① 참   ② 거짓   ③ 알 수 없음

✔해설 오전에 반드시 눈이나 비가 온다고 했으나, 비가 오지 않았으므로 오전에는 눈이 왔다가 맞다. 그러나 위 결론에서는 저녁에는 눈이 올 것이라고 했으므로 제시된 내용을 가지고 저녁의 날씨를 알 수는 없다.

┃11~25┃ 다음 제시된 전제에 따라 결론을 바르게 추론한 것을 고르시오.

11

> • 어떤 창의적인 사람은 융통성이 없다.
> • 어떤 우유부단한 사람은 융통성이 없다.
> • 창의적인 사람은 우유부단하지 않다.
> • 그러므로 _____

① 융통성이 없는 사람은 창의적이거나 우유부단하다.
② 창의적이지 않은 사람은 우유부단하다.
③ 창의적이면서 동시에 우유부단한 사람은 없다.
④ 우유부단한 사람은 모두 융통성이 없다.

 ③ 창의적인 사람은 우유부단하지 않고, 우유부단한 사람은 창의적이지 않으므로(대우) 창의적이면서 동시에 우유부단한 사람은 없다.

12

> • A그룹은 V그룹보다 인기가 있다.
> • S그룹은 V그룹보다 인기가 없다.
> • K그룹은 S그룹보다 인기가 없다.
> • 그러므로 _____

① A그룹은 S그룹보다 인기가 없다.
② V그룹은 K그룹보다 인기가 없다.
③ S그룹은 A그룹보다 인기가 없다.
④ K그룹은 V그룹보다 인기가 있다.

 인기도 순서 … A그룹 > V그룹 > S그룹 > K그룹

13

> • 존, 미나, 레이첼, 마이클은 4층짜리 빌라에 살고 있다(단, 한 층에 한 명씩 살고 있다).
> • 존은 미나보다 두 층 위에 산다.
> • 레이첼은 미나보다 한 층 아래에 산다.
> • 그러므로 _____

① 레이첼은 존보다 두 층 아래에 산다.
② 마이클은 미나보다 한 층 위에 산다.
③ 존은 마이클보다 두 층 위에 산다.
④ 레이첼은 마이클보다 한 층 아래에 산다.

✔해설 1층 : 레이첼, 2층 : 미나, 3층 : 마이클, 4층 : 존

14

> • 비오는 날을 좋아하는 사람은 감성적이다.
> • 녹차를 좋아하는 사람은 커피는 좋아하지 않는다.
> • 감성적인 사람은 커피를 좋아한다.
> • 그러므로 _____

① 커피를 좋아하는 사람은 비오는 날을 좋아한다.
② 비오는 날을 좋아하는 사람은 커피를 좋아한다.
③ 감성적인 사람은 비오는 날을 좋아한다.
④ 녹차를 좋아하는 사람은 이성적일 것이다.

✔해설 ② 비오는 날을 좋아하는 사람→감성적인 사람→커피를 좋아하는 사람이라는 결론이 도출된다.

15

> • 은혜, 지영, 세현이는 각각 사과, 포도, 오렌지를 좋아한다.
> • 지영이는 오렌지를, 세현이는 사과를 좋아한다.
> • 그러므로 _____

① 은혜는 오렌지를 좋아한다.

② 은혜는 포도를 좋아한다.

③ 은혜는 어떤 것도 좋아하지 않는다.

④ 은혜가 무엇을 좋아하는지 알 수 없다.

> ✔해설 ② 은혜, 지영, 세현이는 각각 사과, 포도, 오렌지를 좋아하고, 지영이가 오렌지를, 세현이가 사과를 좋아하므로 은혜는 포도를 좋아함을 알 수 있다.

16

> • 어떤 사자는 영어를 잘한다.
> • 어떤 호랑이는 영어를 잘한다.
> • 모든 호랑이는 수학을 잘한다.
> • 그러므로 _____

① 모든 호랑이는 영어를 잘한다.

② 모든 사자는 영어를 잘한다.

③ 어떤 호랑이도 영어를 못한다.

④ 어떤 호랑이는 영어와 수학을 모두 잘한다.

> ✔해설 ④ 모든 호랑이는 수학을 잘하며 어떤 호랑이는 영어를 잘하므로 어떤 호랑이는 수학과 영어를 모두 잘한다.

Answer 13.② 14.② 15.② 16.④

17

> • 치타는 사자보다 빠르다.
> • 퓨마는 사자보다 느리다.
> • 그러므로 _____

① 치타가 가장 빠르다.
② 퓨마가 치타보다 빠르다.
③ 퓨마가 사자보다 빠르다.
④ 사자가 퓨마보다 느리다.

> ✔해설 ① 속도의 빠르기 순서는 치타 > 사자 > 퓨마이므로 치타가 가장 빠르다.

18

> • 미술을 좋아하는 사람은 상상력이 풍부하다.
> • 키가 작은 사람은 창의적이다.
> • 예술적인 사람은 미술을 좋아한다.
> • 그러므로 _____

① 키가 작지 않은 사람은 창의적이지 않다.
② 창의적이지 않은 사람은 상상력이 풍부하지 않다.
③ 미술을 좋아하지 않는 사람은 키가 작다.
④ 상상력이 풍부하지 않은 사람은 예술적이지 않다.

> ✔해설 상상력이 풍부하지 않은 사람은 미술을 좋아하지 않는다(첫 번째 전제의 대우). → 미술을 좋아하지 않는 사람은 예술적인 사람이 아니다(세 번째 전제의 대우).
> ∴ 상상력이 풍부하지 않은 사람은 예술적이지 않다.

19

> • 개나리를 좋아하는 사람은 감수성이 풍부하다.
> • 진달래를 좋아하는 사람은 예술성이 풍부하다.
> • 감수성이 풍부한 사람은 봄을 탄다.
> • 그러므로 _____

① 진달래를 좋아하는 사람은 감수성이 풍부하다.
② 예술성이 풍부하지 않은 사람은 개나리를 좋아하지 않는다.
③ 봄을 타지 않는 사람은 개나리를 좋아하지 않는다.
④ 감수성이 풍부하지 않은 사람은 진달래를 좋아하지 않는다.

> ✔ 해설 개나리 → 감수성 → 봄을 탄다.
> '개나리를 좋아하는 사람은 봄을 탄다.'의 대우는 ③이 된다.

20

> • 만약 지금 바람이 분다면 깃발이 펄럭일 것이다.
> • 지금 깃발이 펄럭이고 있다.
> • 그러므로 _____

① 지금 바람이 불고 있다.
② 지금 바람이 불지 않을 것이다.
③ 조금 전에 바람이 불었다.
④ 지금 바람이 부는지 알 수 없다.

> ✔ 해설 ① '바람이 분다면 깃발이 펄럭일 것이다'라고 전제되어 있으므로 지금 바람이 불고 있다.

21

> 전제1 : 뱀은 단 사과만을 좋아한다.
> 전제2 : _____
> 결론 : 뱀은 작은 사과를 좋아하지 않는다.

① 작은 사과는 달지 않다.
② 작지 않은 사과는 달다.
③ 어떤 뱀은 큰 사과를 좋아하지 않는다.
④ 작지 않은 사과는 달지 않다.

> ✔**해설** 뱀은 단 사과만 좋아하므로 '작은 사과는 달지 않다'는 전제가 있어야 결론을 도출할 수 있다.

22

> 전제1 : _____
> 전제2 : 어떤 사원은 탁월한 성과를 낸다.
> 결론 : 사전교육을 받은 어떤 사원은 탁월한 성과를 낸다.

① 모든 사원은 사전교육을 받는다.
② 어떤 사원은 사전교육을 받는다.
③ 모든 신입사원은 사전교육을 받는다.
④ 어떤 신입사원은 사전교육을 받는다.

> ✔**해설** '모든 사원은 사전교육을 받는다.'라는 전제가 있어야 결론이 참이 된다.

23

> 전제1 : 기린을 좋아하는 사람은 얼룩말을 좋아한다.
> 전제2 : 하마를 좋아하지 않는 사람은 기린을 좋아한다.
> 전제3 : _____
> 결론 : 코끼리를 좋아하는 사람은 하마를 좋아한다.

① 기린을 좋아하는 사람은 하마를 좋아한다.
② 코끼리를 좋아하는 사람은 얼룩말을 좋아한다.
③ 얼룩말을 좋아하는 사람은 코끼리를 좋아하지 않는다.
④ 하마를 좋아하는 사람은 기린을 좋아한다.

✔ 해설   전제 1 : p → q
전제 2 : ~r → p
결론 : s → r (대우 : ~r → ~s)
p → ~s 또는 q → ~s가 보충되어야 한다.
그러므로 '기린을 좋아하는 사람은 코끼리를 좋아하지 않는다.' 또는 '얼룩말을 좋아하는 사람은 코끼리를 좋아하지 않는다.'와 이 둘의 대우가 빈칸에 들어갈 수 있다.

24

> 전제1 : 인기 있는 선수는 안타를 많이 친 타자이다.
> 전제2 : _____
> 결론 : 인기 있는 선수는 팀에 공헌도가 높다.

① 팀에 공헌도가 높지 않은 선수는 안타를 많이 치지 못한 타자이다.
② 인기 없는 선수는 팀에 공헌도가 높지 않다.
③ 안타를 많이 친 타자도 인기가 없을 수 있다.
④ 팀에 공헌도가 높은 선수는 인기 있는 선수이다.

✔ 해설   결론이 참이 되기 위해서는 '안타를 많이 친 타자는 팀에 공헌도가 높다.' 또는 이의 대우인 '팀에 공헌도가 높지 않은 선수는 안타를 많이 치지 못한 타자이다.'가 답이 된다.

25

> 전제 1 : _____
> 전제 2 : 어떤 여자는 S대학교에 입학했다.
> 결론 : 사교육을 받은 어떤 여자는 S대학교에 입학했다.

① 모든 여자는 사교육을 받았다.

② 모든 여자는 사교육을 받지 않았다.

③ 어떤 여자는 사교육을 받았다.

④ 어떤 여자는 사교육을 받지 않았다.

✔ 해설 결론이 긍정이므로 전제 2개가 모두 긍정이어야 한다. 따라서 ①이 적절하다.

26 A, B, C 세 명은 직업을 두 가지씩 갖고 있는데, 직업의 종류는 피아니스트, 교수, 변호사, 펀드매니저, 작가, 자영업자의 여섯 가지이다. 이들 세 명에 대해 다음에 서술된 조건을 알고 있는 경우, A의 직업으로 옳은 것은?

> • 피아니스트는 변호사로부터 법률적인 자문을 받았다.
> • 자영업자와 작가와 A는 등산동호회 멤버이다.
> • B는 작가로부터 여러 권의 시집을 선물로 받았다.
> • B와 C와 피아니스트는 죽마고우이다.
> • 자영업자는 펀드매니저에게 투자 상담을 받았다.
> • 펀드매니저는 피아니스트의 누이와 결혼을 약속하였다.

① 피아니스트, 교수　　　　　　　　② 변호사, 자영업자

③ 작가, 펀드매니저　　　　　　　　④ 교수, 변호사

✔ 해설 자영업자와 작가와 A는 등산동호회 멤버이다. → A는 작가, 자영업자는 아니다.
B와 C와 피아니스트는 죽마고우이다. → A는 피아니스트이다.
피아니스트는 변호사로부터 법률적인 자문을 받았다. → A는 변호사는 아니다. A는 변호사, 작가, 자영업자는 아니다.
펀드매니저는 피아니스트의 누이와 결혼을 약속하였다. → A는 펀드매니저도 아니다. 그럼 남은 것은 교수 밖에 없다.

27 A, B, C, D, E 다섯 명이 원탁에 둘러 앉아 있다. A는 이미 원탁에 앉아 있고, 나머지 네 명에게 자리 순서를 묻자 다음과 같이 대답했는데 모두 거짓말을 했다. 실제로 A의 오른쪽 옆에 앉은 사람은 누구인가?

> • B : D의 옆이다.
> • C : E의 옆이다.
> • D : 나의 오른쪽 옆은 C나 E이다.
> • E : C는 D의 왼쪽 옆이다.

① B   ② C
③ D   ④ E

✔해설 모두 거짓말을 한 것이므로 B는 D의 옆이 아니고, C도 E의 옆이 아니다.
D의 오른쪽에는 C, E는 올 수 없고 C는 D의 왼쪽 옆도 될 수 없다.
그러므로 D의 오른쪽에는 A만 올 수 있다. C와 E, B와 D는 바로 옆에 앉을 수 없으므로 멀리 앉아야 한다.

28 다음과 같이 구름다리로 연결된 건물 외벽을 빨간색, 노란색, 초록색, 파란색, 보라색으로 칠하려고 한다. 건물을 칠하는 것에 아래와 같은 조건이 있을 때 옳지 않은 것은?

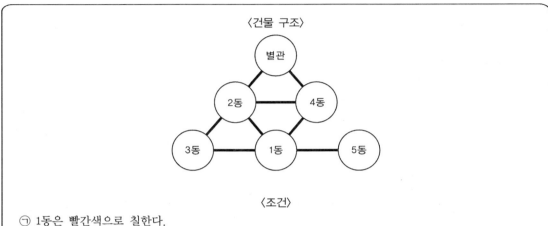

〈건물 구조〉

〈조건〉

㉠ 1동은 빨간색으로 칠한다.

㉡ 3동과 별관은 보라색으로 칠한다.

㉢ 구름다리로 연결된 두 동은 같은 색을 칠할 수 없다.

㉣ 파란색과 보라색은 구름다리로 연결된 동끼리 사용할 수 없다.

㉤ 5개의 색이 모두 사용되어야 할 필요는 없다.

① 2동이 노란색이면 4동은 초록색이다.

② 5동은 빨간색 이외의 모든 색을 칠할 수 있다.

③ 가능한 방법은 총 8가지이다.

④ 3개의 색을 사용해서 건물을 칠할 수 있다.

✔해설 ① 2동과 4동은 빨간색과 보라색 건물과 연결되어 있으므로 노란색과 초록색으로 칠해야 한다. 두 동 또한 연결되어 있으므로 2동이 노란색이면 4동은 초록색이어야 한다.

② 5동은 1동에만 연결되어 있으므로 빨간색 이외의 모든 색을 칠할 수 있다

③ ①과 ②에 의해 알 수 있는 내용이다. 2동과 4동을 칠하는 방법은 2개의 경우의 수를 갖고, 5동을 칠하는 방법은 4개의 경우의 수를 가지므로 총 8가지 방법으로 건물을 칠할 수 있다.

④ 2동과 4동은 무조건 노란색과 초록색을 사용해야 하므로 건물은 적어도 4개의 색을 사용해서 칠할 수 있다.

29 A ~ G 7명이 저녁 회식을 마치고, 신도림역에서 모두 지하철 1호선 또는 2호선을 타고 귀가하였다. 그런데 이들이 귀가하는데 다음과 같은 조건을 따랐다고 할 때, A가 1호선을 이용하지 않았다면, 다음 중 가능하지 않은 것은?

- 1호선을 이용한 사람은 많아야 3명이다.
- A는 D와 같은 호선을 이용하지 않았다.
- F는 G와 같은 호선을 이용하지 않았다.
- B와 D는 같은 호선을 이용하였다.

① B는 지하철 1호선을 탔다.
② C는 지하철 2호선을 탔다.
③ E는 지하철 1호선을 탔다.
④ F는 지하철 1호선을 탔다.

✔해설 A는 2호선을 이용하였고, D는 1호선, B와 D는 같은 호선을 이용하였으므로 B도 1호선을 이용한 것이다. F와 G는 같은 호선을 이용하지 않았으므로 둘 중 한 명은 1호선이고 나머지는 2호선을 이용한 것이 된다. 1호선은 3명이 이용하였으므로 B, D, (F or G)가 된다.

	A	B	C	D	E	F	G
1호선	×	○	×	○	×	○ or ×	○ or ×
2호선	○	×	○	×	○	○ or ×	○ or ×

30 갑, 을, 병, 정이 있다. 각각의 위치가 다음과 같을 때 반드시 참인 것은?

- 갑은 을의 앞에 있다.
- 병은 갑의 뒤에 있다.
- 정은 을 뒤에 있다.

① 정은 가장 뒤에 있다.
② 병은 정 앞에 있다.
③ 을은 병보다 앞에 있다.
④ 갑이 가장 앞에 있다.

✔해설 ①②③ 병이 을과 정 앞에 있을 수도 있고, 사이에 있을 수도 있다. 또한, 가장 뒤에 있을 수도 있으므로 을, 병, 정의 위치는 주어진 조건만으로는 파악할 수 없다.
④ 주어진 조건으로는 '갑 > 을 > 정, 갑 > 병'만 알 수 있다. 이를 통해 갑이 을, 정, 병보다 앞에 있음을 확인할 수 있다.

Answer 28.④ 29.③ 30.④

31 두 명의 한국인과 두 명의 중국인, 그리고 일본인, 미국인, 영국인 각각 한 명씩 모두 일곱 명을 의자에 일렬로 나란히 앉히려고 한다. 영국인이 왼쪽에서 세 번째 자리에 앉아야 하고, 다음과 같이 좌석을 배정해야 한다면, 오른쪽에서 세 번째 자리에 앉아야 하는 사람의 국적은?

> • 중국인은 가장 왼쪽 자리에, 일본인은 가장 오른쪽 자리에 앉아야 한다.
> • 중국인끼리는 서로 붙어서 앉아야 한다.
> • 한국인 사이에는 외국인 한 명이 꼭 사이에 끼어 앉아야 한다.

① 한국인   ② 중국인
③ 일본인   ④ 미국인

✔해설 영국인은 반드시 왼쪽에서 세 번째 자리에 앉아야 하며, 한국인 사이에는 외국인 한 명이 꼭 사이에 끼어 앉아야 한다. 또한 중국인은 중국인끼리 붙어 앉아야 하며 일본인은 가장자리에 앉아야 하므로

중국인	중국인	영국인	한국인	미국인	한국인	일본인

32 다음은 그림은 복도를 사이에 두고 1001~1003호, 1004~1007호의 7개 방이 엘리베이터의 양쪽에 늘어서 있는 것을 나타낸 것이다. A~G 7명이 다음과 같이 각 호에 1명씩 투숙하고 있다고 할 때 1006호에 묵고 있는 사람은 누구인가?

1001	1002	1003	–	엘리베이터
1004	1005	1006	1007	

> • B의 방 맞은편에는 D의 방이 있다.
> • C의 방 양 옆으로 A, G가 묵고 있다.
> • F의 양 옆에는 D, E가 묵고 있다.
> • G는 엘리베이터와 가장 가깝다.

① B   ② C
③ D   ④ E

✔해설

D	F	E	–	엘리베이터
B	A	C	G	

33 A, B, C, D, E, F, G, H 8명이 수영대회 결승전에 진출하였다. 다음 조건을 모두 고려하였을 때, 항상 참인 것을 고르면?

> • 8명 중 순위가 동일한 선수는 없다.
> • H는 C보다 먼저 골인하였으나, F보다는 늦게 골인하였다.
> • B에 이어 바로 E가 골인하였으며, E와 F 사이에 세 사람이 골인하였다.
> • C는 B보다 늦게 골인하였고, B는 F보다 빨리 골인하였으며, A의 순위는 3위가 아니었다.

① A의 순위는 4위이다.

② H보다 늦게 골인한 사람은 2명이다.

③ D의 순위는 최소한 5위이다.

④ G는 3위가 될 수 없다.

✔ 해설 조건에 따라 순서에 맞게 정리하여 보면 B→E→[D→A→G]→F→H→C
여기서 [] 안의 세 명의 순위는 바뀔 수 있다.
① A의 순위는 4위 또는 5위가 될 수 있다.
② H보다 늦게 골인한 사람은 C 1명이다.
③ D는 3, 4, 5위를 할 수 있다.
④ G는 3위가 될 수 있다.

34 겨울을 맞이하여 다양한 선물을 준비하였다. 선물의 종류는 목도리, 모자, 장갑이며 색은 빨강과 노랑 두 가지이다. 선물을 받은 사람들이 기념으로 모두 받은 선물들을 입고 모였을 때 다음과 같았을 때, 장갑만 빨간 사람은 몇 명인가? (단, 인원은 모두 14명)

> • 조건1 : 모자, 목도리, 장갑 중 1가지만 빨간색을 몸에 걸친 사람은 9명이다.
> • 조건2 : 모자와 장갑은 다른 색이다.
> • 조건3 : 빨간색 목도리와 빨간색 장갑의 사람 수와 노란색 목도리와 노란색 장갑의 사람 수의 합은 8이다.
> • 조건4 : 빨간색 모자를 쓰고 있는 사람은 7명이다.

① 1명   ② 4명

③ 7명   ④ 8명

 • 제외되는 4가지 조건(조건 2에 위배)
　　－모자 : 노란색, 목도리 : 노란색, 장갑 : 노란색
　　－모자 : 노란색, 목도리 : 빨간색, 장갑 : 노란색
　　－모자 : 빨간색, 목도리 : 노란색, 장갑 : 빨간색
　　－모자 : 빨간색, 목도리 : 빨간색, 장갑 : 빨간색
• 찾을 수 있는 4가지 조건
　　－모자 : 노란색, 목도리 : 노란색, 장갑 : 빨간색 … ①
　　－모자 : 빨간색, 목도리 : 노란색, 장갑 : 노란색 … ②
　　－모자 : 노란색, 목도리 : 빨간색, 장갑 : 빨간색 … ③
　　－모자 : 빨간색, 목도리 : 빨간색, 장갑 : 노란색 … ④
• 총인원은 14명이므로 ①+②+③+④ = 14명
• 조건1에 따라 ①+② = 9
• 조건3에 따라 ②+③ = 8
• 조건4에 따라 ②+④ = 7
∴ 장갑만 빨간 사람은 총 4명이 된다.

35 J회사에서 신제품 음료에 대한 블라인드 테스트를 진행하였다. 테스트에 응한 직원 30명은 음료 A, B, C에 대해 1~3순위를 부여하였는데 그에 대한 결과가 다음과 같을 때, C에 3순위를 부여한 사람의 수는? (단, 두 개 이상의 제품에 같은 순위를 부여할 수 없다)

> ⊙ A를 B보다 선호하는 사람은 18명이다.
> ⓛ B를 C보다 선호하는 사람은 25명이다.
> ⓒ C를 A보다 선호하는 사람은 10명이다.
> ② C에 1순위를 부여한 사람은 없다.

① 12명　　　　　　　　　　　② 13명
③ 14명　　　　　　　　　　　④ 15명

✔ **해설** C에 1순위를 부여한 사람은 없으므로 가능한 순위 조합은 (A-B-C), (A-C-B), (B-A-C), (B-C-A)이다.
　　ⓛ (A-B-C)∪(B-A-C)∪(B-C-A)=25 ∴ (A-C-B)=5
　　⊙ (A-B-C)∪(A-C-B)=18 ∴ (A-B-C)=13
　　ⓒ (B-C-A)=10 ∴ (B-A-C)=2
　　∴ C에 3순위를 부여한 사람은 15명이다.

36 어느 학급의 환경미화를 위해 환경미화위원을 뽑는데 갑수, 을숙, 병식, 정연, 무남, 기은이가 후보로 올라왔다. 다음과 같은 조건에 따라 환경미화위원이 될 때, 을숙이가 위원이 되지 않았다면 반드시 환경미화위원이 되는 사람은?

> ㉠ 만약 갑수가 위원이 된다면, 을숙이와 병식이도 위원이 되어야 한다.
> ㉡ 만약 갑수가 위원이 되지 않는다면, 정연이가 위원이 되어야 한다.
> ㉢ 만약 을숙이가 위원이 되지 않는다면, 병식이나 무남이가 위원이 되어야 한다.
> ㉣ 만약 병식이와 무남이가 함께 위원이 되면, 정연이는 위원이 되어서는 안 된다.
> ㉤ 만약 정연이나 무남이가 위원이 되면, 기은이도 위원이 되어야 한다.

① 병식, 정연　　　　　　　② 정연, 무남
③ 병식, 무남　　　　　　　④ 정연, 기은

✔해설 ㉠에 따라 갑수가 위원이 된다면, 을숙이도 위원이 되어야 하는데 을숙이는 위원이 아니므로 갑수는 위원이 될 수 없다.
㉡의 전제에 따라 정연이는 환경미화위원이 된다.
㉢에 따라 병식이나 무남이 둘 중 한명은 반드시 위원이 된다.
㉣에 따르면 병식이와 무남이가 함께 위원이 되면 정연이는 위원이 되어서는 안 되는데, ㉡에서 이미 정연이는 위원이 되었으므로 병식이와 무남이가 둘이 함께 위원이 될 수 없다.
㉤에 따라 정연이가 위원이므로 무남이가 위원이든 아니든 기은이는 위원이 된다.
∴ 반드시 위원이 되는 학생은 정연이와 기은이며, 병식이와 무남이 둘 중 한명은 위원이고 한명은 위원이 아니지만 누구인지 알 수 없다.

37 거짓만을 말하는 사람들이 사는 나라 A와 참만을 말하는 사람들이 사는 나라 B가 있다고 가정할 때, 다음 사람들 중에서 B국 사람은 누구인가? (단, B국 사람은 한 명이다)

> • 갑 : 을이 하는 말은 모조리 사실이야. 믿을 수 있어.
> • 을 : 나는 태어나서 거짓말을 해본 적이 한 번도 없어.
> • 병 : 너 지금 거짓말 하고 있어, 을.
> • 정 : 병, 너야말로 지금 거짓말 하고 있잖아.

① 갑
② 을
③ 병
④ 정

✔해설 갑이 거짓을 말한다고 가정하면 을 역시 거짓을 말하는 것이고 따라서 병은 진실, 정은 거짓을 말하는 것이 된다. 또, 갑이 참을 말한다고 가정하면 갑, 을, 정이 참, 병은 거짓을 말하는 것이 된다. 조건에서 B국 사람은 한 명이라고 했으므로 참을 말한 B국 사람은 병이다.

38 갑, 을, 병, 정의 네 나라에 대한 다음의 조건으로부터 추론할 수 있는 것은?

> ㉠ 이들 나라는 시대 순으로 연이어 존재했다.
> ㉡ 네 나라의 수도는 각각 달랐는데 관주, 금주, 평주, 한주 중 어느 하나였다.
> ㉢ 한주가 수도인 나라는 평주가 수도인 나라의 바로 전 시기에 있었다.
> ㉣ 금주가 수도인 나라는 관주가 수도인 나라의 바로 다음 시기에 있었으나, 정보다는 이전 시기에 있었다.
> ㉤ 병은 가장 먼저 있었던 나라는 아니지만, 갑보다는 이전 시기에 있었다.
> ㉥ 병과 정은 시대 순으로 볼 때 연이어 존재하지 않았다.

① 금주는 갑의 수도이다.
② 관주는 병의 수도이다.
③ 평주는 정의 수도이다.
④ 을은 갑의 다음 시기에 존재하였다.

✔해설 ㉢㉣에 의해 관주-금주-한주-평주 순서임을 알 수 있다. 그리고 ㉣㉤㉥에 의해 을-병-갑-정의 순서임을 알 수 있다.

39 A조의 갑, 을, 병, 정과 B조의 무, 기, 경, 신이 어느 법령에 대한 찬반토론을 하고 있다. 8명 중 4명은 찬성, 4명은 반대한다. 이들의 찬반 성향이 다음과 같을 때 반드시 참인 것은?

> • 무와 기 중 적어도 한 사람은 반대한다.
> • 을이 찬성하면 병과 정은 반대한다.
> • 기와 경의 의견은 언제나 같다.
> • 을이 찬성하면 기와 경도 찬성하고, 기와 경이 모두 찬성하면 을도 찬성한다.
> • 신이 찬성하면 갑도 찬성하고, 신이 반대하면 무도 반대한다.

① 을이 찬성하면 갑은 찬성한다.
② 을이 찬성하면 무는 찬성한다.
③ 을이 찬성하면 신은 찬성한다.
④ 을이 반대하면 갑은 반대한다.

✔ 해설 ① 을이 찬성한다면 병과 정은 반대하고, 기와 경은 찬성한다. 또 신이 찬성이라면 갑도 찬성인데 그렇게 되면 찬성 인원이 4명보다 많아지므로 신은 반대하고, 무도 반대하므로 갑은 찬성이 된다.

A조	갑	을	병	정
	찬성	찬성	반대	반대
B조	무	기	경	신
	반대	찬성	찬성	반대

40 A고등학교의 신입교사 기중, 태호, 신혜, 수란, 찬호 다섯 명 중 네 명이 각각 1학년 1, 2, 3, 4반을 담임을 맡게 된다. 결과에 대해 각자가 예측한 것이 다음과 같고, 이들의 예측 중 한 명의 예측을 제외하고 모두 결과와 일치했을 때, 옳은 것은?

> 기중 : 태호는 3반이 아닌 다른 반의 담임이 될 것이다.
> 태호 : 수란이가 1반의 담임이 될 것이다.
> 신혜 : 태호의 말은 참일 것이다.
> 수란 : 신혜의 예측은 틀렸을 것이다.
> 찬호 : 신혜가 4반의 담임이고, 기중이는 담임을 맡지 않을 것이다.

① 기중은 담임을 맡지 않는다.
② 태호는 1반의 담임이다.
③ 신혜는 3반의 담임이다.
④ 수란은 2반의 담임이다.

✔ 해설 신혜의 예측이 거짓이라면 태호의 예측도 거짓이 되므로 신혜와 태호의 예측은 참이고, 신혜의 예측이 틀렸다고 말한 수란의 예측만 거짓이 된다. 수란의 예측을 제외한 다른 사람들의 예측을 표로 나타내면 다음과 같다.

	기중	태호	신혜	수란	찬호
참/거짓	참	참	참	거짓	참
담임	X	2반	4반	1반	3반

Chapter 06

응용계산

1 남자 7명, 여자 5명으로 구성된 프로젝트 팀의 원활한 운영을 위해 운영진 두 명을 선출하려고 한다. 남자가 한 명도 선출되지 않을 확률은?

① $\dfrac{1}{11}$

② $\dfrac{4}{33}$

③ $\dfrac{5}{33}$

④ $\dfrac{2}{11}$

✔해설 남자가 한 명도 선출되지 않을 확률은 여자만 선출될 확률과 같은 의미이다.

$$\dfrac{{}_5C_2}{{}_{12}C_2} = \dfrac{5 \times 4}{12 \times 11} = \dfrac{5}{33}$$

2 점 A, B는 길이가 1cm인 고무줄의 양끝점이고, C는 고무줄 위에 있는 한 점이다. C는 A에서 0.7cm 떨어져 있다고 한다. 이 고무줄을 늘여 3cm로 만들면 C는 A로부터 몇 cm 떨어진 위치에 있게 되는가? (단, 고무줄은 균일하게 늘어난다고 가정한다.)

① 0.7

② 1.4

③ 2.1

④ 2.8

✔해설 고무줄이 3배 늘어났으므로, 0.7cm에서 3배가 늘어난 2.1cm 떨어진 위치에 있게 된다.

3 한 학년에 세 반이 있는 학교가 있다. 학생수가 A반은 20명, B반은 30명, C반은 50명이다. 수학 점수 평균이 A반은 70점, B반은 80점, C반은 60점일 때, 이 세 반의 평균은 얼마인가?

① 62

② 64

③ 66

④ 68

✔해설

반	학생수	점수 평균	총점
A	20	70	1,400
B	30	80	2,400
C	50	60	3,000
합계	100		6,800

세 반의 평균을 구하면 $\dfrac{6,800}{100} = 68$(점)

4 1,000쪽 분량의 책 한 권에 1부터 1,000까지의 수를 한 번씩만 사용하여 쪽 번호를 매겼다면 숫자 7은 총 몇 번 사용되었는가?

① 300

② 310

③ 320

④ 330

✔해설 7이 백의 자리에 오는 수 : 700대의 수 100개(701, 702, 703, …)
7이 십의 자리에 오는 수 : 70대의 수 100개(10×10)
7이 일의 자리에 오는 수 : 7대의 수 100개(10×10)

5 A마트에서 문구를 정가에서 20% 할인하는 행사를 진행했다. 미정이가 10,000원으로 정가 2,000원의 스케치북과 정가 1,000원의 색연필을 합쳐서 총 10개를 구매했을 때, 스케치북은 최대 몇 개까지 구매할 수 있는가?

① 1개

② 2개

③ 3개

④ 4개

✔해설 스케치북의 할인가 : 1,600원
색연필의 할인가 : 800원
스케치북의 개수를 x라고 할 때,
$1,600x + 800(10-x) \leq 10,000$
$\therefore x \leq 2.5$
따라서 스케치북은 최대 2개까지 구매할 수 있다.

Answer　1.③　2.③　3.④　4.①　5.②

06. 응용계산 ▌185

6 어느 야구선수가 시합에 10번 참여하여 시합당 평균 0.6개의 홈런을 기록하였다. 앞으로 5번의 시합에 더 참여하여 총 15번 경기에서의 시합당 평균 홈런을 0.8개 이상으로 높이고자 한다. 남은 5번의 시합에서 최소 몇 개의 홈런을 쳐야하는가?

① 4

② 5

③ 6

④ 7

✔ **해설** 10번의 경기에서 평균 0.6개의 홈런 : 6개 홈런
15번의 경기에서 평균 0.8개의 홈런 : 12개 홈런
따라서 남은 5경기에서 최소 6개 이상의 홈런을 기록해야 한다.

7 길이가 Xm인 기차가 Ym인 다리에 진입하여 완전히 빠져나갈 때까지 걸리는 시간이 10초일 때, 기차의 속도는? (단, 기차의 속도는 일정하다.)

① $\dfrac{X+Y}{36}$km/h

② $\dfrac{2X+Y}{36}$km/h

③ $\dfrac{9(X+Y)}{25}$km/h

④ $\dfrac{9(2X+Y)}{25}$km/h

✔ **해설** 길이가 Xm인 기차가 Ym인 다리에 진입하여 완전히 빠져나갈 때까지의 거리는 $(X+Y)$m이고, 속도 $=\dfrac{\text{거리}}{\text{시간}}$ 이므로 기차의 속도를 구하는 식은 다음과 같다.

$$\frac{(X+Y)\text{m}}{10\text{s}}=\frac{\left\{\dfrac{X+Y}{1,000}\right\}\text{km}}{\dfrac{10}{3,600}\text{h}}=\frac{9(X+Y)}{25}\text{km/h}$$

8 아버지와 아들의 나이 합이 66세이고 12년 후에는 아버지의 나이가 아들의 나이의 2배가 될 때, 현재 아들의 나이는?

① 17세   ② 18세

③ 19세   ④ 20세

 해설   아버지의 나이를 x라 하고 아들의 나이를 y라 할 때

$x+y=66 \cdots$ ㉠

$x+12=2(y+12) \cdots$ ㉡

㉡을 풀면 $x-2y=12$

㉠에서 ㉡을 빼면 $3y=54$

$\therefore \; y=18$

9 정훈 혼자로는 30일, 정민 혼자로는 40일 걸리는 일이 있다. 둘은 공동 작업으로 일을 시작했으나, 중간에 정훈이가 쉬었기 때문에 끝마치는 데 24일이 걸렸다면 정훈이가 쉬었던 기간은?

① 6일   ② 12일

③ 15일   ④ 17일

 해설   하루 당 정훈이가 하는 일의 양은 $\dfrac{1}{30}$, 하루 당 정민이가 하는 일의 양은 $\dfrac{1}{40}$

정민이는 계속해서 24일간 일 했으므로 정민의 일의 양은 $\dfrac{1}{40} \times 24$

$1-\dfrac{24}{40}=\dfrac{16}{40}$이 나머지 일의 양인데 정훈이가 한 일이므로

나머지 일을 하는데 정훈이가 걸린 시간은 $\dfrac{16}{40} \div \dfrac{1}{30}=12$

$\therefore$ 정훈이가 쉬었던 날은 $24-12=12$(일)

10 인터넷 사이트에 접속하여 초당 1.5MB의 속도로 파일을 내려 받는 데 총 12분 30초가 걸렸다. 파일을 내려 받는 데 걸린 시간은 인터넷 사이트에 접속하는 데 걸린 시간의 4배일 때, 내려 받은 파일의 크기는?

① 500MB   ② 650MB

③ 900MB   ④ 950MB

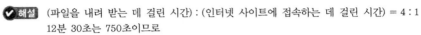 (파일을 내려 받는 데 걸린 시간) : (인터넷 사이트에 접속하는 데 걸린 시간) = 4 : 1

12분 30초는 750초이므로

(파일을 내려 받는 데 걸린 시간) $= 750 \times \dfrac{4}{5} = 600$(초)

따라서 내려 받은 파일의 크기는 $1.5 \times 600 = 900$(MB)

11 시온이가 책을 펼쳐서 나온 두 면의 쪽수의 곱이 506이라면, 시온이가 펼친 두 면 중 한 면의 쪽수가 될 수 있는 것은?

① 19   ② 21

③ 23   ④ 25

✔ 해설 펼쳤을 때 나온 왼쪽의 쪽수를 x 라 하면, 오른쪽의 쪽수는 $x+1$이 된다.

$x \times (x+1) = 506$

$x^2 + x = 506$

$x^2 + x - 506 = 0$

$(x-22)(x+23) = 0$

$\therefore x = 22$

펼친 두 면의 쪽수는 각각 22, 23가 된다.

12 두 가지 메뉴 A, B를 파는 어느 음식점에서 지난주에 두 메뉴를 합하여 1,000명분을 팔았다. 이번 주에는 지난주에 비하여 A 메뉴는 판매량이 5% 감소하고, B 메뉴는 10% 증가하여 전체적으로 4% 증가하였다. 이번 주에 판매된 A 메뉴는 몇 명분인가?

① 360명

② 380명

③ 400명

④ 420명

 해설 지난 주 판매된 A 메뉴를 x, B 메뉴를 y라 하면

$$\begin{cases} x+y=1,000 \\ x\times(-0.05)+y\times0.1=1,000\times0.04 \end{cases}$$

두 식을 연립하면 $x=400$, $y=600$

따라서 이번 주에 판매된 A 메뉴는 $x\times0.95=400\times0.95=380$명분이다.

13 규민이 혼자 6일, 영태 혼자 10일에 끝낼 수 있는 일이 있다. 이 일을 규민이와 영태가 함께 며칠 일하면 전체의 80%의 일을 하겠는가?

① 2일

② 3일

③ 4일

④ 5일

 해설 규민이의 하루 일의 양은 $\frac{1}{6}$, 영태의 하루 일의 양은 $\frac{1}{10}$

둘이 함께 할 때 하루 일의 양 $\frac{1}{6}+\frac{1}{10}=\frac{8}{30}$

일하는 일수를 x라 하면 $\frac{8}{30}x=\frac{8}{10}$

$\therefore x=\frac{8}{10}\times\frac{30}{8}=3$(일)

14 일정한 속력으로 달리는 버스가 Am의 터널을 통과하는데 5초 걸리고, Bm의 철교를 지나는데 9초가 걸린다. 이때 버스의 길이는?

① $\dfrac{A+B}{13}$ 　　　　　　　　② $\dfrac{5(A+B)}{4}$

③ $\dfrac{5B-9A}{4}$ 　　　　　　　　④ $\dfrac{9B-5A}{4}$

> ✔️**해설** 버스의 길이를 xm라 할 때, 버스가 터널을 통과할 때 가는 거리는 $(x+A)$m이고,
> 철교를 지날 때 가는 거리는 $(x+B)$이다.
>
> ㉠ 터널을 지날 때의 속력 : $\dfrac{x+A}{5}$(m)
>
> ㉡ 철교를 지날 때의 속력 : $\dfrac{x+B}{9}$(m)
>
> 버스의 속력이 일정하므로 $\dfrac{x+A}{5}$(m) $= \dfrac{x+B}{9}$(m)
>
> $\therefore\ x = \dfrac{5B-9A}{4}$

15 어떤 강을 따라 36km 떨어진 지점을 배로 왕복하려고 한다. 올라 갈 때에는 6시간이 걸리고 내려올 때는 4시간이 걸린다고 할 때 강물이 흘러가는 속력은 몇인가? (단, 배의 속력은 일정하다)

① 1.3km/h 　　　　　　　　② 1.5km/h
③ 1.7km/h 　　　　　　　　④ 1.9km/h

> ✔️**해설** 배의 속력을 x라 하고 강물의 속력을 y라 하면 거리는 36km로 일정하므로
> $6(x-y) = 36 \cdots$ ㉠
> $4(x+y) = 36 \cdots$ ㉡
> ㉡식을 변형하여 $x = 9 - y$를 ㉠에 대입하면
> $\therefore\ y = 1.5km/h$

16 한 사람이 자동차를 운전하고 Akm의 거리에 있는 X지점까지 Bkm/h의 속도로 갔다가 다시 원래의 지점으로 Ckm/h의 속도로 돌아왔다. 이 사람이 X지점까지 갔다가 돌아오는데 걸린 시간은?

① $\dfrac{ABC}{B+C}$

② $\dfrac{A(B+C)}{BC}$

③ $\dfrac{B+C}{A}$

④ $\dfrac{2A}{BC}$

 해설 Bkm/h의 속도로 X지점까지 걸린 시간은 $\dfrac{A}{B}$

Ckm/h의 속도로 X지점에서 돌아온 시간은 $\dfrac{A}{C}$

총 걸린시간은 $\dfrac{A}{B}+\dfrac{A}{C}=\dfrac{AC+AB}{BC}=\dfrac{A(B+C)}{BC}$

17 민희는 휴대폰 요금을 10초당 15원인 요금제도를 사용하고 있다. 하루에 쓰는 통화요금이 1,800원이라고 할 때 새해 첫날인 1월 1일부터 사용한 누적시간이 1,500분이 되는 때는 언제인가?

① 2월 12일

② 3월 16일

③ 4월 18일

④ 5월 20일

 해설 휴대폰 요금이 1분당 90원이므로 하루 통화요금이 1,800원이면 20분 쓰는 것이 된다.
하루에 20분씩 사용하므로 사용누적시간이 1,500분이 되는 때는 $1,500 \div 20 = 75$(일)
1월은 31일, 2월은 28일까지 있으므로 75일이 되는 날짜를 x라 하면
$31+28+x=75$, $x=16$
사용누적시간이 1,500분이 되는 때는 3월 16일이 된다.

18 어떤 시각에 시작하는 회의에 A, B, C, D 4명이 모였다. A는 B보다 10분 일찍 도착했지만, C보다는 4분 늦게 도착했다. D는 B보다 5분 일찍 도착해서 회의가 시작되는 시각까지는 아직 15분의 여유가 있었다면 C는 회의가 시작되는 몇 분 전에 도착했겠는가?

① 20분 전
② 24분 전
③ 30분 전
④ 35분 전

> ✔ 해설 A는 B보다 10분 일찍 도착했지만 C보다는 4분 늦게 도착했다.
>
>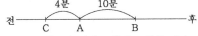
>
> D는 B보다 5분 일찍 도착했고 회의 시작 전까지 15분의 여유가 있었다.
>
>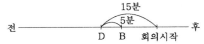
>
> A, B, C, D의 도착 시간을 나열하면
>
>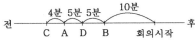
>
> ∴ C는 24분 전에 도착했다.

19 페인트 한 통과 벽지 5묶음으로 51m²의 넓이를 도배할 수 있고, 페인트 한 통과 벽지 3묶음으로는 39m²를 도배할 수 있다고 한다. 이때, 페인트 2통과 벽지 2묶음으로 도배할 수 있는 넓이는?

① 45m²
② 48m²
③ 51m²
④ 54m²

> ✔ 해설 페인트 한 통으로 도배할 수 있는 넓이를 $x\text{m}^2$,
> 벽지 한 묶음으로 도배할 수 있는 넓이를 $y\text{m}^2$라 하면
> $\begin{cases} x+5y=51 \\ x+3y=39 \end{cases}$ 이므로 두 식을 연립하면 $2y=12 \Rightarrow y=6,\ x=21$
> 따라서 페인트 2통과 벽지 2묶음으로 도배할 수 있는 넓이는
> $2x+2y=42+12=54(\text{m}^2)$이다.

20 합창 단원 선발에 지원한 남녀의 비가 $3:5$이다. 응시결과 합격자 가운데 남녀의 비가 $2:3$이고, 불합격자 남녀의 비는 $4:7$이다. 합격자가 160명이라고 할 때, 여학생 지원자의 수는 몇 명인가?

① 300명

② 305명

③ 310명

④ 320명

 해설

구분	합격자	불합격자	지원자 수
남자	$2a$	$4b$	$2a+4b$
여자	$3a$	$7b$	$3a+7b$

합격자가 160명이므로 $5a=160 \Rightarrow a=32$

$3:5=(2a+4b):(3a+7b)$

$\Rightarrow 5(2a+4b)=3(3a+7b)$

$\Rightarrow a=b=32$

따라서 여학생 지원자의 수는 $3a+7b=10a=320$(명)이다.

21 어머니는 24세, 자식은 4세이고 어머니의 나이가 자식의 나이의 3배가 될 때의 자식의 나이는?

① 9세

② 10세

③ 11세

④ 12세

해설 지금부터 3배가 되는 해를 x라 하면,

$(24+x)=3(4+x)$

$\therefore x=6$

6년 후이므로 자식의 나이는 10(세)이다.

22 아버지의 나이는 자식의 나이보다 24세 많고, 지금부터 6년 전에는 아버지의 나이가 자식의 나이의 5배였다. 자식의 현재 나이는 얼마인가?

① 12세

② 15세

③ 17세

④ 19세

해설 자식의 나이를 x라 하면,

$(x+24-6)=5(x-6)$, $48=4x$, $x=12$

아버지의 나이는 $12+24=36$

$\therefore$ 아버지의 나이 36세, 자식의 나이는 12세

23 민수의 재작년 나이의 $\frac{1}{4}$ 과 내년 나이의 $\frac{1}{5}$ 이 같을 때 민수의 올해 나이는?

① 10세　　　　　　　　　　　② 12세

③ 14세　　　　　　　　　　　④ 16세

> ✔ 해설　민수의 올해 나이를 x라 하면,
> $$\frac{1}{4}(x-2)=\frac{1}{5}(x+1)$$
> $$5(x-2)=4(x+1)$$
> $$5x-10=4x+4$$
> $$\therefore\ x=14(세)$$

24 A기업의 작년 신입사원의 성비는 남녀가 $5:4$였고 올해는 작년에 비해 여성의 비율이 5% 증가하고 남성의 비율은 4% 감소한 225명의 신입사원이 입사하게 되었다. 작년에 입사한 신입사원의 수와 비교했을 때 올해 신입사원수의 변동은 얼마인가?

① 10명 증가　　　　　　　　　② 10명 감소

③ 15명 증가　　　　　　　　　④ 변동 없다.

> ✔ 해설　신입사원의 수를 a, 여자사원의 수를 b라 하면
> 남자사원의 수는 $\frac{5}{4}b$　$\therefore\ a=\frac{5}{4}b+b=\frac{9}{4}b$
> 올해는 남자사원이 4% 줄고 여자사원이 5% 증가하였으므로
> $$\frac{5}{4}b\times0.96+b\times1.05=225,\ b=100$$
> $$a=\frac{5}{4}\times100+100=225(명)$$
> $\therefore$ 올해와 작년의 신입사원 수는 같다.

25 구리와 아연을 $4:3$의 비율로 섞은 합금 A와 구리와 아연을 $2:3$으로 섞은 합금 B가 있다. 이 두 종류의 합금을 녹여 구리와 아연을 $10:9$의 비율로 섞은 합금 950g을 만들려고 한다. 필요한 두 합금 A, B의 양을 각각 구하면?

① A=400g, B=550g　　　　　② A=500g, B=450g

③ A=650g, B=300g　　　　　④ A=700g, B=250g

> ✔ 해설　A 합금의 양을 x, B 합금의 양을 y라 하면
> $$\frac{4}{7}x+\frac{2}{5}y=\frac{10}{19}\times950\ \Rightarrow\ 10x+7y=8750$$
> $$\frac{3}{7}x+\frac{3}{5}y=\frac{9}{19}\times950\ \Rightarrow\ 5x+7y=5250$$
> 두 식을 연립하면 A$=x=700$g, B$=y=250$g

26 다이아몬드의 가격은 그 무게의 제곱에 비례한다고 한다. 가격이 270만원인 다이아몬드를 잘못하여 두 조각을 내었다. 나누어진 두 조각의 무게의 비가 2 : 1이라고 할 때, 깨뜨렸기 때문에 생긴 손해액은 얼마인가?

① 188만원

② 120만원

③ 125만원

④ 128만원

 작은 조각의 무게를 x라 하면
$(x+2x)^2k = 270$ (단, k는 비례상수)
$9x^2k = 270$, $x^2k = 30$
따라서, 구하는 손해액은
$(x+2x)^2k - \{x^2k + (2x)^2k\}$
$= 270 - (30+120) = 120$만원

27 K원을 형제에게 나누어주는데 형의 몫의 A배는 동생의 몫의 B배 이상이 되게 하려고 한다. 형이 받을 몫의 최솟값은 얼마 인가?

① $\dfrac{(B-A)}{2BK}$

② $\dfrac{ABK}{(A-B)}$

③ $\dfrac{BK}{(A+B)}$

④ $\dfrac{2BK}{(A+B)}$

 형이 받을 몫을 x로 두면, 동생이 받을 몫은 $(K-x)$이다.
형의 몫의 A배는 동생의 몫의 B배 이상 이므로, $Ax \geq B(K-x)$
정리하면, $(A+B)x \geq BK$, $x \geq \dfrac{BK}{(A+B)}$
최솟값 x를 구하는 것이기 때문에,
$\therefore \dfrac{BK}{(A+B)}$

28 20cm 길이의 동일한 용수철 3개를 그림과 같이 연결하고 AC의 길이가 60cm가 되도록 늘렸다. 이 때 길이의 비 AB : BC는?

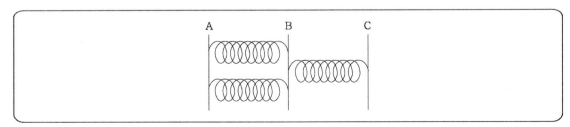

① 2 : 1
② 2 : 3
③ 4 : 5
④ 5 : 4

✔해설 현재의 길이에서 20cm가 더 늘어나야 하는데
AB에는 용수철이 2개 있으므로 늘어나는 길이의 비는 AB : BC = 1 : 2가 된다.
늘어났을 때의 용수철 길이의 비는
$\left(20+\dfrac{1}{3}\times20\right) : \left(20+\dfrac{2}{3}\times20\right) = 4 : 5$

29 원가에 25% 추가한 냉장고의 정가를 할인점에서 10% 할인해서 30개 판매한 것이 총판매액이 될 때 원가계산식은?

① $\dfrac{총판매액}{32.5}$
② $\dfrac{총판매액}{32.75}$
③ $\dfrac{총판매액}{33.5}$
④ $\dfrac{총판매액}{33.75}$

✔해설 원가를 x라 할 때
총판매액 $= (1+0.25)\times x \times(1-0.1)\times30$
$= 33.75x$
∴ 원가 $x = \dfrac{총판매액}{33.75}$

30 원가가 2,200원인 상품을 3할의 이익이 남도록 정가를 책정하였다. 하지만 판매부진으로 정가의 몇 할을 할인하여 판매하였고, 후에 손익을 계산하니 484원의 손해를 보았다. 그렇다면 정가의 몇 할을 할인한 것인가?

① 1할

② 2할

③ 3할

④ 4할

> **해설** 정가 $= 2200(1+0.3) = 2860$(원)
> 할인율을 x라 하면
> $2860 \times x - 2200 = -484$
> $2860x = 1716$
> $x = 0.6$
> x는 할인율이므로 $1-0.6 = 0.4$
> 즉, 4할을 할인한 것이다.

31 어떤 물건의 정가는 원가에 $x\%$이익을 더한 것이라고 한다. 그런데 물건이 팔리지 않아 정가의 $x\%$를 할인하여 판매하였더니 원가의 4%의 손해가 생겼을 때, x의 값은?

① 5

② 10

③ 15

④ 20

> **해설** 이 물건의 원가를 a라 하자.
> 이때 정가는 $\left(1 + \dfrac{x}{100}\right)a$이므로, 문제의 조건에 의하면
> $\left(1 - \dfrac{x}{100}\right)\left(1 + \dfrac{x}{100}\right)a = \left(1 - \dfrac{4}{100}\right)a$
> $\Rightarrow \left(1 - \dfrac{x}{100}\right)\left(1 + \dfrac{x}{100}\right) = \dfrac{96}{100}$
> $\Rightarrow 1 - \left(\dfrac{x}{100}\right)^2 = \dfrac{96}{100}$
> $\Rightarrow \left(\dfrac{x}{100}\right)^2 = \dfrac{4}{100}$
> $\Rightarrow \dfrac{x}{100} = \dfrac{2}{10}$
> $\therefore x = \dfrac{2}{10} \times 100 = 20$

32 구입가격 5,000원의 상품을, 3할의 이익이 남게 정가를 정했지만 판매부진으로 정가의 2할 할인으로 팔았다. 손익은 얼마인가?

① 150원 이익   ② 150원 손해

③ 200원 이익   ④ 200원 손해

 $5,000(1+0.3)\times(1-0.2)-5,000=200$
∴ 200원 이익이다.

33 8%의 소금물 200g에서 한 컵의 소금물을 떠내고 2%의 소금물을 더 넣었더니 3%의 소금물 320g이 되었다. 이때, 떠낸 소금물의 양은?

① 110g   ② 120g

③ 130g   ④ 140g

해설 소금물을 떠내고 2%의 소금물을 넣은 후의 소금물의 양이 320g이므로
2% 소금물의 양은 120g이라는 것을 알 수 있다.
따라서 처음 8%의 소금물에서 떠낸 소금물의 양을 x라 하면
(처음 소금물을 떠내고 남은 소금물의 소금의 양)+(2% 소금물의 소금의 양)=(최종 소금물의 소금의 양)
$$\Rightarrow \left\{(200-x)\times\frac{8}{100}\right\}+\left(120\times\frac{2}{100}\right)=320\times\frac{3}{100}$$
$$\Rightarrow \left\{(200-x)\times\frac{8}{100}\right\}+\frac{12}{5}=\frac{48}{5}$$
$$\Rightarrow (200-x)\times\frac{8}{100}=\frac{36}{5}$$
$$\Rightarrow 200-x=90$$
$$\therefore x=110(g)$$

34 원가가 150원의 상품을 200개 사들이고 4할 이익이 남게 정가를 정하여 판매하였지만 그 중 50개가 남았다. 팔다 남은 상품을 정가의 2할 할인으로 전부 팔았다면 이익의 총액은 얼마인가?

① 9,900원   ② 10,000원

③ 11,000원   ④ 11,200원

해설 판매가의 이익은 $150\times0.4=60$이고,
150개 판매했으므로 $60\times150=9,000$(원)이다.
판매가에서 2할 할인가격은 $150(1+0.4)(1-0.2)=168$(원)
원가와의 차익은 $168-150=18$(원)
나머지 판매에서 얻은 이익은 $18\times50=900$(원)
∴ 총 이익은 $9,000+900=9,900$원

35 A전자의 주식이 2월에 10% 하락하고 3월에 20% 올랐다. 2월 말과 3월 초의 주식의 가격이 같다면 2월 초와 3월 말의 주식의 가격을 비교한 것으로 옳은 것은?

① 5% 올랐다

② 8% 올랐다

③ 6% 내렸다

④ 변함없다

✔해설 2월 초의 주식의 가격을 x라 할 때,

주식의 가격이 10% 하락했으므로 2월 말의 주식의 가격은 $(1-0.1)x$,

3월 초의 주식의 가격이 2월 말과 같으므로 $(1-0.1)x$,

3월 말의 주식의 가격은 20% 올랐으므로 $(1-0.1)x \times 1.2 = 1.08x$

∴ 주식의 가격이 2월 초에 비해 8% 올랐다.

36 민수, 영민, 은희는 저녁을 같이 먹었는데 식사를 마친 후 민수가 식사비의 $\frac{3}{5}$을, 영민이가 그 나머지의 $\frac{1}{7}$을, 은희가 그 나머지를 계산하였는데 은희가 3,600원을 냈다면 저녁식사비는 얼마인가?

① 10,000원

② 10,500원

③ 12,000원

④ 12,500원

✔해설 저녁식사비를 A라 할 때 각자 낸 금액은

㉠ 민수 : $\frac{3}{5}$A

㉡ 영민 : $\left(A - \frac{3}{5}A\right) \times \frac{1}{7}$

㉢ 은희 : $A - \left\{\frac{3}{5}A + \left(A - \frac{3}{5}A\right) \times \frac{1}{7}\right\}$

그런데 은희가 낸 금액은 3,600원이므로

$\frac{12}{35}A = 3,600$, $A = 10,500$(원)

37 민수와 정민이는 저금을 하고 있는데 지금 현재 저금한 금액이 7 : 3이고 민수가 정민이에게 2만 원을 준다면 저금한 금액의 비율이 6 : 4가 된다. 정민이의 저금 금액은?

① 6만 원   ② 8만 원

③ 10만 원   ④ 12만 원

✔ **해설** 민수의 저금 금액을 x, 정민이의 저금 금액을 y라 하면(단위 : 만 원)

$x : y = 7 : 3$, $x = \dfrac{7}{3}y$

문제 조건에 따라 식을 정리하면

$(x-2) : (y+2) = 6 : 4$, $4(x-2) = 6(y+2)$가 되므로

$x = \dfrac{7}{3}y$를 대입하면 $4\left(\dfrac{7}{3}y - 2\right) = 6(y+2)$

식을 정리하면 $10y = 60$

∴ $y = 6$(만 원)

38 어떤 정수를 3배하고 7을 더하면 12보다 크다. 그리고 46에서 이 정수의 5배를 뺀 수는 13보다 크다. 이런 정수는 몇 개 있는가?

① 2개   ② 3개

③ 4개   ④ 5개

✔ **해설** 어떤 정수를 x라 하면,

$12 < 3x + 7$

∴ $\dfrac{5}{3} < x$

$46 - 5x > 13$

∴ $x < \dfrac{33}{5}$

$\dfrac{5}{3} < x < \dfrac{33}{5}$ 즉, $1.66... < x < 6.6...$

∴ 만족하는 정수는 2, 3, 4, 5, 6의 5개가 있다.

39 축구 경기를 보면서 흥분한 주인이 270명의 손님들에게 맥주, 와인, 위스키 3종류의 술을 한 사람에게 무료로 제공하였다. 손님들이 간 후 무료로 제공한 술만 세어보니 맥주가 120병, 와인이 115잔, 위스키가 15잔이고 2종류의 술을 마신 사람이 72명, 3종류의 술을 마신 사람이 20명이라고 파악되었을 때 한 잔도 마시지 않은 사람의 수는?

① 110명

② 121명

③ 132명

④ 143명

 해설 한잔도 마시지 않은 사람의 수를 x라 하고 사람 수가 기준이므로 종류별로 제공한 술에서 2종류 마신 사람을 빼고 3종류 마신 사람은 2배를 해서(2번 중복되므로) 뺀다.

$(120+115+15+x)-(72+2\times20)=270$

$138+x=270, \quad \therefore \ x=132$(명)

40 배가 난파하여 표류하던 A는 사과 1상자와 함께 무인도에 도달하게 되었다. 배가 고파진 A는 상자에 담겨있던 사과의 절반을 먹었고 둘째 날 상한 사과 10개를 버리고 남은 사과의 절반을 먹었다. 셋째 날 상한 사과 16개를 버리고 남은 사과의 절반을 먹었더니 8개 남았다. 처음에 상자에 있던 사과의 수는?

① 135개

② 148개

③ 152개

④ 161개

 해설 상자에 담겨있던 처음 사과의 수를 x라 하면,

$\left\{\left(\dfrac{1}{2}x-10\right)\times\dfrac{1}{2}-16\right\}\times\dfrac{1}{2}=8 \quad \therefore \ x=148$(개)

Chapter 07

자료해석

1 다음은 2020~2022년도 천안지역 H고등학교 학생들의 교복 구매에 대한 표이다. 표에 대한 설명으로 옳은 것은?

(단위 : 명)

브랜드 판매년도	A	B	C	총합
2020	250	240	200	690
2021	230	250	220	700
2022	210	230	240	680
총합	(㉠)	720	660	

① 2021년 판매량이 가장 많은 브랜드는 A이다.

② 2020~2022년 동안 브랜드별 판매는 비슷하다.

③ 2020년과 2021년 A교복 구매자 수는 2021년, 2022년 B교복 구매자 수보다 적다.

④ 2020~2022년 동안 A교복에 대한 구매자 수는 감소 추세이다.

> ✔ **해설** ① 2021년 판매량이 가장 많은 브랜드는 B이다.
> ② 2020~2022년 동안 브랜드별 판매는 상이하다.
> ③ 2020년과 2021년 A교복 구매자 수는 2021년, 2022년 B교복 구매자 수와 같다.

2 다음은 연도별 A도시의 피부병 환자에 관한 자료이다. 2019년까지의 환자 수와 그 이후의 환자 수의 차이는?

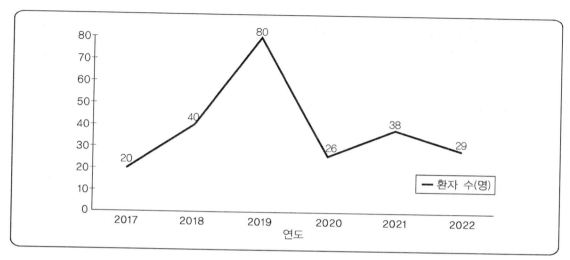

① 43명

② 45명

③ 47명

④ 49명

 • 2019년까지의 환자 수 = 20＋40＋80 = 140명
• 2019년 이후의 환자 수 = 26＋38＋29 = 93명
따라서 두 기간의 환자 수 차이는 47명이다.

3 다음은 문제유형 A, B, C에 대한 정보이다. 문제당 풀이시간을 다 쓰면 정답이라고 간주한다. 총 제한시간이 120분일 때, 최대로 얻을 수 있는 점수는?

내용	A형 문제	B형 문제	C형 문제
문제당 배점	5점	6점	3점
문제당 풀이시간	2분	4분	1분
총 문제 수	20개	40개	10개

① 220점　　　　　　　　　　　② 228점
③ 230점　　　　　　　　　　　④ 233점

> ✔해설 단위시간당 배점은 A형 2.5점, B형 1.5점, C형 3점이다. C형 문제를 10분을 사용하고 30점을 획득할 수 있다. A형 문제를 40분을 사용하고 100점을 획득할 수 있다. 남은 70분 동안 B형 문제 17개를 풀면 102점을 획득할 수 있고, 2분이 남는다. A형 문제 하나를 포기하고 4분 동안 B형 문제 하나를 푸는 것이 더 높은 점수를 얻을 수 있다.
> 30 + 108 + 95 = 233

4 다음은 한국수역 내 불법조업 검거현황에 관한 자료이다. 다음 중 전년 대비 검거어선 증가량이 가장 많았던 시기의 증가율은?

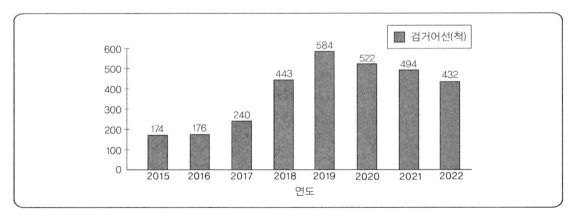

① 82.5%　　　　　　　　　　　② 83.8%
③ 84.6%　　　　　　　　　　　④ 85.4%

> ✔해설 전년 대비 2018년의 검거어선 증가량은 203척으로 가장 많았다.
> 따라서 전년 대비 2018년의 검거어선 증가율은 $\frac{203}{240} \times 100 ≒ 84.6\%$

5 다음은 전라도의 외국인등록현황에 관한 자료이다. 전라북도와 전라남도의 외국인등록인구의 차이가 가장 큰 연도와 가장 작은 연도로 바르게 짝지어진 것은?

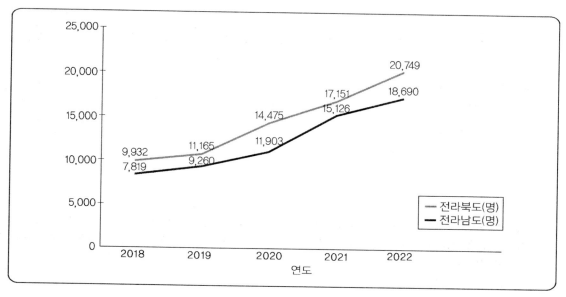

① 2018년, 2022년

② 2019년, 2021년

③ 2019년, 2018년

④ 2020년, 2019년

> ✔ 해설 • 2018년 두 지역의 외국인등록인구 차이 : 2,113명
> • 2019년 두 지역의 외국인등록인구 차이 : 1,905명
> • 2020년 두 지역의 외국인등록인구 차이 : 2,572명
> • 2021년 두 지역의 외국인등록인구 차이 : 2,025명
> • 2022년 두 지역의 외국인등록인구 차이 : 2,059명

|6~7| 다음은 만화산업의 지역별 수출, 수입액 현황에 대한 자료이다. 각 물음에 답하시오.

(단위 : 천 달러)

구분		중국	일본	동남아	북미	유럽	기타	합계
수출액	2020년	986	6,766	3,694	2,826	6,434	276	20,982
	2021년	1,241	7,015	4,871	3,947	8,054	434	25,562
	2022년	1,492	8,165	5,205	4,208	9,742	542	29,354
수입액	2020년	118	6,388	—	348	105	119	7,078
	2021년	112	6,014	—	350	151	198	6,825
	2022년	111	6,002	—	334	141	127	6,715

6 2022년 전체 수출액 중 가장 높은 비중을 차지하는 지역의 수출액 비중과, 2022년 전체 수입액 중 가장 높은 비중을 차지하는 지역의 수입액 비중의 차를 구한 것은? (단, 각 비중은 소수점 이하 셋째 자리에서 반올림한다)

① 56.2%p　　　　　　　　　② 58.4%p
③ 60.6%p　　　　　　　　　④ 62.8%p

 해설 2022년 유럽 : $\dfrac{9,742}{29,354} \times 100 ≒ 33.18$

2022년 일본 : $\dfrac{6,002}{6,715} \times 100 ≒ 89.38$

$89.38 - 33.18 = 56.2(\%p)$

7 2020년 전체 수출액 중 가장 낮은 비중을 차지하는 지역의 수출액 비중과, 2020년 전체 수입액 중 가장 낮은 비중을 차지하는 지역의 수입액 비중의 차를 구한 것은? (단, 각 비중은 소수점 이하 둘째 자리에서 반올림한다, 기타 지역은 제외한다)

① 1.2%p　　　　　　　　　② 3.2%p
③ 5.1%p　　　　　　　　　④ 7.3%p

 해설 2020년 중국 : $\dfrac{986}{20,982} \times 100 ≒ 4.7$

2020년 유럽 : $\dfrac{105}{7,078} \times 100 ≒ 1.5$

$4.7 - 1.5 = 3.2(\%p)$

8 10대 40명, 20대 100명, 30대 50명, 40대 80명, 50대 x명에게 '지금 여행가고 싶은 곳'을 질문한 결과 다음과 같은 표로 나타났다. 퍼즐의 빈칸을 채운 뒤, 빈칸에 들어간 숫자의 합을 구하면?

구분	미국	유럽	아시아	기타
10대	25%	㉠	35%	20%
20대	12%	19%	37%	32%
30대	㉣	28%	14%	30%
40대	20%	20%	㉡	35%
50대	10%	30%	25%	㉢

[가로] 1. ㉠은 몇 %인가?
　　　 2. 미국에 가고 싶다고 한 인원이 총 57명이라면 50대는 총 몇 명인가?
　　　 3. 유럽에 가고 싶다고 한 인원은 총 몇 명인가?

[세로] 1) ㉡은 몇 %인가?
　　　 2) ㉢은 몇 %인가?
　　　 3) ㉣은 몇 %인가?

① 38
③ 34

② 36
④ 32

 해설

[가로] 1. $100-25-35-20=20$

2. $40\times\dfrac{25}{100}+100\times\dfrac{12}{100}+50\times\dfrac{28}{100}+80\times\dfrac{20}{100}+x\times\dfrac{10}{100}=57,$
　　 $\therefore\ x=50$

3. $40\times\dfrac{20}{100}+100\times\dfrac{19}{100}+50\times\dfrac{28}{100}+80\times\dfrac{20}{100}+50\times\dfrac{30}{100}=72$

[세로] 1) $100-20-20-35=25$
　　　 2) $100-10-30-25=35$
　　　 3) $100-28-14-30=28$

따라서 빈칸에 들어갈 숫자의 합은 $2+0+5+7+2+8+3+5+0=32$이다.

▮9~10▮ 다음은 어느 공과대학의 각 학과 지원자의 비율을 나타낸 것이다. 그래프를 보고 물음에 답하시오. (단, 각 비율은 소수점 첫째 자리에서 반올림한 것이다)

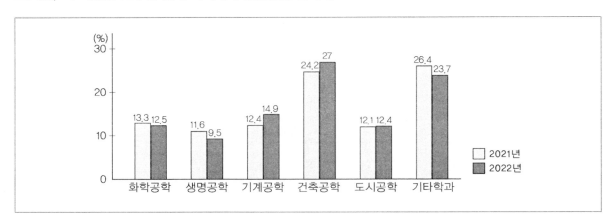

9 기타학과를 제외하고 전년 대비 지원 감소폭이 가장 큰 학과의 2022년 지원자수가 190명일 때, 2022년에 공과대학에 지원한 총 학생 수는?

① 2,000명   ② 1,600명
③ 1,300명   ④ 1,000명

 해설 기타학과를 제외하고 전년 대비 지원 감소폭이 가장 큰 학과는 생명공학과이다.
9.5%가 190명이므로,
$9.5 : 190 = 100 : x$
$19000 = 9.5x$
$\therefore x = 2000$

10 2022년 건축공학과를 지원한 학생 수는 270명이다. 공과대학 전체 지원자 수가 전년과 동일하였다고 가정할 때, 2022년의 건축공학과 지원자 수는 전년 대비 몇 명이 증가하였는가?

① 28명   ② 21명
③ 14명   ④ 7명

 해설 2022년 전체 학생 수를 x라 하면,
$27 : 270 = 100 : x$
$\therefore x = 1000$
2021년의 전체 학생 수도 1000명이므로 건축공학과 지원자 수는
$1000 \times \dfrac{242}{1000} = 242$
$270 - 242 = 28$(명)

다음 〈표〉는 S전자 판매량과 실제 매출액 관계를 나타낸 것이다. 자료를 보고 물음에 답하시오.

제품명	판매량(만 대)	실제 매출액(억 원)
Z 냉장고	110	420
H 에어컨	100	408
H 김치냉장고	100	590
청소기	80	463
세탁기	80	435
살균건조기	80	422
공기청정기	75	385
Z 전자레인지	60	356

11 Z 냉장고와 Z 전자레인지는 판매량에서 몇 배나 차이가 나는가? (단, 소수 둘째 자리까지 구하시오.)

① 1.62

② 1.83

③ 2.62

④ 3.14

✔해설 $110 \div 60 \fallingdotseq 1.83$

12 예상 매출액은 '판매량 × 2 + 100'이라고 할 때, 예상 매출액과 실제 매출액의 차이가 가장 작은 제품과 가장 큰 제품이 바르게 짝지어진 것은?

	차이가 가장 작은 제품	차이가 가장 큰 제품
①	H 에어컨	H 김치냉장고
②	Z 전자레인지	청소기
③	Z 냉장고	H 김치냉장고
④	H 에어컨	청소기

✔해설 각 제품의 예상 매출액을 구해보면 Z 냉장고는 320(억 원)으로 실제 매출액과 100(억 원)이 차이가 나고, H 에어컨은 108(억 원)이, H 김치냉장고는 290(억 원), 청소기는 203(억 원), 세탁기는 175(억 원), 살균건조기는 162(억 원), 공기청정기는 135(억 원), Z 전자레인지는 136(억 원)이 차이가 난다.

13 다음은 'A'국의 4대 범죄 발생건수 및 검거건수에 대한 자료이다. 이에 대한 설명으로 옳지 않은 것은?

2018 ~ 2022년 4대 범죄 발생건수 및 검거건수

(단위 : 건, 천명)

연도 \ 구분	발생건수	검거건수	총인구	인구 10만 명당 발생건수
2018	15,693	14,492	49,194	31.9
2019	18,258	16,125	49,346	( )
2020	19,498	16,404	49,740	39.2
2021	19,670	16,630	50,051	39.3
2022	22,310	19,774	50,248	44.4

2022년 4대 범죄 유형별 발생건수 및 검거건수

(단위 : 건)

범죄 유형 \ 구분	발생건수	검거건수
강도	5,753	5,481
살인	132	122
절도	14,778	12,525
방화	1,647	1,646
합계	22,310	19,774

① 인구 10만 명당 4대 범죄 발생건수는 매년 증가한다.

② 2019년 이후, 전년대비 4대 범죄 발생건수 증가율이 가장 낮은 연도와 전년대비 4대 범죄 검거건수 증가율이 가장 낮은 연도는 동일하다.

③ 2022년 발생건수 대비 검거건수 비율이 가장 낮은 범죄 유형의 발생건수는 해당 연도 4대 범죄 발생건수의 60% 이상이다.

④ 2022년 강도와 살인 발생건수의 합이 4대 범죄 발생건수에서 차지하는 비율은 2022년 강도와 살인 검거건수의 합이 4대 범죄 검거건수에서 차지하는 비율보다 높다.

✔️ 해설 2022년 강도와 살인의 발생건수 합은 $5,753+132=5,885$건으로 4대 범죄 발생건수의 26.4% $\left(\frac{5,885}{22,310}\times100=26.37\right)$를 차지하고 검거건수의 합은 $5,481+122=5,603$건으로 4대 범죄 검거건수의 28.3% $\left(\frac{5,603}{19,771}\times100=28.3\right)$를 차지한다.

① 2019년 인구 10만 명당 발생건수는 $\frac{18,258}{49,346}\times100=36.99≒37$이므로 매년 증가한다.

② 발생건수와 검거건수가 가장 적게 증가한 연도는 2021년으로 동일하다. 발생건수 증가율은 2020년 6.8%, 2021년 0.9%, 2022년 13.4%, 검거건수 증가율은 2020년 1.73%, 2021년 1.38%, 2022년 18.9%이다.

③ 2022년 발생건수 대비 검거건수 비율이 가장 낮은 범죄 유형의 발생건수는 강도 95%, 살인 92%, 절도 85%, 방화 99%에서 절도이다. 2022년 4대 범죄 유형별 발생건수 총 22,310건이고 60%는 13,386건이 된다. 절도의 발생건수는 14,778건이므로 60%가 넘는다.

14 다음은 '갑'지역의 친환경농산물 인증심사에 대한 자료이다. 2023년부터 인증심사원 1인당 연간 심사할 수 있는 농가수가 상근직은 400호, 비상근직은 250호를 넘지 못하도록 규정이 바뀐다고 할 때, 〈조건〉을 근거로 예측한 내용 중 옳지 않은 것은?

'갑'지역의 인증기관별 인증현황(2022년)

(단위 : 호, 명)

인증기관	심사 농가수	승인 농가수	인증심사원		
			상근	비상근	합
A	2,540	542	4	2	6
B	2,120	704	2	3	5
C	1,570	370	4	3	7
D	1,878	840	1	2	3
계	8,108	2,456	11	10	21

※ 1) 인증심사원은 인증기관 간 이동이 불가능하고 추가고용을 제외한 인원변동은 없음.
　2) 각 인증기관은 추가 고용 시 최소인원만 고용함.

〈조건〉

• 인증기관의 수입은 인증수수료가 전부이고, 비용은 인증심사원의 인건비가 전부라고 가정한다.
• 인증수수료 : 승인농가 1호당 10만 원
• 인증심사원의 인건비는 상근직 연 1,800만 원, 비상근직 연 1,200만 원이다.
• 인증기관별 심사 농가수, 승인 농가수, 인증심사원 인건비, 인증수수료는 2022년과 2023년에 동일하다.

① 2022년에 인증기관 B의 수수료 수입은 인증심사원 인건비 보다 적다.
② 2023년 인증기관 A가 추가로 고용해야 하는 인증심사원은 최소 2명이다.
③ 인증기관 D가 2023년에 추가로 고용해야 하는 인증심사원을 모두 상근으로 충당한다면 적자이다.
④ 만약 정부가 '갑'지역에 2022년 추가로 필요한 인증심사원을 모두 상근으로 고용하게 하고 추가로 고용되는 상근 심사원 1인당 보조금을 연 600만 원씩 지급한다면 보조금 액수는 연간 5,000만 원 이상이다.

✅해설 ④ 2023년부터 인증심사원 1인당 연간 심사할 수 있는 농가수가 상근직은 400호, 비상근직은 250호를 넘지 못하도록 규정이 바뀐다고 할 때 A지역에는 (4 × 400호) + (2 × 250호) = 2,100이므로 440개의 심사 농가 수에 추가의 인증심사원이 필요하다. 그런데 모두 상근으로 고용할 것이고 400호 이상을 심사할 수 없으므로 추가로 2명의 인증심사원이 필요하다. 그리고 같은 원리로 B지역도 2명, D지역에서는 3명의 추가의 상근 인증심사원이 필요하다. 따라서 총 7명을 고용해야 하며 1인당 지급되는 보조금이 연간 600만 원이라고 했으므로 보조금 액수는 4,200만 원이 된다.

15 다음은 성인과 학생의 학원 교육비에 관한 자료이다. 다음 중 증가폭 차이가 가장 큰 것은?

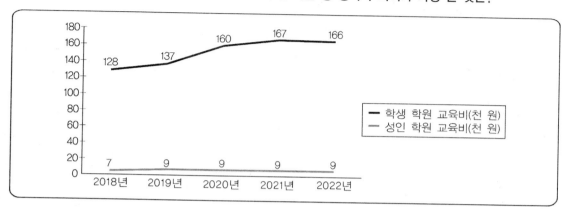

① 2019~2020년 학생 학원 교육비
② 2020~2021년 성인 학원 교육비
③ 2021~2022년 학생 학원 교육비
④ 2018~2019년 성인 학원 교육비

> ✔ 해설 ① 23(천 원) 증가
> ② 변화 없음
> ③ 1(천 원) 감소
> ④ 2(천 원) 증가

16 다음은 A 회사의 2012년과 2022년의 출신 지역 및 직급별 임직원 수에 대한 자료이다. 이에 대한 설명으로 옳지 않은 것은?

2012년의 출신 지역 및 직급별 임직원 수

(단위 : 명)

직급 \ 지역	서울·경기	강원	충북	충남	경북	경남	전북	전남	합계
이사	0	0	1	1	0	0	1	1	4
부장	0	0	1	0	0	1	1	1	4
차장	4	4	3	3	2	1	0	3	20
과장	7	0	7	4	4	5	11	6	44
대리	7	12	14	12	7	7	5	18	82
사원	19	38	41	37	11	12	4	13	175
합계	37	54	67	57	24	26	22	42	329

2022년의 출신 지역 및 직급별 임직원 수

(단위 : 명)

직급 \ 지역	서울·경기	강원	충북	충남	경북	경남	전북	전남	합계
이사	3	0	1	1	0	0	1	2	8
부장	0	0	2	0	0	1	1	0	4
차장	3	4	3	4	2	1	1	2	20
과장	8	1	14	7	6	7	18	14	75
대리	10	14	13	13	7	6	2	12	77
사원	12	35	38	31	8	11	2	11	148
합계	36	54	71	56	23	26	25	41	332

① 출신 지역을 고려하지 않을 때, 2012년 대비 2022년에 직급별 인원의 증가율은 이사 직급에서 가장 크다.
② 출신 지역별로 비교할 때, 2022년의 경우 해당 지역 출신 임직원 중 과장의 비율은 전라북도가 가장 높다.
③ 2012년에 비해 2022년에 과장의 수는 증가하였다.
④ 2012년에 비해 2022년에 대리의 수가 늘어난 출신 지역은 대리의 수가 줄어든 출신 지역에 비해 많다.

✔ 해설 2012년에 비해 2022년에 대리의 수가 늘어난 출신 지역은 서울·경기, 강원, 충남 3곳이고, 대리의 수가 줄어든 출신 지역은 충북, 경남, 전북, 전남 4곳이다.

17 다음은 연도별 결혼이민자와 혼인귀화자 현황에 대한 자료이다. 이에 대한 설명으로 옳은 것을 모두 고르면?

(단위 : 명)

연도	결혼이민자	혼인귀화자
2013	75,011	7,075
2014	93,786	10,419
2015	110,362	14,609
2016	122,552	22,525
2017	125,087	39,666
2018	141,654	49,938
2019	144,681	60,671
2020	148,498	68,404
2021	150,865	77,425
2022	150,994	85,507

㉠ 결혼이민자와 혼인귀화자의 수는 매년 증가하고 있다.
㉡ 2014~2022년 동안 결혼이민자가 전년대비 가장 많이 증가한 해에 혼인귀화자도 전년대비 가장 많이 증가하였다.
㉢ 2014~2022년 동안 혼인귀화자의 전년대비 증가율이 가장 높은 해는 2017년이다.
㉣ 2022년 혼인귀화자의 전년대비 증가율은 약 10%이다.

① ㉠㉡
② ㉡㉢
③ ㉠㉢
④ ㉠㉢㉣

✔해설 ㉡ 결혼이민자가 전년대비 가장 많이 증가한 해는 2015년이지만 혼인귀화자가 전년대비 가장 많이 증가한 해는 2017년이다.

18 다음은 음식가격에 따른 연령별 만족지수를 나타낸 그래프이다. 그래프에 대한 설명으로 옳은 것을 모두 고르면?

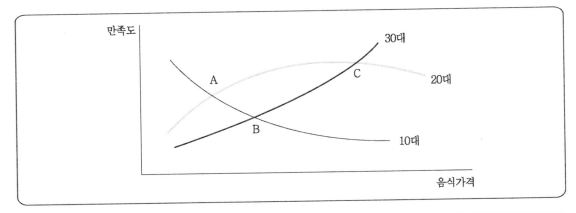

○ 10대, 20대, 30대 모두 음식가격이 높을수록 만족도가 높아진다.
○ 20대는 음식의 가격이 일정 가격 이상을 초과할 경우 오히려 만족도가 떨어진다.
○ 20대의 언니와 10대의 동생이 외식을 할 경우 만족도가 가장 높은 음식가격은 A이다.
○ 10대는 양이 많은 음식점에 대해 만족도가 높을 것이다.

① ㉠㉡   ② ㉠㉢
③ ㉡㉢   ④ ㉢㉣

✔ **해설** ㉠ 10대, 20대의 경우 해당하지 않는다.
㉣ 그래프의 결과만으로는 10대가 양이 많은 음식점을 선호하는지 알 수 없다.

19 다음은 서울 및 수도권 지역의 가구를 대상으로 난방방식 현황 및 난방연료 사용현황에 대해 조사한 자료이다. 이에 대한 설명 중 옳은 것을 모두 고르면?

난방방식 현황

(단위 : %)

종류	서울	인천	경기남부	경기북부	전국평균
중앙난방	22.3	13.5	6.3	11.8	14.4
개별난방	64.3	78.7	26.2	60.8	58.2
지역난방	13.4	7.8	67.5	27.4	27.4

난방연료 사용현황

(단위 : %)

종류	서울	인천	경기남부	경기북부	전국평균
도시가스	84.5	91.8	33.5	66.1	69.5
LPG	0.1	0.1	0.4	3.2	1.4
등유	2.4	0.4	0.8	3.0	2.2
열병합	12.6	7.4	64.3	27.1	26.6
기타	0.4	0.3	1.0	0.6	0.3

> ㉠ 난방연료 사용현황의 경우, 도시가스를 사용하는 가구 비율은 인천이 가장 크다.
> ㉡ 서울과 인천지역에서는 다른 난방연료보다 도시가스를 사용하는 비율이 높다.
> ㉢ 지역난방을 사용하는 가구 수는 서울이 인천의 2배 이하이다.
> ㉣ 경기지역은 남부가 북부보다 지역난방을 사용하는 비율이 낮다.

① ㉠㉡

② ㉠㉢

③ ㉠㉣

④ ㉡㉣

✔해설 ㉢ 자료에서는 서울과 인천의 가구 수를 알 수 없다.
㉣ 남부가 북부보다 지역난방을 사용하는 비율이 높다.

20 다음은 어떤 지역의 연령층·지지 정당별 사형제 찬반에 대한 설문조사 결과이다. 이에 대한 설명 중 옳은 것을 고르면?

(단위 : 명)

연령층	지지정당	사형제에 대한 태도	빈도
청년층	A	찬성	90
		반대	10
	B	찬성	60
		반대	40
장년층	A	찬성	60
		반대	10
	B	찬성	15
		반대	15

> ㉠ 청년층은 장년층보다 사형제에 반대하는 사람의 수가 적다.
> ㉡ B당 지지자의 경우, 청년층은 장년층보다 사형제 반대 비율이 높다.
> ㉢ A당 지지자의 사형제 찬성 비율은 B당 지지자의 사형제 찬성 비율보다 높다.
> ㉣ 사형제 찬성 비율의 지지 정당별 차이는 청년층보다 장년층에서 더 크다.

① ㉠㉡
② ㉠㉣
③ ㉡㉢
④ ㉢㉣

✔**해설** ㉠ 청년층 중 사형제에 반대하는 사람 수(50명) > 장년층에서 반대하는 사람 수(25명)

㉡ B당을 지지하는 청년층에서 사형제에 반대하는 비율 : $\dfrac{40}{40+60}=40\%$

B당을 지지하는 장년층에서 사형제에 반대하는 비율 : $\dfrac{15}{15+15}=50\%$

㉢ A당은 찬성 150, 반대 20, B당은 찬성 75, 반대 55의 비율이므로 A당의 찬성 비율이 높다.

㉣ 청년층에서 A당 지지자의 찬성 비율 : $\dfrac{90}{90+10}=90\%$

청년층에서 B당 지지자의 찬성 비율 : $\dfrac{60}{60+40}=60\%$

장년층에서 A당 지지자의 찬성 비율 : $\dfrac{60}{60+10}≒86\%$

장년층에서 B당 지지자의 찬성 비율 : $\dfrac{15}{15+15}=50\%$

따라서 사형제 찬성 비율의 지지 정당별 차이는 청년층보다 장년층에서 더 크다.

21 다음은 A도시의 생활비 지출에 관한 자료이다. 연령에 따른 전년도 대비 지출 증가비율을 나타낸 것이라 할 때 작년에 비해 가게운영이 더 어려웠을 가능성이 높은 업소는?

연령(세) 품목	24 이하	25~29	30~34	35~39	40~44	45~49	50~54	55~59	60~64	65 이상
식료품	7.5	7.3	7.0	5.1	4.5	3.1	2.5	2.3	2.3	2.1
의류	10.5	12.7	−2.5	0.5	−1.2	1.1	−1.6	−0.5	−0.5	−6.5
신발	5.5	6.1	3.2	2.7	2.9	−1.2	1.5	1.3	1.2	−1.9
의료	1.5	1.2	3.2	3.5	3.2	4.1	4.9	5.8	6.2	7.1
교육	5.2	7.5	10.9	15.3	16.7	20.5	15.3	−3.5	−0.1	−0.1
교통	5.1	5.5	5.7	5.9	5.3	5.7	5.2	5.3	2.5	2.1
오락	1.5	2.5	−1.2	−1.9	−10.5	−11.7	−12.5	−13.5	−7.5	−2.5
통신	5.3	5.2	3.5	3.1	2.5	2.7	2.7	−2.9	−3.1	−6.5

① 30대 후반이 주로 찾는 의류 매장
② 중학생 대상의 국어 · 영어 · 수학 학원
③ 30대 초반의 사람들이 주로 찾는 볼링장
④ 65세 이상 사람들이 자주 이용하는 마을버스 회사

✔해설 마이너스가 붙은 수치들은 전년도에 비해 지출이 감소했음을 뜻하므로 주어진 보기 중 마이너스 부호가 붙은 것을 찾으면 된다. 중학생 대상의 국 · 영 · 수 학원비 부담 계층은 대략 50세 이하인데 모두 플러스 부호에 해당하므로 전부 지출이 증가하였고, 30대 초반의 오락비 지출은 감소하였다.

22 다음은 '갑'국의 2009 ~ 2022년 알코올 관련 질환 사망자 수에 대한 자료이다. 이에 대한 설명으로 옳은 것은?

(단위 : 명)

구분 / 연도	남성		여성		전체	
	사망자 수	인구 10만 명당 사망자 수	사망자 수	인구 10만 명당 사망자 수	사망자 수	인구 10만 명당 사망자 수
2009	2,542	10.7	156	0.7	2,698	5.9
2010	2,870	11.9	199	0.8	3,069	6.3
2011	3,807	15.8	299	1.2	4,106	8.4
2012	4,400	18.2	340	1.4	4,740	9.8
2013	4,674	19.2	374	1.5	5,048	10.2
2014	4,289	17.6	387	1.6	4,676	9.6
2015	4,107	16.8	383	1.6	4,490	9.3
2016	4,305	17.5	396	1.6	4,701	9.5
2017	4,243	17.1	400	1.6	4,643	9.3
2018	4,010	16.1	420	1.7	4,430	8.9
2019	4,111	16.5	424	1.7	( )	9.1
2020	3,996	15.9	497	2.0	4,493	9.0
2021	4,075	16.2	474	1.9	( )	9.1
2022	3,955	15.6	521	2.1	4,476	8.9

※ 인구 10만 명당 사망자 수는 소수점 아래 둘째 자리에서 반올림한 값이다.

① 2019년과 2021년의 전체 사망자 수는 같다.
② 여성 사망자 수는 매년 증가한다.
③ 매년 남성 인구 10만 명당 사망자 수는 여성 인구 10만 명당 사망자 수의 8배 이상이다.
④ 남성 인구 10만 명당 사망자 수가 가장 많은 해의 전년대비 남성 사망자 수 증가율은 5% 이상이다.

✔해설 ① 2019년 전체 사망자 수는 4,111＋424＝4,535명이고, 2021년 전체 사망자 수는 4,075＋474＝4,549명이다.
② 2015년과 2021년에는 전년대비 감소하였다.
③ 2020년과 2022년에는 각각 7.95배, 7.43배 차이가 난다.
④ 남성 인구 10만 명당 사망자 수가 가장 많은 해는 2012년으로 전년대비 사망자 수 증가율은 6.2%이다.

▌23~24▐ 다음은 A, B, C 대학 졸업생들 중 국내 대기업 ㈎, ㈏, ㈐, ㈑에 지원한 사람의 비율을 나타낸 것이다. 물음에 답하시오. (단, ( )안은 지원자 중 취업한 사람의 비율을 나타낸다.)

학교＼그룹	㈎ 그룹	㈏ 그룹	㈐ 그룹	㈑ 그룹	취업 희망자수
A 대학	60%(50%)	15%(80%)	㉠%(60%)	5%(90%)	800명
B 대학	55%(40%)	20%(65%)	12%(75%)	13%(90%)	700명
C 대학	75%(65%)	10%(70%)	4%(90%)	11%(㉡%)	400명

23 다음 중 ㉠에 해당하는 수는?

① 15% ② 20%

③ 30% ④ 35%

✔**해설** $100-(60+15+5)=20(\%)$

24 C 대학 졸업생 중 ㈑그룹에 지원하여 취업한 사람이 모두 30명이라 할 때 ㉡에 알맞은 수는?

① 24% ② 30%

③ 45% ④ 68%

✔**해설** 지원자 수 $= 400 \times 0.11 = 44$(명)

44명 중 30명이 취업했으므로 그 비율은 $\dfrac{30}{44} \times 100 = 68(\%)$

25 다음은 중학생의 주당 운동시간에 관한 자료이다. 다음 중 주당 운동시간이 3시간 미만의 1학년 인원수와 3시간 이상의 3학년 인원수로 짝지어진 것은?

(단위 : %, 명)

구분		1학년	2학년	3학년
1시간 미만	비율	10.0	5.7	7.6
	인원수	118	66	87
1시간 이상 2시간 미만	비율	22.2	20.4	19.7
	인원수	261	235	224
2시간 이상 3시간 미만	비율	21.8	20.9	24.1
	인원수	256	241	274
3시간 이상 4시간 미만	비율	34.8	34.0	23.4
	인원수	409	392	266
4시간 이상	비율	11.2	19.0	25.2
	인원수	132	219	287
합계	비율	100.0	100.0	100.0
	인원수	1,176	1,153	1,138

	3시간 미만의 1학년 인원수	3시간 이상의 3학년 인원수
①	635	553
②	548	514
③	517	498
④	492	468

✔ 해설
- 주당 운동시간이 3시간 미만의 1학년 인원수 : 118＋261＋256＝635명
- 주당 운동시간이 3시간 이상의 3학년 인원수 : 266＋287＝553명

26 다음은 세계 HDD/SSD 시장 및 중국 내 생산 비중 추이를 나타낸 것이다. 다음 중 옳지 않은 것은?

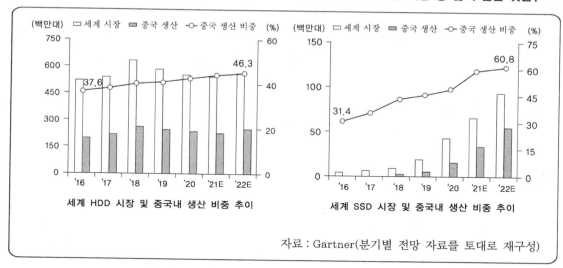

세계 HDD 시장 및 중국내 생산 비중 추이

세계 SSD 시장 및 중국내 생산 비중 추이

자료 : Gartner(분기별 전망 자료를 토대로 재구성)

① HDD의 중국 내 생산 비중은 꾸준히 증가해 왔다.

② SSD의 경우 중국 내 생산 비중은 2016년 약 31%에서 2022년 약 60%로 HDD를 추월하였다.

③ 세계 HDD 시장의 중국 생산은 꾸준히 증가해 왔다.

④ SSD의 중국 내 생산 비중은 꾸준히 증가해 왔다.

✔해설 ③ 2018 ~ 2021년은 세계 HDD 시장의 중국 생산이 감소하였다.

|27~28| 다음은 교육복지지원 정책사업 내 단위사업 세출 결산 현황을 나타낸 표이다. 물음에 답하시오.

(단위 : 백만 원)

단위사업명	2022	2021	2020
	결산액	결산액	결산액
총계	5,016,557	3,228,077	2,321,263
학비 지원	455,516	877,020	1,070,530
방과후교육 지원	636,291	—	—
급식비 지원	647,314	665,984	592,300
정보화 지원	61,814	64,504	62,318
농어촌학교 교육여건 개선	110,753	71,211	77,334
교육복지우선 지원	157,598	188,214	199,019
누리과정 지원	2,639,752	989,116	—
교과서 지원	307,519	288,405	260,218
학력격차해소	—	83,622	59,544

27 2021년 대비 2022년의 급식비 지원 증감률로 옳은 것은? (단, 소수 둘째 자리에서 반올림한다)

① −2.8% ② −1.4%

③ 2.8% ④ 10.5%

✔**해설** $\dfrac{647,314-665,984}{665,984}\times100 ≒ -2.8$

28 다음 중 2020년 대비 2021년의 증감률이 가장 높은 단위사업으로 옳은 것은?

① 학비 지원 ② 정보화 지원

③ 농어촌학교 교육여건 개선 ④ 학력격차해소

✔**해설**

① $\dfrac{877,020-1,070,530}{1,070,530}\times100 ≒ -18.1(\%)$

② $\dfrac{64,504-62,318}{62,318}\times100 ≒ 3.5(\%)$

③ $\dfrac{71,211-77,334}{77,334}\times100 ≒ -7.9(\%)$

④ $\dfrac{83,622-59,544}{59,544}\times100 ≒ 40.4(\%)$

29 다음은 A도서관에서 특정시점에 구입한 도서 10,000권에 대한 5년간의 대출현황을 조사한 자료이다. 이에 대한 아래 설명 중 옳지 않은 것을 모두 고르면?

〈도서 10,000권의 5년간 대출현황〉

대출횟수 ＼ 조사대상 기간	구입~1년	구입~3년	구입~5년
0	5,302	4,021	3,041
1	2,912	3,450	3,921
2	970	1,279	1,401
3	419	672	888
4	288	401	519
5	109	177	230
계	10,000	10,000	10,000

㉠ 구입 후 1년 동안 도서의 절반 이상이 대출되었다.
㉡ 도서의 약 40%가 구입 후 3년 동안 대출되지 않았으며, 도서의 약 30%가 구입 후 5년 동안 대출되지 않았다.
㉢ 구입 후 1년 동안 1회 이상 대출된 도서의 70% 이상이 단 1회 대출되었다.
㉣ 구입 후 1년 동안 도서의 평균 대출횟수는 약 0.78이다.
㉤ 구입 후 5년 동안 적어도 2회 이상 대출된 도서의 비율은 전체 도서의 약 30%이다.

① ㉠㉢
② ㉠㉣
③ ㉡㉣
④ ㉡㉤

 ㉠ 대출되지 않은 도서가 5,302권으로 50% 이상이다.
㉢ 구입 후 1년 동안 1회 이상 대출된 도서의 약 62% 이상이 단 1회 대출되었다.

$$\frac{2,912}{2,912+970+419+288+109} \times 100 ≒ 62(\%)$$

│30~31│ 다음은 연도별 유·초·중고등 휴직 교원의 사유에 관한 표이다. 물음에 답하시오.

(단위 : 명, %)

구분	휴직자계	질병	병역	육아	간병	동반	학업	기타
2022	28,562	1,202	1,631	20,826	721	927	327	2,928
2021	25,915	1,174	1,580	18,719	693	1,036	353	2,360
2020	22,882	1,019	1,657	15,830	719	1,196	418	2,043
2019	18,871	547	1,677	12,435	561	1,035	420	2,196
2018	16,111	532	1,359	10,925	392	1,536	559	808
2017	14,123	495	1,261	8,911	485	1,556	609	806
2016	11,119	465	1,188	6,098	558	1,471	587	752
2015	9,895	470	1,216	5,256	437	1,293	514	709
2014	8,848	471	1,071	4,464	367	1,120	456	899

30 다음 중 표에 관한 설명으로 옳지 않은 것은?

① 2014년부터 2022년까지 휴직의 사유를 보면 육아의 비중이 가장 높다.

② 2020년부터 2022년까지의 휴직의 사유 중 기타를 제외하고 비중이 높은 순서대로 나열하면 육아, 병역, 질병, 동반, 간병, 학업이다.

③ 2014년부터 2022년까지 휴직의 사유 중 병역은 항상 질병의 비중보다 높았다.

④ 2019년 휴직의 사유 중 간병은 질병의 비중보다 낮다.

✔ **해설** ④ 2019년 휴직의 사유 중 간병은 질병의 비중보다 높다.

31 2016년 휴직의 사유 중 간병이 차지하는 비중으로 옳은 것은? (단, 소수 둘째자리에서 반올림한다)

① 2.2%
② 3.6%
③ 4.2%
④ 5.0%

✔ **해설** $\frac{558}{11,119} \times 100 ≒ 5.0(\%)$

32 다음 그림을 바탕으로 가능한 해석과 추론으로 알맞은 것은?

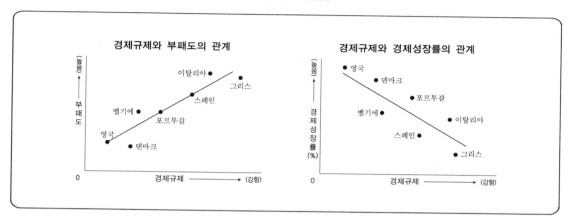

① 조사대상 국가들을 보면 경제규제 수준은 부패도와 강한 상관관계를 갖고 있다.
② 조사 대상 국가들의 부패도와 경제성장률은 강한 양의 상관관계를 보일 것이다.
③ 모든 정부는 경제에 규제를 가할수록 부패도를 향상시키고 경제성장률은 둔화시키므로, 경제에 대한 규제를 하지 말아야 한다.
④ 영국은 부패도가 가장 낮고 경제성장률은 가장 높다.

✔ 해설 ① 경제규제 수준과 부패도는 양의 상관관계를 보인다.

|33~34| 다음은 어느 해의 분야별 상담 건수 현황에 관한 표이다. 물음에 답하시오.

구분	개인정보	스팸	해킹·바이러스	인터넷일반	인터넷주소	KISA 사업문의	기타	합계
1월	16,279	9,515	13,195	438	219	5,462	14,238	59,346
2월	11,489	9,443	7,029	379	226	3,494	13,047	45,107
3월	12,839	10,461	9,571	437	256	4,338	13,099	51,001
4월	11,353	12,156	12,973	592	227	2,858	12,514	52,673
5월	10,307	12,408	14,178	476	182	2,678	10,697	50,926
6월	10,580	12,963	10,102	380	199	2,826	12,170	49,220
7월	13,635	12,905	7,630	393	201	3,120	13,001	50,875
8월	15,114	9,782	9,761	487	175	3,113	11,128	49,560

33 위의 표에 대한 설명으로 옳지 않은 것은?

① 스팸에 관한 상담 건수는 매월 증가하였다.
② 5월에 가장 많은 상담 건수를 차지한 것은 해킹·바이러스이다.
③ 6월에 인터넷주소 상담 건수 비율은 0.4%이다.
④ 7월에 KISA 사업문의는 294건 증가하였다.

✔해설 ① 스팸에 관한 상담 건수는 2월, 7월, 8월에는 감소하였다.

34 8월의 분야별 상담 건수의 비율로 적절하지 않은 것은?

① 스팸 : 19.74%

② 해킹 · 바이러스 : 19.70%

③ 인터넷일반 : 1.3%

④ 인터넷주소 : 0.35%

✔해설 $\dfrac{487}{49,560} \times 100 ≒ 0.98(\%)$

▐35～37▐ 다음 표는 국내 상장사의 2022년도 1사분기 매출액을 나타낸다. 다음 물음에 답하시오.

(단위 : 백만 원, %)

순위	회사명	매출액	증감률
유가증권시장 1분기 매출액 상위기업			
1	삼성전자	17,107,345	18.92
2	국민은행	8,275,721	53.38
3	현대자동차	8,197,811	21.97
4	한국전력공사	8,017,103	12.04
5	LG전자	6,927,232	14.81
6	한국가스공사	6,575,411	43.83
7	포스코	6,066,183	6.41
8	SK네트워크	5,107,402	28.54
9	S-Oil	4,666,726	45.47
10	현대중공업	4,354,065	18.43

35 이 표를 바탕으로 지난 2021년도 같은 기간에 매출액이 2위인 회사는 어디라고 추측할 수 있는가?

① 삼성전자   ② 국민은행
③ 현대자동차   ④ 한국전력공사

회사명	2008년 매출액
삼성전자	14,385,591
국민은행	5,395,567
현대자동차	6,721,169
한국전력공사	7,155,572

36 포스코의 연간 매출액은 어느 정도인가?

① 약 6조 원

② 약 12조 원

③ 약 24조 원

④ 약 48조 원

> ✔해설 $6,066,183,000,000 \times 4 = 24,264,732,000,000$ (원)

37 위 표를 바탕으로 2022년 매출액이 30조를 넘을 것으로 예상되는 기업은 모두 몇 개인가?

① 3개

② 4개

③ 5개

④ 6개

> ✔해설 2022년 매출액이 30조를 넘을 것으로 예상되는 기업은 삼성전자, 국민은행, 현대자동차, 한국전력공사로 모두 4곳이다.

| 38~40 | 다음은 어느 대학교 졸업생들의 진출현황을 조사한 자료이다. 물음에 답하시오.

순위	직업종류	인원수	비율(%)
1	대학교수	6259	14.40
2	의료/보건	5146	11.78
3	법조	3441	7.87
4	공무원	2261	5.17
5	중고등학교 교사	ⓐ	5.01
6	대학원진학	1743	3.99
7	기업연구소	1627	3.72
8	제조업	1593	3.65
9	신문/방송	1420	ⓑ
10	엔지니어링/설계	1279	2.93

38 이 그래프에 대한 설명으로 맞는 것은?

① 대기업에 진출한 졸업생의 비율이 가장 높다.

② 교육 분야로 진출하는 졸업생의 비율이 약 30%에 달한다.

③ 졸업 후 상위학교로 진학하는 학생이 법조계로 진출하는 학생보다 많다.

④ 제조업 보다는 서비스업에 진출하는 졸업생의 비율이 매우 높다.

✔ **해설** ① 대학교수로 진출한 비율이 가장 높다.
② 대학교수, 중고등학교 교사는 19.41%이다.
③ 졸업 후 상위학교로 진학하는 학생이 법조계로 진출하는 학생보다 적다.

39 ⓐ에 들어갈 인원수는 약 몇 명인가?

① 약 2180명

② 약 2220명

③ 약 2200명

④ 약 2240명

✔ 해설 $6259 : 14.40 = x : 5.01$

$14.40x = 31357.59$

$\therefore x \fallingdotseq 2177'$

40 ⓑ에 들어갈 수는 약 몇 퍼센트인가?

① 3.06%

② 3.16%

③ 3.27%

④ 3.36%

✔ 해설 $6259 : 14.40 = 1420 : x$

$6259x = 20448$

$\therefore x \fallingdotseq 3.27$

PART

III

직무수행능력Test

Chapter 01

시사상식

1 네팔의 히말라야 중부에 위치한 연봉(蓮峯)으로, 산스크리트어로 '수확의 여신'이라는 의미이다. 2020년 1월 한국인 교사 4명이 트래킹 도동 눈사태를 만나 실종된 곳은?

① 키나발루
② 알프스
③ 몽블랑
④ 안나푸르나

> ✔ **해설** 네팔 히말라야 산맥 중부에 줄지어선 길이 55km의 고봉(高峯)이다. 특히 해발 8,091m의 제1봉은 세계에서 열 번째로 높은 산으로 히말라야 14좌 중 하나이다.

2 다음 빈칸에 공통적으로 들어갈 용어로 적절한 것은?

> 원래 _____이라는 단어는 라틴어 '빌라누스(villanus)'에서 유래된 것으로, 빌라누스는 고대 로마의 농장 '빌라(villa)'에서 일하는 농민들을 가리키는 말이었다. 빌라누스들은 차별과 곤궁에 시달리다 결국 상인과 귀족들의 재산을 약탈하고 폭력을 휘두르게 되었다. 이처럼 아픈 과거들로 인해 결국 악당으로 변모하게 됐다는 점에서, 창작물 등에서는 _____을 '악당'을 뜻하는 말로 사용하기 시작했다.
> 그러다 최근에는 _____이 무언가에 집착하거나 평범한 사람과 다른 행동을 보이는 '괴짜'를 일컫는 말로 확장돼 사용되고 있다. 이는 마블이나 DC코믹스 등의 히어로 영화에서 평범한 인물이 과도한 집착이나 이상한 계기 탓에 _____이 되는 것을 빗댄 것이다. 보통 이 말은 어떤 사람이 집착하는 대상 뒤에 _____이라는 말을 붙이는 식으로 사용된다.

① 빅블러
② 컬리
③ 빌런
④ 성덕

> ✔ **해설** ① 빅블러는 인공지능(AI), 빅데이터, 사물인터넷(IoT) 등 첨단정보통신기술(ICT)의 발달로 산업 경계가 모호해지는 현상을 말한다.
> ② 세계 최초 인공지능 컬링 로봇으로, 빙판 위에서 주행하며 스스로 경기 전략을 수립해 투구한다.
> ④ '성공한 덕후'를 줄여 이르는 말로, 자신이 좋아하고 몰두해 있는 분야에서 성공한 사람을 뜻한다.

3 주변에서 뛰어나다고 생각되는 상품이나 기술을 선정하여 자사의 생산방식에 합법적으로 근접시키는 방법의 경영전략은?

① 벤치마킹(Bench Marking)

② 리스트럭쳐링(Restructuring)

③ 리엔지니어링(Reengineering)

④ 리포지셔닝(Repositioning)

> ✔ **해설** 벤치마킹(Bench Marking) … 초우량기업이 되기 위해 최고의 기업과 자사의 차이를 구체화하고 이를 메우는 것을 혁신의 목표로 활용하는 전략이다.
> ② 리스트럭쳐링(Restructuring) : 기업들이 변화에 적극적으로 대응하고, 경쟁우위를 확보하기 위해 사업 구조를 개혁하는 전략이다.
> ③ 리엔지니어링(Reengineering) : 업무재구축을 의미한다. 기업의 근본적인 체질개선을 위하여 기업공정을 획기적으로 다시 디자인하는 것으로 마이클 해머 박사가 「하버드 비즈니스 리뷰」에 처음 소개하였다.
> ④ 리포지셔닝(Repositioning) : 소비자의 욕구나 경쟁환경 변화에 따라 기존 상품의 포지션을 새롭게 조정하는 전략을 말한다.

4 다음은 무엇에 대한 서명인가?

> 콘텐츠 소비 시 이용료가 발생하지 않도록 콘텐츠 사업자가 통신사와 제휴해 데이터를 무료로 제공해 주거나 데이터 요금을 할인해 주는 제도

① 데이터 프리

② 클라우딩 서비스

③ 데이터 스폰서

④ 제로 레이팅

> ✔ **해설** 제시된 내용은 제로 레이팅(zero-rating)에 대한 설명이다. 제로 레이팅은 통신비 절감 효과와 함께 게임, 영상 등 상당량의 데이터가 소모되는 서비스를 부담 없이 이용할 수 있다는 장점이 있어 많은 사람들에게 관심을 받고 있다.

Answer 1.④ 2.③ 3.① 4.④

5 17세기 근대국가와 근대과학이 생성될 시기에 '인간은 스스로 사회를 형성하고, 자신의 운명을 개척할 수 있다'는 자각과 더불어 나타났던 예술양식으로서 건축물로는 베르사유궁전, 음악가로는 바흐와 헨델을 가리키는 조류는 무엇인가?

① 바로크   ② 로코코

③ 고딕   ④ 질풍노도운동

✔ 해설 바로크(Baroque) … 16세기 말부터 18세기 중엽에 걸쳐 유럽에서 유행한 예술 양식으로 르네상스 양식에 비하여 파격적이고, 감각적 효과를 노린 동적인 표현이 특징적이다. 좁게는 극적인 공간 표현, 축선(軸線)의 강조, 풍부한 장식 따위를 특색으로 하는 건축을 이르지만, 격심한 정서 표현을 가진 동시대의 미술, 문학, 음악의 경향을 총칭하는 용어로 사용한다. 대표적 건축물로는 베르사유궁전, 음악가로는 헨델과 바흐, 미술가로는 렘브란트와 루벤스 등을 들 수 있다.

6 Taylor의 '과학적 관리법'의 목표는 무엇인가?

① 인간관계의 개선   ② 기계화의 지속적인 발전

③ 인간노동의 능률화   ④ 개인목표와 조직목표의 합치

✔ 해설 테일러(Taylor)의 과학적 관리법 … 테일러는 종업원의 조직적인 태업이 그들의 자의적인 작업수행태도에서 비롯된다는 점을 파악한 후 개인의 작업을 간단한 요소동작으로 분해하고, 각 요소동작의 형태 · 순서 · 소요시간 등을 동작연구(Motion Study)와 시간연구(Time Study)를 사용하여 작업환경을 표준화하고 하루에 수행해야 할 업무량, 즉 과업을 설정하여 공장경영의 합리화를 기하려고 하였다. 과학적 관리법의 2대 목표인 노동자의 번영과 고용주의 번영을 실현하기 위해 노동자에게는 높은 임금을, 고용주는 낮은 노무비를 추구할 수 있게 한다.

7 바이러스에 의한 팬데믹이 자주 발생하는 것이 인간이 자연환경에 일으킨 변화로 인한 것이라는 주장을 일컫는 말은?

① 팬데믹   ② 에피데믹

③ 인포데믹   ④ 에코데믹

✔ 해설 ④ 에코데믹 : 환경(eco)과 전염병(epidemic)의 합성어로, 2000년대에 들어서 바이러스에 의한 팬데믹이 자주 발생하는 것이 인간이 자연환경에 일으킨 변화로 인해 새로운 질병이 생기고 급속도로 감염이 퍼지는 환경이 조성되었다는 주장을 말한다.
① 팬데믹 : 전염병이 세계적으로 대유행하는 상황
② 에피데믹 : 감염병이 한정된 지역을 벗어나 비교적 넓은 범위로 퍼지는 전염병. 팬데믹 이전 단계로 쓰인다.
③ 인포데믹 : 정보(infomation)와 전염병(epidemic)의 합성어로 추측이나 근거없는 부정확한 정보들이 전염병처럼 급속히 전파되어 사회 전 영역에 걸쳐 큰 혼란이나 위기를 일으키는 현상

8 다음이 일컫는 현상은?

> 인체에 바이러스가 침투하였을 때 면역 물질이 과다하게 분비되어 정상 세포를 공격하는 현상

① 사이토카인 폭풍
② 아나필락시스 쇼크
③ 패혈증
④ 기저질환

✔ 해설 사이토카인 폭풍은 외부에서 침투한 바이러스에 대항하기 위해 면역 물질인 사이토카인이 과다하게 분비되면서 정상 세포까지 공격하는 현상을 말한다. 최근 코로나19로 사망한 것으로 의심되었던 대구의 한 고등학생이 최종 음성으로 판정되면서, 사이토카인 폭풍이 사망원인으로 언급되었다.

9 다음에서 설명하고 있는 개념으로 옳은 것은?

> 일(Work)과 휴가(Vacation)의 합성어로, 원하는 곳에서 업무와 휴가를 동시에 소화할 수 있는 새로운 근무제도다. 이는 휴가지에서의 업무를 인정함으로써 직원들의 장기휴가 사용을 보다 쉽게 만드는 것이 취지다.

① 임파워먼트
② 나비효과
③ 워라밸
④ 워케이션

✔ 해설 ① 조직 현장의 구성원에게 업무 재량을 위임하고 자주적이고 주체적인 체제 속에서 사람이나 조직의 의욕과 성과를 이끌어 내기 위한 '권한부여', '권한이양'의 의미
② 나비의 작은 날갯짓이 날씨 변화를 일으키듯, 미세한 변화나 작은 사건이 추후 예상하지 못한 엄청난 결과로 이어진다는 의미
③ 일과 삶의 균형이라는 뜻으로 "Work and Life Balance"의 준말

10 우리나라 어린이보호구역의 제한 운행 속도는 시속 몇 km인가?

① 20km
② 25km
③ 30km
④ 35km

✔ 해설 어린이보호구역은 교통사고의 위험으로부터 어린이를 보호하기 위하여 지정된 구역으로 유치원, 초등학교, 어린이집 등의 주 출입문을 중심으로 반경 300m 이내의 도로에서 자동차 등의 통행속도를 시속 30km 이내로 제한할 수 있다.

Answer 5.① 6.③ 7.④ 8.① 9.④ 10.③

11 다음 빈칸에 들어갈 용어는?

> 교도통신과 마이니치신문, 산케이신문 등 일본 주요 언론들은 일본 정부가 2019년 8월 2일 각의를 열고 전략물자 수출 간소화 혜택을 주는 27개국의 (   ) 목록에서 한국을 제외하기 위한 절차를 진행할 것으로 예상된다고 보도했다.

① 청색국가
② 적색국가
③ 백색국가
④ 흑색국가

✔해설 백색국가 일명 화이트 리스트에 대한 내용이다.

12 주가의 급등, 급락이 시장에 주는 충격을 완화시키기 위해 만든 제도는 무엇인가?

① 사이드카
② 투자경고종목
③ 서킷브레이커
④ 주식 VI 발동

✔해설 ③ 서킷브레이커 : 주식시장에서 주가가 급등 또는 급락하는 경우 주식매매를 일시 정지하는 제도. 주가지수의 상하 변동폭이 10%를 넘는 상태가 1분간 지속될 때 현물은 물론 선물 옵션의 매매거래를 중단시키며 하루 한 번만 발동 될 수 있다.
① 사이드카 : 서킷브레이커와 비슷하지만 사이드카는 주가지수선물 시장을 대상으로 한다. 전일종가대비 선물시장가격이 5% 이상 변동해 1분 이상 지속될 경우 5분 동안 선물시장 전체의 거래가 중단 되며 하루에 한 번만 가능하다.
② 투자경고종목 : 투자경고종목으로 지정된 후 특정일의 주가가 지정일 전일 및 직전 매매거래일의 주가보다 높고, 2일간 주가 상승률이 40% 이상인 종목에 발동되며 다음 매매거래일 1일간 매매거래가 정지된다.
④ 주식 VI 발동 : 개별종목에 대한 체결 가격이 일정 범위를 벗어날 경우 발동하는 것으로 개별종목 주가의 급격한 변동을 막는 안전화 장치로 투기성 추종매매를 억제하고 미확인정보에 의한 비정상적 과열 현상을 완화시키는 효과가 있다.

13 다음에 설명하고 있는 현상을 일컫는 용어는?

> 인질범들이 인질로 잡힌 사람들의 상태에 정신적으로 동화되어 인질들에게 동정심을 가지고 공격적인 태도를 거두는 비이성적인 현상을 말한다.

① 스톡홀름 신드롬
② 아폴로 신드롬
③ 갈라파고스 신드롬
④ 리마 신드롬

✔해설 1996년 12월 페루의 수도 리마에서 반군들이 일본 대사관을 점거하고 400여 명을 인질로 삼은 사건에서 유래한 용어로, 반군들은 인질들을 처음 잡았을 때와 달리 시간이 지날수록 인질들이 가족에게 편지를 보내거나, 의약품이나 의류 등을 반입하는 것을 허가해 주었다.

14 2019년 '게임중독'을 질병코드로 등록해 큰 파장을 불러온 기구는?

① WTO
② WHO
③ NATO
④ UNWTO

✔**해설** 세계보건기구인 WHO는 2019년 5월 '게임 이용장애'를 공식 질병으로 포함하는 제11차 국제질병표준분류기준을 만장일치로 통과시켰다.

15 다음 대화 속 甲과 같은 사람을 일컫는 용어는?

乙 : 甲아, 너 이번에 또 회사를 옮겼다면서?
甲 : 응, 3년쯤 다녔더니 더 이상 배울 게 없더라고.
乙 : 전에도 2년 정도 다니다가 옮기더니. 그래서 이번엔 어디로 옮긴 거야?
甲 : A글로벌Co. 글로벌 업무 경력도 쌓을 수 있고 연봉도 500만 원이나 많아.
乙 : 우와! 부럽다.

① 예티족
② 엠니스족
③ 잡호핑족
④ 스완족

✔**해설** 대화 속에서 甲은 경력 개발이나 고액 연봉을 위해 2~3년 단위로 직장을 옮기고 있다. 이러한 사람들을 일컬어 잡호핑(job hopping)족이라고 한다.
① 예티(YETTIE)족 : 젊고(Young) 기업가적(Entrepreneurial)이며 기술에 바탕을 둔(Tech based) 인터넷 엘리트(Internet Elite)의 머리글자를 딴 것이다.
② 엠니스(Mness)족 : 남성을 뜻하는 영어 단어 Man의 'M'에 어떠한 성질이나 상태를 나타내는 '-ness'를 결합한 신조어로, 남성의 특징으로 여겨지던 힘과 명예 등의 특성에 소통, 양육 등 여성적인 요소를 조화시킨 남성상을 의미한다.
④ 스완(SWANS)족 : 강하고 사회적으로 성공한 미혼 여성(strong women achiever, no spouse)의 약어이다.

16 다음 현상을 표현한 경제학 용어로 가장 적절한 것은?

> 시중금리가 지나치게 낮은 수준으로 하락하면 가계는 가까운 장래에 이자율이 상승할 것으로 예상해 여유자금을 채권 대신 현금이나 단기 금융상품에 투자한다. 또 기업은 같은 상황에서 경기 하락을 염려해 설비 투자와 채용 계획을 미루게 된다. 이런 국면이 지속되면 중앙은행이 아무리 통화공급을 늘려도 시중금리는 더 하락하지 않고, 소비와 투자 역시 기대만큼 늘지 않아 경기 부양이 이루어지지 않는다.

① 구축효과 ② 유동성 함정
③ 트릴레마(trilemma) ④ 트리핀 딜레마

✔ **해설** 유동성 함정이란 정부가 통화량, 즉 유동성을 늘려도 금리가 매우 낮은 상태에서는 개인이나 기업들이 현금을 보유하려 하고 소비나 투자를 하지 않는 현상을 말한다.

17 다음에서 설명하는 용어로 적절한 것은?

> '세계화'와 '현지화 또는 지역화'를 조합한 말로, 세계화(세계를 무대로 하는 경영활동)와 현지화(현지의 시장에 가장 적합한 경영활동) 전략을 동시에 진행하는 기업의 경영기법을 의미한다. 다시 말해 세계화를 추구하면서도 현지의 문화에 적응하고 현지 고객의 특성과 욕구를 만족시키기 위한 경영전략을 가리키는 말이다.

① 로컬리제이션 ② 크라우드 소싱
③ 글로컬리제이션 ④ 코즈 마케팅

✔ **해설** ③ 기업들이 자국시장을 벗어나 세계시장으로 진출했던 국제화 초기 단계에는 대부분 세계시장을 하나의 시장으로 간주하고 가능한 한 표준화된 제품을 대량생산하여 본사가 주도하는 관리를 통해 세계시장을 공략하는 세계화(글로벌화) 전략을 구사하였다. 하지만 해외시장의 국가별·지역별 문화 또는 고객 취향을 고려하지 않은 제품 표준화는 어떤 소비자도 만족시킬 수 없는 결과를 초래할 수 있기 때문에 현지 국가 또는 지역의 시장 요구에 맞춰 제품을 차별화하여 생산·공급하고 현지에 본사의 권한을 대폭 위임하여 경쟁력을 강화시키는 현지화 전략이 중요해졌으며, 현지화를 바탕으로 한 경영은 글로벌 기업의 생존전략으로 설정되고 있는 추세이다.

18 다음 중 사서오경(四書五經)의 '사서'에 해당하지 않는 것은?

① 논어 ② 맹자
③ 예기 ④ 중용

✔ **해설** 사서오경
　　㉠ 사서 : 논어, 맹자, 대학, 중용
　　㉡ 오경 : 시, 서, 역, 예기, 춘추

19 소프트웨어 따위가 웹을 돌아다니며 유용한 정보를 찾아 특정 데이터베이스로 수집해 오는 작업 또는 그러한 기술을 일컫는 용어는?

① 크롤링

② 스크린 스크래핑

③ 핑거

④ 메일링 리스트

 해설 ② 인터넷 스크린에 보이는 데이터 중에서 필요한 데이터만을 추출하도록 만들어진 프로그램
③ 네트워크를 사용하는 사람들을 위해 사용자에 관하여 가르쳐주는 프로그램
④ 전자 우편을 사용하여 특정 화제의 정보를 교환할 수 있는 시스템

20 다음 빈칸에 들어갈 적절한 용어는?

> 자신만의 아이디어를 활용해 기성 제품을 새로운 방식으로 창조해 내는 (   )들의 시대가 도래했다. 특히 식품업계에서 이러한 소비자들의 레시피가 신제품 출시 트렌드와 시장 판도에 큰 영향을 미치고 있다. 한 예능 프로그램에서 등장해 유행했던 "짜파구리(짜파게티 + 너구리)" 역시 이와 같은 맥락이라고 할 수 있다.

① 모디슈머   ② 프로슈머

③ 폴리슈머   ④ 보테슈머

해설 모디슈머(modisumer)란 '수정하다(modify)'와 '소비자(consumer)'가 결합한 신조어로, 기존의 상품을 그대로 사용하지 않고 자신만의 아이디어로 다른 무언가와 결합해 새로운 것을 재창조하는 소비자들을 일컫는다.
② **프로슈머** : 생산자(producer) + 소비자(consumer)
③ **폴리슈머** : 정책(policy) + 소비자(consumer)
④ **보테슈머** : 아름다움(beauty) + 소비자(consumer)

21 다음 상황과 관련 있는 것은?

> A : 가수 甲이 검색어 1위던데, 봤어?
> B : 응, SNS에 있던 남자친구 사진을 다 삭제했다더라고.
> A : 남자친구가 배우 乙이었지? 사진을 왜 삭제해? 헤어졌나?
> B : 소문에 의하면 甲이 후배 가수 丙하고 바람피우다 乙한테 차였다던데?
> A : 정말? 창피할만도 하겠다. 숨기고 싶었을텐데 검색어 1위라니. 그러게 사진은 왜 다 삭제해서…

① 라이 증후군　　　　　　　　　　② 던바의 법칙
③ 스트라이샌드 효과　　　　　　　④ 바이토 테러

✔해설 스트라이샌드 효과… 온라인상에 있는 어떤 정보를 삭제하거나 숨기려다가 오히려 사람들의 관심을 끌게 되어 원래의 의도와는 반대로 그 정보의 확산을 가져오는 역효과를 말한다.

22 얼리힐링(early healing)족의 특징으로 볼 수 없는 것은?

① 자신의 취미를 적극적으로 찾아 나선다.
② 30대부터 건강관리를 시작한다.
③ 이른 나이에 결혼을 한다.
④ 꾸준히 자기계발을 한다.

✔해설 얼리힐링(early heailing)은 영어로 '이르다'는 뜻의 'early'와 '치료'를 뜻하는 'healing'을 결합한 신조어로, 사회·경제적 불안에 지친 30대가 중년이 되기 전부터 사회적 성공을 추구하기 보다는 자신만이 행복을 찾아 나서는 것을 말한다.
③ 30대를 마음껏 즐기자는 얼리힐링족들의 마음은 결혼 시기를 늦추는 원인이 된다.

23 2020년 주민등록인구가 사상 처음 감소했다. 출생자 수보다 사망자 수가 많아지는 현상을 일컫는 말은?

① 합계출산률　　　　　　　　　　② 비례사망지수
③ 인구피라미드　　　　　　　　　④ 인구데드크로스

✔해설 ① 합계출산률 : 한 여성이 가임 기간(15~49세)동안 낳을 것으로 예상되는 평균 출생아 수
② 비례사망지수 : 연간 총 사망수에 대한 50세 이상의 사망자수를 퍼센트(%)로 표시한 지수로 비례사망지수(PMI) 값이 높을수록 건강수준이 좋음을 의미한다.
③ 인구피라미드 : 인구의 연령, 성 구조를 함께 그래프로 나타낸 것

24 2018년 11월 데이터산업 활성화를 위해 발의한 '빅데이터 경제3법' 개정안이 2020년 1월 9일 국회를 통과했다. 다음 중 빅데이터 경제3법을 모두 고르면?

> ㉠ 개인정보 보호법
> ㉡ 신용정보의 이용 및 보호에 관한 법률
> ㉢ 정보통신망 이용촉진 및 정보보호 등에 관한 법률
> ㉣ 공공기관의 정보공개에 관한 법률
> ㉤ 공간정보산업 진흥법

① ㉠, ㉡, ㉢   ② ㉠, ㉡, ㉣

② ㉠, ㉡, ㉤   ④ ㉡, ㉢, ㉣

✔해설   빅데이터 경제3법에 해당하는 것은 개인정보 보호법, 신용정보의 이용 및 보호에 관한 법률(신용정보법), 정보통신망 이용촉진 및 정보보호 등에 관한 법률(정보통신망법)이다.

25 아프가니스탄에서 2021년 8월 미군이 철수하면서 아프가니스탄을 장악한 조직은 어느 것인가?

① 알 카에다   ② 탈레반

③ IS   ④ 하마스

✔해설   ② 탈레반 : 아프가니스탄 칸다하르에서 결성된 이슬람 수니파 무장 정치조직으로, 1996년부터 2001년까지 아프가니스탄을 지배. 2021년 8월 15일 수도 카불을 장악하면서 20년 만에 정권을 재장악
  ① 알 카에다 : 오사마 빈 라덴(Osama bin Laden)이 이끈 국제적인 테러조직으로 주로 미국을 표적으로 테러행위를 하고 스스로 그 실행을 인정한 과격 조직
  ③ IS : 급진 수니파 무장단체인 이라크−레반트 이슬람국가(ISIL, ISIS로 일컬어지기도 함)가 2014년 6월 29일 개명한 단체로, 그해 6월부터 이라크와 시리아를 중심으로 세력을 확장하며 중동은 물론 유럽에서도 테러를 자행
  ④ 하마스 : 이스라엘에 대한 테러를 주도하고 있는 팔레스타인의 대표적인 무장단체로, 파타와 함께 팔레스타인 양대 정파를 구성함

26 중동의 이란, 이라크, 시리아, 레바논으로 이어지는 이슬람 시아파 국가의 동맹전선을 일컫는 용어는?

① 블루 벨트   ② 해안선 벨트

③ 초승달 벨트   ④ 산타클로스 벨트

✔해설   시아파 벨트에 대한 설명이다. 이란, 이라크, 시리아, 레바논이 초승달 모양으로 포진해 있다고 하여 초승달 벨트라고도 한다.

Answer   21.③   22.③   23.④   24.①   25.②   26.③

27 다음에 설명하고 있는 것은?

> 특정 정당이나 특정 후보자에게 유리하도록 자의적으로 부자연스럽게 선거구를 정하는 일로, 1812년 미국 메사추세츠 주지사였던 이 사람이 자기 당에 유리하게 선거구를 정한 데서 유래되었다.

① 포퓰리즘   ② 게리맨더링
③ 매니페스토   ④ 포크배럴

✔ **해설** ① **포퓰리즘** : 일반 대중의 인기에만 영합하여 목적을 달성하려는 정치 행태
③ **매니페스토** : 선거와 관련하여 이행 가능성을 가지고 구체적인 예산과 추진 일정을 갖춰 제시하는 공약
④ **포크배럴** : 특정 지역구를 위한 선심성 사업 혹은 정치자금 후원자를 위한 낭비성 사업

28 다음 빈칸에 들어갈 용어로 올바른 것은?

> _____은/는 일상에서의 작지만 진정한 행복을 말하는 것으로 덴마크의 '휘게(hygge)'나 스웨덴의 '라곰(lagom)', 프랑스의 '오캄(au calme)'과 맞닿아 있다.
> 일본 작가 무라카미 하루키는 한 수필집에서 행복을 '갓 구운 빵을 손으로 찢어 먹는 것, 서랍 안에 반듯하게 접어 넣은 속옷이 잔뜩 쌓여 있는 것' 등으로 정의 했다.

① 쉼포족   ② 소확행
③ 1코노미   ④ 하이구이

✔ **해설** ① 휴가를 포기할 정도로 바쁜 직장인
③ 1인과 이코노미의 합성어로, 혼자만의 소비 생활을 즐기는 사람
④ 중국의 귀국유학생을 뜻하는 말로, 중국 경제성장을 이끄는 원동세력으로 평가되고 있음

29 기업들이 정규직보다 필요에 따라 계약직 혹은 임시직으로 사람을 고용하는 경향이 커지는 경제상황을 일컫는 용어는?

① 긱 경제   ② 구독 경제
③ 공유 경제   ④ 창조 경제

✔ **해설** 긱(gig)은 일시적인 일을 뜻하며, 1920년대 미국 재즈클럽에서 단기적으로 섭외한 연주자를 '긱'이라고 부른 데서 유래하였다.

30 다음 중 그 뜻이 가장 다른 하나는?

① 언 발에 오줌 누기   ② 미봉책

③ 임시방편   ④ 고육지책

> ✔해설 ①②③ 잠시 동안만 효력이 있을 뿐 궁극적인 해결책이 되지 않는 것을 이르는 말
> ④ 고육지책(苦肉之策) : 자기 몸을 상해 가면서까지 꾸며 내는 계책이라는 뜻으로, 어려운 상태를 벗어나기 위해 어쩔 수 없이 꾸며 내는 계책을 이르는 말

31 네이밍 법안과 그 내용이 바르게 연결되지 못한 것은?

① 조두순법 : 미성년자 대상 성범죄자의 출소 후 전자발찌 부착 기간을 연장
② 태완이법 : 살인죄의 공소시효를 폐지
③ 민식이법 : 어린이보호구역 내 안전운전 의무 부주의로 사망이나 상해사고를 일으킨 가해자를 가중처벌
④ 하준이법 : 음주운전으로 인명 피해를 낸 운전자에 대한 처벌 수위를 높이고 음주운전 기준을 강화

> ✔해설 ④ 제시된 내용은 윤창호법에 대한 설명이다. 하준이법은 2017년 서울랜드 놀이공원 주차장에서 육안으로도 구분하기 어려운 경사도로에서 굴러 내려온 차량에 당시 4살이었던 최하준 군이 치여 사망한 것을 계기로 발의된 주차장법 개정안과 도로교통법 개정안을 말한다.

32 다음 상황에 A의 심리를 지칭하는 용어는?

> 평소에도 걱정이 많은 A씨는 3박 4일간 중국 출장을 가게 되었다. 출장을 준비하고 다녀오는 내내 비행기가 추락하지는 않을까, 자신이 집을 비운 동안 가스가 새 폭발하지는 않을까, 갑자기 부모님이 교통사고로 돌아가시 않을까, 전쟁이 터저 귀국하지 못하는 것은 아닐까 하는 걱정으로 업무를 제대로 처리할 수 없었다.

① 번아웃 증후군   ③ 파랑새 증후군

③ 램프 증후군   ④ 피터팬 증후군

> ✔해설 램프 증후군은 일어날 가능성이 거의 없거나 해결할 수 없는 일에 대하여 지나치게 걱정하고 불안해하는 현대인의 성향을 일컫는다.

Answer   27.② 28.② 29.① 30.④ 31.④ 32.③

Chapter 02

상황판단능력

┃1~50┃ 주어진 상황에서 자신이라면 어떻게 행동할지 가장 가까운 번호를 고르시오.

1 당신은 이제 막 들어온 신입이다. 회사에서 급하게 지시한 업무를 하다가 막히는 부분을 발견했다. 상사가 중요한 미팅건으로 외부에 나가있다면 어떻게 하겠는가?

① 다른 선배에게 상황을 말하고 대책을 물어본다.

② 상사에게 전화해서 물어본다.

③ 상사가 돌아올 때 까지 기다린다.

④ 급한 업무인 만큼 직접 해결한다.

2 당신은 팀장이다. 회사가 업무로 한참 바쁠 시기에 팀원 중 한명이 휴가를 내겠다고 한다. 어떻게 하겠는가?

① 바쁜 시기인 만큼 휴가를 다음에 쓰도록 팀원을 설득한다.

② 팀원에게 휴가를 허락한다.

③ 휴가를 허가하되 짧게 내도록 권한다.

④ 다른 팀장에게 조언을 구한다.

3 당신은 전날 회식으로 늦잠을 잤다. 급하게 가던 중에 눈앞에서 교통사고를 목격했다. 주변에 도와줄 사람이 몇 명 없다. 어떻게 하겠는가?

① 출근이 먼저이므로 그냥 지나간다.

② 주변사람을 불러온다.

③ 회사에 일이 생겨 늦겠다고 전화한다.

④ 병원까지 함께 한다.

4 당신은 이번 휴가에 가족과 해외 여행을 가기로 마음먹었다. 그러나 휴가 당일에 상사로부터 회사에 급한 일이 있으니 휴가를 다음으로 미루라고 지시를 받았다면 당신은 어떻게 하겠는가?

① 상사의 지시를 무시하고 여행을 간다.
② 상사의 지시에 따른다.
③ 가족들만이라도 여행을 보낸다.
④ 동료에게 일을 부탁한다.

5 당신은 팀장이다. 요 근래 야근이 잦을 정도로 업무가 밀려 정신이 없는 상황이다. 팀원들이 회식을 은근히 바라는 눈치다. 어떻게 하겠는가?

① 팀원들의 사기를 돋우기 위해 회식을 진행한다.
② 업무를 위해 회식을 후일로 미룬다.
③ 팀 분위기를 다시 살핀다.
④ 팀원이 직접 말할 때까지 기다린다.

6 당신은 열의를 가지고 새로운 방식으로 일을 제시하는 스타일이다. 그러나 매번 상사의 반대에 부딪혀 자신의 의견이 무시되었다면 당신은 어떻게 하겠는가?

① 새로운 방식으로 상사를 설득시킨다.
② 기존의 방식으로 다시 보고를 한다.
③ 새로운 방식과 기존의 방식의 절충안을 찾아본다.
④ 서로의 입장을 이해하여 같이 고민한다.

7 새로 들어온 신입사원이 눈치를 살피며 일을 게을리하는게 보인다. 업무시간에도 다른 일을 하다가 급하게 정리하기도 한다. 이 상황에서 당신은 어떻게 할 것인가?

① 요즘 행동에 대해 조용히 묻는다.　② 따로 불러내서 혼을 낸다.
③ 무시한다.　④ 상사에게 알린다.

8 이번 프로젝트에서 부장은 자신의 의견대로 회의를 마무리하려 한다. 그러나 당신은 다른 의견을 가지고 있다. 당신이라면 어떻게 하겠는가?

① 아무리 상사일지라도 자신의 의견을 확고히 말한다.

② 부하 직원에게 자신의 의견을 대신 말하라 지시한다.

③ 회사 생활을 위해 입을 꾹 다문다.

④ 회의가 끝난 후 부장님에게 따로 보고를 한다.

9 당신은 퇴근 도중에 사고가 나서 다음날 출근이 불가능하다. 병원에 입원해야 할 상황이라면 당신은 어떻게 하겠는가?

① 동료에게 일을 부탁한다.

② 상사에게 사고의 자초지종을 설명한다.

③ 어떻게든 회사에 출근한다.

④ 보험회사와 이야기하여 방법을 모색한다.

10 당신은 회사에서 불법적인 일을 행하는 상사의 모습을 발견했다. 당신이라면 어떻게 하겠는가?

① 회사에 해가 되는 일이라면 바로 신고한다.

② 상사에게 이런 일을 하는 이유를 묻는다.

③ 사회 생활을 위해 조용히 묻는다.

④ 상사의 일이므로 일단 모른체하고 대가를 요구한다.

11 당신은 매 회의마다 부장에게서 팀장 자질이 없다며 모욕 및 폭언을 당했다. 당신이라면 어떻게 하겠는가?

① 부장을 상대로 소송을 한다.

② 부장이 퇴사할 때까지 기다린다.

③ 예민한 직원으로 찍힐 수 있으므로 조용히 묻는다.

④ 다른 상사에게 도움을 요청한다.

12 당신은 입사한지 1년 차인 사원이다. 예상치 못하게 서울 본사에서 제주도로 발령이 났다면 당신은 어떻게 하겠는가?

① 힘들더라도 제주도에서 혼자 생활한다.

② 회사에 인사발령 취소를 요청한다.

③ 현재 회사를 그만두고 다른 회사를 찾아본다.

④ 가족들과 함께 제주도로 이사한다.

13 당신은 팀원들을 이끌고 야유회를 열 예정이다. 팀원 대다수는 좋아하지만 일부는 불참 의사를 밝히고 있다. 당신이라면 어떻게 하겠는가?

① 팀의 단합을 위한 것이므로 참여하도록 독려한다.

② 회사 일의 연장선이므로 불참사유서를 작성하게 한다.

③ 분위기가 흐트러질 수 있으므로 야유회를 엄격하게 진행한다.

④ 후배에게 따로 불참자를 만날 것을 지시한다.

14 점심시간을 제대로 활용하지 못할 정도로 회사에 일이 많다. 팀원들이 지친 기색이 역력하다면 당신이 팀장이라면 어떻게 하겠는가?

① 팀원들에게 별도의 휴식 시간을 제공한다.

② 팀원들에게 따로 간식을 제공한다.

③ 팀의 사정을 말하고 일을 마무리 하도록 재촉한다.

④ 다른 팀의 상황을 참고한다.

15 오늘 회식은 한식집에서 열기로 하였다. 그러나 당신은 하루종일 속이 메스꺼워 회식에 빠지고 싶다. 당신이라면 어떻게 하겠는가?

① 동료에게 말하고 혼자 빠진다.

② 상사에게 오늘은 사정이 있어서 다음에 참가하겠다고 말한다.

③ 회식에 참여하지 못하는 이유를 적은 사유서를 제출한다.

④ 그냥 상사의 말에 따른다.

16 갑자기 팀원 두 명이 식중독 증세를 보여 병원에 입원했다. 팀원들은 점심에 먹은 음식이 의심이 된다고 한다. 당신이라면 어떻게 하겠는가?

① 식당에 전화하여 상황을 알린다.

② 상사에게 현 상황을 알린다.

③ 다른 팀원들이 일을 처리할 것으로 생각하고 모른척한다.

④ 식중독 증세의 원인을 인터넷으로 검색한다.

17 당신은 들어 온지 얼마 안 된 신입사원이다. 오늘은 여자 친구와 만난지 300일이 되는 날이다. 그러나 공교롭게 회식일정이 겹치게 되었다. 당신이라면 어떻게 하겠는가?

① 여자 친구에게 전화로 사정을 이야기한 후 회식에 참여한다.

② 회식에 1차를 참여하고 여자 친구에게 간다.

③ 여자 친구에게 잠깐 들렸다가 회식 자리에 참여한다.

④ 상사에게 사정을 말하고 여자 친구에게 간다.

18 식당에서 점심을 먹은 후 계산을 하려는데, 지갑이 없는 것을 알았다. 당신이라면 어떻게 하겠는가?

① 후배에게 연락하여 지갑을 가지고 오라고 시킨다.

② 점심을 같이 먹은 동료에게 돈을 빌린다.

③ 식당 계산대에서 은행계좌번호를 받아온다.

④ 식당 주인에게 연락처를 주고 다음에 주겠다고 약속한다.

19 업무 시간에 컴퓨터가 인터넷이 먹통이 되었다. 상사가 자기 일이 많아 도움을 주지 못할 상황이라면 당신은 어떻게 하겠는가?

① 상사의 일이 다 마무리될 때까지 기다린다.

② 동료에게 도움을 요청한다.

③ 회사의 컴퓨터 담당 업무자에게 전화한다.

④ 어떻게든 혼자서 해결한다.

20 당신은 팀장이다. 들어 온지 얼마 안 되는 신입사원이 자꾸 졸고 있다. 이 상황에서 당신은 어떻게 하겠는가?

① 피곤한가 보다 하고 무시한다.
② 흔들어 깨운 후 따로 불러 따끔하게 혼낸다.
③ 사유서를 제출하도록 지시한다.
④ 당장 일어나라고 소리를 질러 깨운다.

21 당신의 부하 직원이 변심한 여자친구 때문에 힘들어하고 있다. 당신이라면 어떻게 하겠는가?

① 모르는 척 한다.
② 업무를 마친 후 술을 사주면서 고민을 함께한다.
③ 따로 휴식 시간을 제공한다.
④ 힘든 일을 다른 부하 직원에게 넘긴다.

22 당신은 팀장이다. 그런데 새로 들어온 신입사원이 당신보다 나이가 많다. 이 상황에서 당신은 어떻게 하겠는가?

① 자신보다 나이가 많으므로 인간적으로 존중한다.
② 회사는 위계질서가 있기 때문에 나이를 떠나 엄하게 대한다.
③ 다른 팀장에게 조언을 구한다.
④ 그냥 모르는 척 한다.

23 당신의 부하 직원이 출근하자마자 소화불량으로 굉장히 힘들어하고 있다. 부하 직원이 일을 제대로 못하고 있는 상황에서 당신이라면 어떻게 하겠는가?

① 반차를 쓰고 쉬라고 권유한다.
② 따로 불러내서 잠깐 쉴 시간을 제공한다.
③ 병원에 다녀오도록 지시한다.
④ 알아서 해결하도록 무시한다.

24 당신은 팀장이다. 갑자기 팀원 사이에 싸움이 나서 언성이 높아지고 있다. 이 상황에서 당신은 어떻게 하겠는가?

① 모르는 척 한다.
② 전체 팀원을 불러내서 따끔하게 혼낸다.
③ 이유를 불문하고 팀장이 보는 앞에서 일어난 사건이므로 엄한 처벌을 가한다.
④ 다른 팀원들을 불러 어떻게 된 일인지 상황을 파악한다.

25 당신은 부하 직원이 업무 시간에 스마트폰으로 게임을 하는 것을 목격했다. 주위에서도 해당 직원에 대해 봐주지 말라는 분위기이다. 당신이라면 어떻게 하겠는가?

① 처음 일어난 일이니 한 번의 기회를 준다.
② 앞으로 업무시간에 스마트폰을 만지지 못하게 지시한다.
③ 해당 직원을 따로 불러 따끔하게 혼낸다.
④ 주위 분위기에 따라 그 자리에서 바로 혼낸다.

26 당신은 인사팀에서 기획실로 발령이 났다. 새로운 부서원들과 관계가 서먹하여 관계개선을 위하여 노력을 하고자 한다. 당신이라면 어떻게 하겠는가?

① 친목을 위해 술자리를 자주 갖는다.
② 부서원들 일정을 일일이 관리해준다.
③ 부서원들을 파악한 후 적정선을 그어 상대한다.
④ 기획실의 분위기를 바꾸려고 노력한다.

27 어느 날 유대리는 당신에게 업무를 시켜 하는 도중에 박팀장은 또 다른 업무를 지시했다. 그러나 시간 관계상 두 가지 일을 모두 하기에는 힘든 상황이다. 당신이라면 어떻게 하겠는가?

① 유대리가 먼저 업무를 시켰으므로 이 업무부터 마무리한다.
② 박팀장이 직급이 더 높은 사람이므로, 이 업무부터 마무리한다.
③ 유대리가 시킨 업무를 먼저 하고, 이후 늦게라도 박팀장이 시킨 업무를 한 후 사정을 말씀 드린다.
④ 박팀장이 시킨 업무를 본인이 하고, 유대리가 시킨 업무는 다른 동료에게 부탁한다.

28 당신은 승진을 위해 1년 동안 무단한 노력을 해왔다. 그러나 당신과 함께 입사한 동료만 승진하게 되었다. 이 상황에서 당신은 어떻게 하겠는가?

① 회사에 대한 회의를 느껴 그만둔다.

② 부당한 승진에 대하여 인사권자에게 따진다.

③ 승진에 대해 부정이 있었음을 회사 홈페이지에 올린다.

④ 자신이 승진하지 못한 이유에 대하여 설명해줄 것을 인사권자에게 요청한다.

29 당신은 평소 친하게 지내던 동료와 1년간 교제를 하고 있다. 둘의 관계를 동료들에게 알리고 싶지만 워낙에 담당 팀장이 업무 효율을 운운하며 사내연애를 반대하는 통에 고민이 깊다. 당신이라면 어떻게 하겠는가?

① 자신의 상관의 의지가 확고하므로 조용히 묻는다.

② 친한 동료 몇몇과 이야기하여 방법을 연구한다.

③ 어쩔 수 없이 다른 부서로 이동한다.

④ 팀장에게 사실대로 고한다.

30 당신은 회사에 이익이 될 만한 아이디어를 가지고 있다. 그러나 신입사원인 당신의 아이디어를 상사는 하찮게 생각하고 있다. 그렇다면 당신은 어떻게 행동할 것인가?

① 아이디어가 받아들여지지 않더라도 내가 할 수 있는 한도에서 반영해본다.

② 아이디어 제도를 제시할 방법에 대해 고민한다.

③ 내 아이디어를 인정해주는 사람이 없으니 조용히 묻는다.

④ 아이디어를 인정받기 어려운 회사는 미래가 없다고 생각하여 회사를 그만둔다.

31 사무실의 냉장고에 자신의 점심식사를 위해 넣어놓은 음식을 누군가 일부 먹은 것을 확인했다. 어떻게 대처하겠는가?

① 다 먹은 것이 아니기 때문에 아무 일도 없는 듯 넘어간다.
② 자신의 식사이니 손대지 말 것을 당부하는 메모를 붙여놓는다.
③ 상사에게 누군가 자신의 것을 먹은 것 같다고 상의한다.
④ 누가 자신의 것을 먹었는지 모든 사원들에게 물어 확인해서 보상을 받는다.

32 같은 팀 동료의 컴퓨터를 잠깐 사용하는 동안에 우연히 그 동료가 메신저를 통해 자신의 친한 동기의 험담을 하고 있는 것을 발견하였다. 어떻게 대처하겠는가?

① 보지 못한 척 넘어간다.
② 그 동기에게 누군가 너의 험담을 하니 행동을 조심하라 일러준다.
③ 팀 동료에게 험담은 옳지 않으니 하지 않는 것이 좋겠다고 충고한다.
④ 상사에게 이러한 상황은 어찌해야 좋을지 상담한다.

33 할머니의 팔순잔치와 회사의 중요한 미팅이 겹쳤다. 당신의 행동은?

① 잔치에 참석해 인사만 하고 바로 미팅에 참석한다.
② 미팅에 참석하여 간단하게 보고 후, 잔치에 참석한다.
③ 미팅을 다른 동료에게 부탁하고 팔순잔치에 참석한다.
④ 할머니께 전화로 사정을 설명하고 미팅에 참석한다.

34 마감기한이 급한 업무를 처리하다가 오류를 발견했다. 상사가 빨리 업무를 마무리 지으라고 재촉하는 상황에서 어떠한 행동을 취하겠는가?

① 정해진 시간이 중요하기 때문에 무시하고 일단 마무리를 짓는다.
② 상사에게 상황을 설명하고 마감시간을 연장해달라고 부탁한다.
③ 마감시간보다 일의 완성도가 중요하므로 대대적으로 수정을 감행한다.
④ 다른 동료에게 문제가 생겼으니 자신을 도와달라고 요청한다.

35 출근길에 떨어진 만원을 발견했다. 경찰서에 가기엔 빠듯한 시간인데 어떻게 처리할 것인가?

① 근처의 가게에 돈이 떨어져 있었다며 설명하고 맡긴다.

② 상사에게 전화해 사정을 설명하고 경찰서에 돈을 맡긴다.

③ 출근시간과 양심을 모두 지키기 위해 무시하고 지나간다.

④ 액수가 크지 않으므로 가까운 편의점에 들려 전부 써버린다.

36 상사가 항상 작게 음악을 틀어놓거나 흥얼거리면서 일을 한다. 조용한 환경에서 효율이 올라가는 당신은 그 소리가 매우 신경 쓰인다. 당신의 행동은?

① 상사에게 직접 시끄럽다고 건의한다.

② 상사에게 이어폰과 마스크를 선물한다.

③ 동료들에게 상사의 험담을 하여 소문이 퍼지게 한다.

④ 상사의 상사에게 상담한다.

37 당신은 후배 B를 많이 아끼고 키워주고 싶다. 그래서 업무를 많이 맡겼다. 하루는 지나가다가 B가 동료들에게 당신이 자기만 일을 시킨다고 불평하는 것을 우연히 듣게 되었다. 이에 대한 당신의 반응은?

① 일을 더 많이 시킨다.

② 일을 시키지 않는다.

③ 불러서 혼낸다.

④ 아예 무시한다.

38 당신은 오늘 해야 할 업무를 다 끝마쳤다. 그런데 퇴근시간이 지나도 대부분의 동료들과 상사가 퇴근을 하지 않고 있다. 그렇다면 당신은?

① 그냥 말없이 퇴근한다.

② 인터넷 등을 하며 상사가 퇴근할 때까지 기다린다.

③ 상사나 동료들에게 도와줄 업무가 있는지 물어보고 없다면 먼저 퇴근한다.

④ 퇴근시간이 되었다고 크게 말한 후 동료들을 이끌고 함께 퇴근하도록 한다.

39 당신은 신입사원이다. 신입사원 교육의 일환으로 간부회의에 참석하게 되었다. 회의 중 간부 A가 설명하고 있는 내용이 틀렸다. 그 어떤 누구도 그것이 틀린 내용인지 모르는 것 같다. 당신은 그것이 명백히 틀렸다는 것을 알고 있다. 그렇다면 당신은?

① 그냥 모르는 척 한다.
② 나중에 간부를 찾아가 아까 말한 내용이 틀렸다고 말해준다.
③ 옆에 있는 동료에게 틀렸다고 귓속말을 해준다.
④ 회의 도중 손을 들고 그 내용이 틀렸다고 말한다.

40 당신의 동료 A가 당신에게 또 다른 동료인 B의 업무처리 능력에 관하여 불만을 토로하였다. 속도도 느리고 정보역시 정확하지 않아 일을 진행하는데 문제가 많다고 하소연을 하는데 이 상황에서 당신은 어떻게 하겠는가?

① 상사에게 말한다.
② A와 같이 험담한다.
③ B에게 가서 객관적으로 말을 전달한다.
④ A에게 직접 가서 이야기 하라고 한다.

41 유능한 인재였던 후배가 집안의 사정으로 점점 회사 일에 집중을 못하고 있는 상태이다. 주변사람들에게 알리는 것을 싫어하여 그 후배의 사정을 알고 있는 사람은 당신뿐, 점점 사람들이 안 좋게 평가를 내리고 있는 상황이다. 이때 당신은 어떻게 하겠는가?

① 사람들에게 알린다.
② 조용히 혼자 방법을 연구한다.
③ 후배를 설득하여 마음을 바꾸도록 한다.
④ 사람들과 이야기하여 방법을 연구한다.

42 평상시 일과 결혼한 사람처럼 일을 해오던 상사가 있다. 당신은 능력 있는 그 사람의 모습에 이성적인 매력 보다는 일처리 능력을 존경하고 친하게 지내길 원했다. 여느 때와 다름없이 회식이 끝나고 같은 방향이라 동행하던 중 그 상사가 갑자기 고백을 해온다면 당신은 어떻게 할 것인가?

① 정중하게 거절한다.

② 상관이므로 어쩔 수 없이 만난다.

③ 거절 후 다른 부서로 이동한다.

④ 퇴사한다.

43 중요한 회의를 하고 있다. 그런데 점심에 먹은 것이 잘못되었는지 배에서 요동이 친다. 배가 아파 화장실 이 너무 급한 상황이다. 당신은 어떻게 하겠는가?

① 회의가 끝날 때까지 최대한 참기 위해 노력한다.

② 잠시 회의의 중단을 요구하고 화장실을 다녀온다.

③ 회의의 진행에 방해가 되지 않게 조용히 화장실을 다녀온다.

④ 옆의 동료에게 말하고 화장실을 다녀온다.

44 성실하고 모든 일에 열심이라 생각했던 후배의 행동이 이상해졌다. 업무시간에도 눈치를 살피며 부르면 화들짝 놀라기도 한다. 회의시간엔 멍하니 있다가 혼나기도 여러 번이다. 이 상황에서 당신은 어떻게 할 것인가?

① 따끔하게 혼을 낸다.

② 조용하게 불러서 사정을 물어본다.

③ 모르는 척 한다.

④ 상사에게 알린다.

45 당신이 입사한 기업이 새로운 경영전략으로 해외시장진출을 목표로 하고 있다. 이 해외시장진출 목표의 일환으로 중국 회사와의 합작사업추진을 위한 프로젝트팀을 구성하게 되었다. 당신은 이 팀의 리더로 선발 되었으며, 2년 이상 중국에서 근무를 해야만 한다. 그러나 당신은 집안 사정 및 자신의 경력 계획 실현을 위하여 중국 발령을 원하지 않고 있다. 당신의 상사는 당신이 꼭 가야만 한다고 당신을 밤낮으로 설득하고 있다. 당신은 어떻게 하였는가?

① 중국에 가고 싶지 않은 이유를 설명한 후 발령을 취소해 줄 것을 끝까지 요구한다.

② 회사를 그만둔다.

③ 해외발령을 가는 대신 그에 상응하는 대가를 요구한다.

④ 가기 싫지만 모든 것을 받아들이고 간다.

46 당신이 존경하는 상사가 회사를 위한 일이라며 회계장부의 조작 및 회사 자료의 허위조작 등을 요구한다면 당신은 어떻게 하겠는가?

① 회사를 위한 것이므로 따르도록 한다.

② 일 자체가 불법적이므로 할 수 없다고 한다.

③ 불법적 행위에 대하여 경찰에 고소하고 회사를 그만 둔다.

④ 존경하는 상사의 지시이므로 일단 하고 대가를 요구한다.

47 당신은 입사한 지 일주일도 안 된 신입사원이다. 당신이 속해 있는 팀과 팀원들은 현재 진행중인 프로젝트의 마무리로 인하여 매우 바쁜 상태에 있다. 그러나 신입사원인 당신은 자신이 해야 할 업무가 불명확하여 무엇을 해야 할지 모르고, 자신만 아무 일을 하지 않는 것 같아 다른 사람들에게 미안함을 느끼고 있다. 이런 경우 당신은 어떻게 하겠는가?

① 명확한 업무가 책정될 때까지 기다린다.

② 내가 해야 할 일이 무엇인지 스스로 찾아 한다.

③ 현재의 팀에는 내가 할 일이 없으므로 다른 부서로 옮겨줄 것을 요구한다.

④ 팀장에게 요구하여 빠른 시간 내에 자신의 역할이 할당되도록 한다.

48 당신은 현재 공장에서 근무를 하고 있다. 오랜 기간동안 일을 하면서 생산비를 절감할 수 있는 좋은 아이디어 몇 가지를 생각하게 되었다. 그러나 이 공장에는 제안제도라는 것이 없고 당신의 직속상관은 당신의 제안을 하찮게 생각하고 있다. 당신은 막연히 회사의 발전을 위하여 여러 제안들을 생각한 것이지만 아무도 당신의 진심을 알지 못한다. 그렇다면 당신은 어떻게 행동할 것인가?

① 나의 제안을 알아주는 사람도 없고 이 제안을 알리기 위해 이리저리 뛰어 다녀봤자 심신만 피곤할 뿐이니 그냥 앞으로 제안을 생각하지도 않는다.

② 제안제도를 만들 것을 회사에 건의한다.

③ 좋은 제안을 받아들일 줄 모르는 회사는 발전 가능성이 없으므로 이번 기회에 회사를 그만 둔다.

④ 제안이 받아들여지지 않더라도 내가 할 수 있는 한도 내에서 제안할 내용을 일에 적용한다.

49 당신은 현재 부서에서 약 2년간 근무를 하였다. 그런데 이번 인사를 통하여 기획실로 발령이 났다. 기획실은 지금까지 일해오던 부서와는 달리 부서원들이 아주 공격적이며 타인에게 무관심하고 부서원들간 인간적 교류도 거의 없다. 또한 새로운 사람들에게 대단히 배타적이라 당신이 새로운 부서에 적응하는 것을 어렵게 하고 있다. 그렇다면 당신은 어떻게 행동할 것인가?

① 기획실의 분위기를 바꾸기 위해 노력한다.

② 다소 힘이 들더라도 기획실의 분위기에 적응하도록 노력한다.

③ 회사를 그만 둔다.

④ 다른 부서로 바꿔 줄 것을 강력하게 상사에게 요구한다.

50 친하게 지내던 동기가 갑자기 당신의 인사를 무시하기 시작하였다. 뿐만 아니라 회사의 사람들이 당신을 보고 수군거리거나 자리를 피하는 것 같다. 이 상황에서 당신은 어떻게 할 것인가?

① 친하게 지내던 동기에게 먼저 다가가 인사한다.

② 적극적으로 무슨 일인지 알아본다.

③ 아무렇지 않은 척 태연하게 회사를 다닌다.

④ 평소보다 더 잘 웃으며 즐겁게 회사를 다닌다.

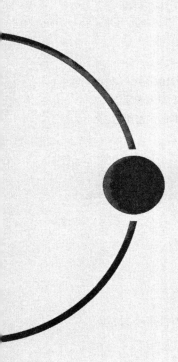

PART

IV

면접

CHAPTER

01

면접의 기본

01 면접준비

(1) 면접의 기본 원칙

① **면접의 의미** … 면접이란 다양한 면접기법을 활용하여 지원한 직무에 필요한 능력을 지원자가 보유하고 있는지를 확인하는 절차라고 할 수 있다. 즉, 지원자의 입장에서는 채용 직무수행에 필요한 요건들과 관련하여 자신의 환경, 경험, 관심사, 성취 등에 대해 기업에 직접 어필할 수 있는 기회를 제공받는 것이며, 기업의 입장에서는 서류전형만으로 알 수 없는 지원자에 대한 정보를 직접적으로 수집하고 평가하는 것이다.

② **면접의 특징** … 면접은 기업의 입장에서 서류전형이나 필기전형에서 드러나지 않는 지원자의 능력이나 성향을 볼 수 있는 기회로, 면대면으로 이루어지며 즉흥적인 질문들이 포함될 수 있기 때문에 지원자가 완벽하게 준비하기 어려운 부분이 있다. 하지만 지원자 입장에서도 서류전형이나 필기전형에서 모두 보여주지 못한 자신의 능력 등을 기업의 인사담당자에게 어필할 수 있는 추가적인 기회가 될 수도 있다.

[서류 · 필기전형과 차별화되는 면접의 특징]

- 직무수행과 관련된 다양한 지원자 행동에 대한 관찰이 가능하다.
- 면접관이 알고자 하는 정보를 심층적으로 파악할 수 있다.
- 서류상의 미비한 사항과 의심스러운 부분을 확인할 수 있다.
- 커뮤니케이션 능력, 대인관계 능력 등 행동 · 언어적 정보도 얻을 수 있다.

③ **면접의 유형**

　㉠ **구조화 면접** : 구조화 면접은 사전에 계획을 세워 질문의 내용과 방법, 지원자의 답변 유형에 따른 추가 질문과 그에 대한 평가 역량이 정해져 있는 면접 방식으로 표준화 면접이라고도 한다.

　　• 표준화된 질문이나 평가요소가 면접 전 확정되며, 지원자는 편성된 조나 면접관에 영향을 받지 않고 동일한 질문과 시간을 부여받을 수 있다.

　　• 조직 또는 직무별로 주요하게 도출된 역량을 기반으로 평가요소가 구성되어, 조직 또는 직무에서 필요한 역량을 가진 지원자를 선발할 수 있다.

　　• 표준화된 형식을 사용하는 특성 때문에 비구조화 면접에 비해 신뢰성과 타당성, 객관성이 높다.

　㉡ **비구조화 면접** : 비구조화 면접은 면접 계획을 세울 때 면접 목적만을 명시하고 내용이나 방법은 면접관에게 전적으로 일임하는 방식으로 비표준화 면접이라고도 한다.

　　• 표준화된 질문이나 평가요소 없이 면접이 진행되며, 편성된 조나 면접관에 따라 지원자에게 주어지는 질문이나 시간이 다르다.

　　• 면접관의 주관적인 판단에 따라 평가가 이루어져 평가 오류가 빈번히 일어난다.

　　• 상황 대처나 언변이 뛰어난 지원자에게 유리한 면접이 될 수 있다.

④ **경쟁력 있는 면접 요령**

　㉠ **면접 전에 준비하고 유념할 사항**

　　• 예상 질문과 답변을 미리 작성한다.

　　• 작성한 내용을 문장으로 외우지 않고 키워드로 기억한다.

　　• 지원한 회사의 최근 기사를 검색하여 기억한다.

　　• 지원한 회사가 속한 산업군의 최근 기사를 검색하여 기억한다.

　　• 면접 전 1주일간 이슈가 되는 뉴스를 기억하고 자신의 생각을 반영하여 정리한다.

　　• 찬반토론에 대비한 주제를 목록으로 정리하여 자신의 논리를 내세운 예상답변을 작성한다.

　㉡ **면접장에서 유념할 사항**

　　• **질문의 의도 파악** : 답변을 할 때에는 질문 의도를 파악하고 그에 충실한 답변이 될 수 있도록 질문사항을 유념해야 한다. 많은 지원자가 하는 실수 중 하나로 답변을 하는 도중 자기 말에 심취되어 질문의 의도와 다른 답변을 하거나 자신이 알고 있는 지식만을 나열하는 경우가 있는데, 이럴 경우 의사소통능력이 부족한 사람으로 인식될 수 있으므로 주의하도록 한다.

　　• **답변은 두괄식** : 답변을 할 때에는 두괄식으로 결론을 먼저 말하고 그 이유를 설명하는 것이 좋다. 미괄식으로 답변을 할 경우 용두사미의 답변이 될 가능성이 높으며, 결론을 이끌어 내는 과정에서 논리성이 결여될 우려가 있다. 또한 면접관이 결론을 듣기 전에 말을 끊고 다른 질문을 추가하는 예상치 못한 상황이 발생될 수 있으므로 답변은 자신이 전달하고자 하는 바를 먼저 밝히고 그에 대한 설명을 하는 것이 좋다.

- 지원한 회사의 기업정신과 인재상을 기억 : 답변을 할 때에는 회사가 원하는 인재라는 인상을 심어주기 위해 지원한 회사의 기업정신과 인재상 등을 염두에 두고 답변을 하는 것이 좋다. 모든 회사에 해당되는 두루뭉술한 답변보다는 지원한 회사에 맞는 맞춤형 답변을 하는 것이 좋다.
- 나보다는 회사와 사회적 관점에서 답변 : 답변을 할 때에는 자기중심적인 관점을 피하고 좀 더 넓은 시각으로 회사와 국가, 사회적 입장까지 고려하는 인재임을 어필하는 것이 좋다. 자기중심적 시각을 바탕으로 자신의 출세만을 위해 회사에 입사하려는 인상을 심어줄 경우 면접에서 불이익을 받을 가능성이 높다.
- 난처한 질문은 정직한 답변 : 난처한 질문에 답변을 해야 할 때에는 피하기보다는 정면 돌파로 정직하고 솔직하게 답변하는 것이 좋다. 난처한 부분을 감추고 드러내지 않으려 회피하려는 지원자의 모습은 인사담당자에게 입사 후에도 비슷한 상황에 처했을 때 회피할 수도 있다는 우려를 심어줄 수 있다. 따라서 직장생활에 있어 중요한 덕목 중 하나인 정직을 바탕으로 솔직하게 답변을 하도록 한다.

(2) 면접의 종류 및 준비 전략

① 인성면접

㉠ 면접 방식 및 판단기준
- 면접 방식 : 인성면접은 면접관이 가지고 있는 개인적 면접 노하우나 관심사에 의해 질문을 실시한다. 주로 입사지원서나 자기소개서의 내용을 토대로 지원동기, 과거의 경험, 미래 포부 등을 이야기하도록 하는 방식이다.
- 판단기준 : 면접관의 개인적 가치관과 경험, 해당 역량의 수준, 경험의 구체성·진실성 등

㉡ 특징 : 인성면접은 그 방식으로 인해 역량과 무관한 질문들이 많고 지원자에게 주어지는 면접질문, 시간 등이 다를 수 있다. 또한 입사지원서나 자기소개서의 내용을 토대로 하기 때문에 지원자별 질문이 달라질 수 있다.

ⓒ 예시 문항 및 준비전략

• 예시 문항

> • 3분 동안 자기소개를 해 보십시오.
> • 자신의 장점과 단점을 말해 보십시오.
> • 학점이 좋지 않은데 그 이유가 무엇입니까?
> • 최근에 인상 깊게 읽은 책은 무엇입니까?
> • 회사를 선택할 때 중요시하는 것은 무엇입니까?
> • 일과 개인생활 중 어느 쪽을 중시합니까?
> • 10년 후 자신은 어떤 모습일 것이라고 생각합니까?
> • 휴학 기간 동안에는 무엇을 했습니까?

• 준비전략 : 인성면접은 입사지원서나 자기소개서의 내용을 바탕으로 하는 경우가 많으므로 자신이 작성한 입사지원서와 자기소개서의 내용을 충분히 숙지하도록 한다. 또한 최근 사회적으로 이슈가 되고 있는 뉴스에 대한 견해를 묻거나 시사상식 등에 대한 질문을 받을 수 있으므로 이에 대한 대비도 필요하다. 자칫 부담스러워 보이지 않는 질문으로 가볍게 대답하지 않도록 주의하고 모든 질문에 입사 의지를 담아 성실하게 답변하는 것이 중요하다.

② 발표면접

㉠ 면접 방식 및 판단기준

• 면접 방식 : 지원자가 특정 주제와 관련된 자료를 검토하고 그에 대한 자신의 생각을 면접관 앞에서 주어진 시간 동안 발표하고 추가 질의를 받는 방식으로 진행된다.

• 판단기준 : 지원자의 사고력, 논리력, 문제해결력 등

㉡ 특징 : 발표면접은 지원자에게 과제를 부여한 후, 과제를 수행하는 과정과 결과를 관찰·평가한다. 따라서 과제수행 결과뿐 아니라 수행과정에서의 행동을 모두 평가할 수 있다.

© 예시 문항 및 준비전략

• 예시 문항

[신입사원 조기 이직 문제]
※ 지원자는 아래에 제시된 자료를 검토한 뒤, 신입사원 조기 이직의 원인을 크게 3가지로 정리하고 이에 대한 구체적인 개선안을 도출하여 발표해 주시기 바랍니다.
※ 본 과제에 정해진 정답은 없으나 논리적 근거를 들어 개선안을 작성해 주십시오.

• A기업은 동종업계 유사기업들과 비교해 볼 때, 비교적 높은 재무안정성을 유지하고 있으며 업무강도가 그리 높지 않은 것으로 외부에 알려져 있음.
• 최근 조사결과, 동종업계 유사기업들과 연봉을 비교해 보았을 때 연봉 수준도 그리 나쁘지 않은 편이라는 것이 확인되었음.
• 그러나 지난 3년간 1~2년차 직원들의 이직률이 계속해서 증가하고 있는 추세이며, 경영진 회의에서 최우선 해결과제 중 하나로 거론되었음.
• 이에 따라 인사팀에서 현재 1~2년차 사원들을 대상으로 개선되어야 하는 A기업의 조직문화에 대한 설문조사를 실시한 결과, '상명하복식의 의사소통'이 36.7%로 1위를 차지했음.
• 이러한 설문조사와 함께, 신입사원 조기 이직에 대한 원인을 분석한 결과 파랑새 증후군, 셀프홀릭 증후군, 피터팬 증후군 등 3가지로 분류할 수 있었음.

〈동종업계 유사기업들과의 연봉 비교〉

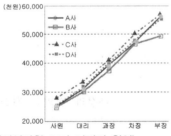

〈우리 회사 조직문화 중 개선되었으면 하는 것〉

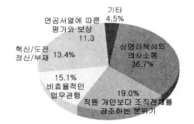

〈신입사원 조기 이직의 원인〉
• 파랑새 증후군
–현재의 직장보다 더 좋은 직장이 있을 것이라는 막연한 기대감으로 끊임없이 새로운 직장을 탐색함.
–학력 수준과 맞지 않는 '하향지원', 전공과 적성을 고려하지 않고 일단 취업하고 보자는 '묻지마 지원'이 파랑새 증후군을 초래함.
• 셀프홀릭 증후군
–본인의 역량에 비해 가치가 낮은 일을 주로 하면서 갈등을 느낌.
• 피터팬 증후군
–기성세대의 문화를 무조건 수용하기보다는 자유로움과 변화를 추구함.
–상명하복, 엄격한 규율 등 기성세대가 당연시하는 관행에 거부감을 가지며 직장에 답답함을 느낌.

- 준비전략 : 발표면접의 시작은 과제 안내문과 과제 상황, 과제 자료 등을 정확하게 이해하는 것에서 출발한다. 과제 안내문을 침착하게 읽고 제시된 주제 및 문제와 관련된 상황의 맥락을 파악한 후 과제를 검토한다. 제시된 기사나 그래프 등을 충분히 활용하여 주어진 문제를 해결할 수 있는 해결책이나 대안을 제시하며, 발표를 할 때에는 명확하고 자신 있는 태도로 전달할 수 있도록 한다.

③ 토론면접

  ㉠ 면접 방식 및 판단기준

  - 면접 방식 : 상호갈등적 요소를 가진 과제 또는 공통의 과제를 해결하는 내용의 토론 과제를 제시하고, 그 과정에서 개인 간의 상호작용 행동을 관찰하는 방식으로 면접이 진행된다.
  - 판단기준 : 팀워크, 적극성, 갈등 조정, 의사소통능력, 문제해결능력 등

  ㉡ 특징 : 토론을 통해 도출해 낸 최종안의 타당성도 중요하지만, 결론을 도출해 내는 과정에서의 의사소통능력이나 갈등상황에서 의견을 조정하는 능력 등이 중요하게 평가되는 특징이 있다.

  ㉢ 예시 문항 및 준비전략

  - 예시 문항

  > - 군 가산점제 부활에 대한 찬반토론
  > - 담뱃값 인상에 대한 찬반토론
  > - 비정규직 철폐에 대한 찬반토론
  > - 대학의 영어 강의 확대 찬반토론
  > - 워크숍 장소 선정을 위한 토론

  - 준비전략 : 토론면접은 무엇보다 팀워크와 적극성이 강조된다. 따라서 토론과정에 적극적으로 참여하며 자신의 의사를 분명하게 전달하며, 갈등상황에서 자신의 의견만 내세울 것이 아니라 다른 지원자의 의견을 경청하고 배려하는 모습도 중요하다. 갈등상황을 일목요연하게 정리하여 조정하는 등의 의사소통능력을 발휘하는 것도 좋은 전략이 될 수 있다.

④ 상황면접

  ㉠ 면접 방식 및 판단기준

  - 면접 방식 : 상황면접은 직무 수행 시 접할 수 있는 상황들을 제시하고, 그러한 상황에서 어떻게 행동할 것인지를 이야기하는 방식으로 진행된다.
  - 판단기준 : 해당 상황에 적절한 역량의 구현과 구체적 행동지표

ⓛ 특징 : 실제 직무 수행 시 접할 수 있는 상황들을 제시하므로 입사 이후 지원자의 업무수행능력을 평가하는 데 적절한 면접 방식이다. 또한 지원자의 가치관, 태도, 사고방식 등의 요소를 통합적으로 평가하는 데 용이하다.

ⓒ 예시 문항 및 준비전략

• 예시 문항

> 당신은 생산관리팀의 팀원으로, 생산팀이 기한에 맞춰 효율적으로 제품을 생산할 수 있도록 관리하는 역할을 맡고 있습니다. 3개월 뒤에 제품A를 정상적으로 출시하기 위해 생산팀의 생산 계획을 수립한 상황입니다. 그러나 원가가 곧 실적으로 이어지는 구매팀에서는 최대한 원가를 줄여 전반적 단가를 낮추려고 원가절감을 위한 제안을 하였으나, 연구개발팀에서는 구매팀이 제안한 방식으로 제품을 생산할 경우 대부분이 구매팀의 실적으로 산정될 것이므로 제대로 확인도 해보지 않은 채 적합하지 않은 방식이라고 판단하고 있습니다. 당신은 어떻게 하겠습니까?

• 준비전략 : 상황면접은 먼저 주어진 상황에서 핵심이 되는 문제가 무엇인지를 파악하는 것에서 시작한다. 주질문과 세부질문을 통하여 질문의 의도를 파악하였다면, 그에 대한 구체적인 행동이나 생각 등에 대해 응답할수록 높은 점수를 얻을 수 있다.

⑤ 역할면접

㉠ 면접 방식 및 판단기준

• 면접 방식 : 역할면접 또는 역할연기 면접은 기업 내 발생 가능한 상황에서 부딪히게 되는 문제와 역할을 가상적으로 설정하여 특정 역할을 맡은 사람과 상호작용하고 문제를 해결해 나가도록 하는 방식으로 진행된다. 역할연기 면접에서는 면접관이 직접 역할연기를 하면서 지원자를 관찰하기도 하지만, 역할연기 수행만 전문적으로 하는 사람을 투입할 수도 있다.

• 판단기준 : 대처능력, 대인관계능력, 의사소통능력 등

ⓛ 특징 : 역할면접은 실제 상황과 유사한 가상 상황에서의 행동을 관찰함으로서 지원자의 성격이나 대처 행동 등을 관찰할 수 있다.

ⓒ 예시 문항 및 준비전략

• 예시 문항

> [금융권 역할면접의 예]
> 당신은 ○○은행의 신입 텔러이다. 사람이 많은 월말 오전 한 할아버지(면접관 또는 역할담당자)께서 ○○은행을 사칭한 보이스피싱으로 500만 원을 피해 보았다며 소란을 일으키고 있다. 실제 업무상황이라고 생각하고 상황에 대처해 보시오.

- 준비전략 : 역할연기 면접에서 측정하는 역량은 주로 갈등의 원인이 되는 문제를 해결 하고 제시된 해결방안을 상대방에게 설득하는 것이다. 따라서 갈등해결, 문제해결, 조정·통합, 설득력과 같은 역량이 중요시된다. 또한 갈등을 해결하기 위해서 상대방에 대한 이해도 필수적인 요소이므로 고객지향을 염두에 두고 상황에 맞게 대처해야 한다.

역할면접에서는 변별력을 높이기 위해 면접관이 압박적인 분위기를 조성하는 경우가 많기 때문에 스트레스 상황에서 불안해하지 않고 유연하게 대처할 수 있도록 시간과 노력을 들여 충분히 연습하는 것이 좋다.

02 면접 이미지 메이킹

(1) 성공적인 이미지 메이킹 포인

① 복장 및 스타일

ⓐ 남성

- 양복 : 양복은 단색으로 하며 넥타이나 셔츠로 포인트를 주는 것이 효과적이다. 짙은 회색이나 감청색이 가장 단정하고 품위 있는 인상을 준다.
- 셔츠 : 흰색이 가장 선호되나 자신의 피부색에 맞추는 것이 좋다. 푸른색이나 베이지색은 산뜻한 느낌을 줄 수 있다. 양복과의 배색도 고려하도록 한다.
- 넥타이 : 의상에 포인트를 줄 수 있는 아이템이지만 너무 화려한 것은 피한다. 지원자의 피부색은 물론, 정장과 셔츠의 색을 고려하며, 체격에 따라 넥타이 폭을 조절하는 것이 좋다.
- 구두&양말 : 구두는 검정색이나 짙은 갈색이 어느 양복에나 무난하게 어울리며 깔끔하게 닦아 준비한다. 양말은 정장과 동일한 색상이나 검정색을 착용한다.
- 헤어스타일 : 머리스타일은 단정한 느낌을 주는 짧은 헤어스타일이 좋으며 앞머리가 있다면 이마나 눈썹을 가리지 않는 선에서 정리하는 것이 좋다.

ⓛ 여성

- 의상 : 단정한 스커트 투피스 정장이나 슬랙스 슈트가 무난하다. 블랙이나 그레이, 네이비, 브라운 등 차분해 보이는 색상을 선택하는 것이 좋다.
- 소품 : 구두, 핸드백 등은 같은 계열로 코디하는 것이 좋으며 구두는 너무 화려한 디자인이나 굽이 높은 것을 피한다. 스타킹은 의상과 구두에 맞춰 단정한 것으로 선택한다.
- 액세서리 : 액세서리는 너무 크거나 화려한 것은 좋지 않으며 과하게 많이 하는 것도 좋은 인상을 주지 못한다. 착용하지 않거나 작고 깔끔한 디자인으로 포인트를 주는 정도가 적당하다.
- 메이크업 : 화장은 자연스럽고 밝은 이미지를 표현하는 것이 좋으며 진한 색조는 인상이 강해 보일 수 있으므로 피한다.
- 헤어스타일 : 커트나 단발처럼 짧은 머리는 활동적이면서도 단정한 이미지를 줄 수 있도록 정리한다. 긴 머리의 경우 하나로 묶거나 단정한 머리망으로 정리하는 것이 좋으며, 짙은 염색이나 화려한 웨이브는 피한다.

② 인사

ⓗ 인사의 의미 : 인사는 예의범절의 기본이며 상대방의 마음을 여는 기본적인 행동이라고 할 수 있다. 인사는 처음 만나는 면접관에게 호감을 살 수 있는 가장 쉬운 방법이 될 수 있기도 하지만 제대로 예의를 지키지 않으면 지원자의 인성 전반에 대한 평가로 이어질 수 있으므로 각별히 주의해야 한다.

ⓛ 인사의 핵심 포인트

- 인사말 : 인사말을 할 때에는 밝고 친근감 있는 목소리로 하며, 자신의 이름과 수험번호 등을 간략하게 소개한다.
- 시선 : 인사는 상대방의 눈을 보며 하는 것이 중요하며 너무 빤히 쳐다본다는 느낌이 들지 않도록 주의한다.
- 표정 : 인사는 마음에서 우러나오는 존경이나 반가움을 표현하고 예의를 차리는 것이므로 살짝 미소를 지으며 하는 것이 좋다.
- 자세 : 인사를 할 때에는 가볍게 목만 숙인다거나 흐트러진 상태에서 인사를 하지 않도록 주의하며 절도 있고 확실하게 하는 것이 좋다.

③ 시선처리와 표정, 목소리

　　㉠ 시선처리와 표정 : 표정은 면접에서 지원자의 첫인상을 결정하는 중요한 요소이다. 얼굴표정은 사람의 감정을 가장 잘 표현할 수 있는 의사소통 도구로 표정 하나로 상대방에게 호감을 주거나, 비호감을 사기도 한다. 호감이 가는 인상의 특징은 부드러운 눈썹, 자연스러운 미간, 적당히 볼록한 광대, 올라간 입 꼬리 등으로 가볍게 미소를 지을 때의 표정과 일치한다. 따라서 면접 중에는 밝은 표정으로 미소를 지어 호감을 형성할 수 있도록 한다. 시선은 면접관과 고르게 맞추되 생기 있는 눈빛을 띄도록 하며, 너무 빤히 쳐다본다는 인상을 주지 않도록 한다.

　　㉡ 목소리 : 면접은 주로 면접관과 지원자의 대화로 이루어지므로 목소리가 미치는 영향이 상당하다. 답변을 할 때에는 부드러우면서도 활기차고 생동감 있는 목소리로 하는 것이 면접관에게 호감을 줄 수 있으며 적당한 제스처가 더해진다면 상승효과를 얻을 수 있다. 그러나 적절한 답변을 하였음에도 불구하고 콧소리나 날카로운 목소리, 자신감 없는 작은 목소리는 답변의 신뢰성을 떨어뜨릴 수 있으므로 주의하도록 한다.

④ 자세

　　•㉠ 걷는 자세

　　• 면접장에 입실할 때에는 상체를 곧게 유지하고 발끝은 평행이 되게 하며 무릎을 스치듯 11자로 걷는다.

　　• 시선은 정면을 향하고 턱은 가볍게 당기며 어깨나 엉덩이가 흔들리지 않도록 주의한다.

　　• 발바닥 전체가 닿는 느낌으로 안정감 있게 걸으며 발소리가 나지 않도록 주의한다.

　　• 보폭은 어깨넓이만큼이 적당하지만, 스커트를 착용했을 경우 보폭을 줄인다.

　　• 걸을 때도 미소를 유지한다.

　　㉡ 서있는 자세

　　• 몸 전체를 곧게 펴고 가슴을 자연스럽게 내민 후 등과 어깨에 힘을 주지 않는다.

　　• 정면을 바라본 상태에서 턱을 약간 당기고 아랫배에 힘을 주어 당기며 바르게 선다.

　　• 양 무릎과 발뒤꿈치는 붙이고 발끝은 11자 또는 V형을 취한다.

　　• 남성의 경우 팔을 자연스럽게 내리고 양손을 가볍게 쥐어 바지 옆선에 붙이고, 여성의 경우 공수자세를 유지한다.

ⓒ 앉은 자세

• 남성

- 의자 깊숙이 앉고 등받이와 등 사이에 주먹 1개 정도의 간격을 두며 기대듯 앉지 않도록 주의한다. (남녀 공통 사항)
- 무릎 사이에 주먹 2개 정도의 간격을 유지하고 발끝은 11자를 취한다.
- 시선은 정면을 바라보며 턱은 가볍게 당기고 미소를 짓는다. (남녀 공통 사항)
- 양손은 가볍게 주먹을 쥐고 무릎 위에 올려놓는다.
- 앉고 일어날 때에는 자세가 흐트러지지 않도록 주의한다. (남녀 공통 사항)

• 여성

- 스커트를 입었을 경우 왼손으로 뒤쪽 스커트 자락을 누르고 오른손으로 앞쪽 자락을 누르며 의자에 앉는다.
- 무릎은 붙이고 발끝을 가지런히 한다.
- 양손을 모아 무릎 위에 모아 놓으며 스커트를 입었을 경우 스커트 위를 가볍게 누르듯이 올려놓는다.

(2) 면접 예절

① 행동 관련 예절

ⓐ **지각은 절대금물** : 시간을 지키는 것은 예절의 기본이다. 지각을 할 경우 면접에 응시할 수 없거나, 면접 기회가 주어지더라도 불이익을 받을 가능성이 높아진다. 따라서 면접장소가 결정되면 교통편과 소요시간을 확인하고 가능하다면 사전에 미리 방문해 보는 것도 좋다. 면접 당일에는 서둘러 출발하여 면접 시간 20~30분 전에 도착하여 회사를 둘러보고 환경에 익숙해지는 것도 성공적인 면접을 위한 요령이 될 수 있다.

ⓑ **면접 대기 시간** : 지원자들은 대부분 면접장에서의 행동과 답변 등으로만 평가를 받는다고 생각하지만 그렇지 않다. 면접관이 아닌 면접진행자 역시 대부분 인사실무자이며 면접관이 면접 후 지원자에 대한 평가에 있어 확신을 위해 면접진행자의 의견을 구한다면 면접진행자의 의견이 당락에 영향을 줄 수 있다. 따라서 면접 대기 시간에도 행동과 말을 조심해야 하며, 면접을 마치고 돌아가는 순간까지도 긴장을 늦춰서는 안 된다. 면접 중 압박적인 질문에 답변을 잘 했지만, 면접장을 나와 흐트러진 모습을 보이거나 욕설을 한다면 면접 탈락의 요인이 될 수 있으므로 주의해야 한다.

ⓒ 입실 후 태도 : 본인의 차례가 되어 호명되면 또렷하게 대답하고 들어간다. 만약 면접장 문이 닫혀 있다면 상대에게 소리가 들릴 수 있을 정도로 노크를 두세 번 한 후 대답을 듣고 나서 들어가야 한다. 문을 여닫을 때에는 소리가 나지 않게 조용히 하며 공손한 자세로 인사한 후 성명과 수험번호를 말하고 면접관의 지시에 따라 자리에 앉는다. 이 경우 착석하라는 말이 없는데 먼저 의자에 앉으면 무례한 사람으로 보일 수 있으므로 주의한다. 의자에 앉을 때에는 끝에 앉지 말고 무릎 위에 양손을 가지런히 얹는 것이 예절이라고 할 수 있다.

ⓔ 옷매무새를 자주 고치지 마라. : 일부 지원자의 경우 옷매무새 또는 헤어스타일을 자주 고치거나 확인하기도 하는데 이러한 모습은 과도하게 긴장한 것 같아 보이거나 면접에 집중하지 못하는 것으로 보일 수 있다. 남성 지원자의 경우 넥타이를 자꾸 고쳐 맨다거나 정장 상의 끝을 너무 자주 만지작거리지 않는다. 여성 지원자는 머리를 계속 쓸어 올리지 않고, 특히 짧은 치마를 입고서 신경이 쓰여 치마를 끌어 내리는 행동은 좋지 않다.

ⓜ 다리를 떨거나 산만한 시선은 면접 탈락의 지름길 : 자신도 모르게 다리를 떨거나 손가락을 만지는 등의 행동을 하는 지원자가 있는데, 이는 면접관의 주의를 끌 뿐만 아니라 불안하고 산만한 사람이라는 느낌을 주게 된다. 따라서 가능한 한 바른 자세로 앉아 있는 것이 좋다. 또한 면접관과 시선을 맞추지 못하고 여기저기 둘러보는 듯한 산만한 시선은 지원자가 거짓말을 하고 있다고 여겨지거나 신뢰할 수 없는 사람이라고 생각될 수 있다.

② 답변 관련 예절

ⓐ 면접관이나 다른 지원자와 가치 논쟁을 하지 않는다. : 질문을 받고 답변하는 과정에서 면접관 또는 다른 지원자의 의견과 다른 의견이 있을 수 있다. 특히 평소 지원자가 관심이 많은 문제이거나 잘 알고 있는 문제인 경우 자신과 다른 의견에 대해 이의가 있을 수 있다. 하지만 주의할 것은 면접에서 면접관이나 다른 지원자와 가치 논쟁을 할 필요는 없다는 것이며 오히려 불이익을 당할 수도 있다. 정답이 정해져 있지 않은 경우에는 가치관이나 성장배경에 따라 문제를 받아들이는 태도에서 답변까지 충분히 차이가 있을 수 있으므로 굳이 면접관이나 다른 지원자의 가치관을 지적하고 고치려 드는 것은 좋지 않다.

ⓑ 답변은 항상 정직해야 한다. : 면접이라는 것이 아무리 지원자의 장점을 부각시키고 단점을 축소시키는 것이라고 해도 절대로 거짓말을 해서는 안 된다. 거짓말을 하게 되면 지원자는 불안하거나 꺼림칙한 마음이 들게 되어 면접에 집중을 하지 못하게 되고 수많은 지원자를 상대하는 면접관은 그것을 놓치지 않는다. 거짓말은 그 지원자에 대한 신뢰성을 떨어뜨리며 이로 인해 다른 스펙이 아무리 훌륭하다고 해도 채용에서 탈락하게 될 수 있음을 명심하도록 한다.

ⓒ **경력직을 경우 전 직장에 대해 험담하지 않는다.** : 지원자가 전 직장에서 무슨 업무를 담당했고 어떤 성과를 올렸는지는 면접관이 관심을 둘 사항일 수 있지만, 이전 직장의 기업문화나 상사들이 어땠는지는 그다지 궁금해 하는 사항이 아니다. 전 직장에 대해 험담을 늘어놓는다든가, 동료와 상사에 대한 악담을 하게 된다면 오히려 지원자에 대한 부정적인 이미지만 심어줄 수 있다. 만약 전 직장에 대한 말을 해야 할 경우가 생긴다면 가능한 한 객관적으로 이야기하는 것이 좋다.

ⓔ **자기 자신이나 배경에 대해 자랑하지 않는다.** : 자신의 성취나 부모 형제 등 집안사람들이 사회·경제적으로 어떠한 위치에 있는지에 대한 자랑은 면접관으로 하여금 지원자에 대해 오만한 사람이거나 배경에 의존하려는 나약한 사람이라는 이미지를 갖게 할 수 있다. 따라서 자기 자신이나 배경에 대해 자랑하지 않도록 하고, 자신이 한 일에 대해서 너무 자세하게 얘기하지 않도록 주의해야 한다.

03 면접 질문 및 답변 포인트

(1) 가족 및 대인관계에 관한 질문

① 당신의 가정은 어떤 가정입니까?

면접관들은 지원자의 가정환경과 성장과정을 통해 지원자의 성향을 알고 싶어 이와 같은 질문을 한다. 비록 가정 일과 사회의 일이 완전히 일치하는 것은 아니지만 '가화만사성'이라는 말이 있듯이 가정이 화목해야 사회에서도 화목하게 지낼 수 있기 때문이다. 그러므로 답변 시에는 가족사항을 정확하게 설명하고 집안의 분위기와 특징에 대해 이야기하는 것이 좋다.

② 친구 관계에 대해 말해 보십시오.

지원자의 인간성을 판단하는 질문으로 교우관계를 통해 답변자의 성격과 대인관계능력을 파악할 수 있다. 새로운 환경에 적응을 잘하여 새로운 친구들이 많은 것도 좋지만, 깊고 오래 지속되어온 인간관계를 말하는 것이 더욱 바람직하다.

(2) 성격 및 가치관에 관한 질문

① 당신의 PR포인트를 말해 주십시오.

PR포인트를 말할 때에는 지나치게 겸손한 태도는 좋지 않으며 적극적으로 자기를 주장하는 것이 좋다. 앞으로 입사 후 하게 될 업무와 관련된 자기의 특성을 구체적인 일화를 더하여 이야기하도록 한다.

② 당신의 장·단점을 말해 보십시오.

지원자의 구체적인 장·단점을 알고자 하기 보다는 지원자가 자기 자신에 대해 얼마나 알고 있으며 어느 정도의 객관적인 분석을 하고 있나, 그리고 개선의 노력 등을 시도하는지를 파악하고자 하는 것이다. 따라서 장점을 말할 때는 업무와 관련된 장점을 뒷받침할 수 있는 근거와 함께 제시하며, 단점을 이야기할 때에는 극복을 위한 노력을 반드시 포함해야 한다.

③ 가장 존경하는 사람은 누구입니까?

존경하는 사람을 말하기 위해서는 우선 그 인물에 대해 알아야 한다. 잘 모르는 인물에 대해 존경한 다고 말하는 것은 면접관에게 바로 지적당할 수 있으므로, 추상적이라도 좋으니 평소에 존경스럽다 고 생각했던 사람에 대해 그 사람의 어떤 점이 좋고 존경스러운지 대답하도록 한다. 또한 자신에게 어떤 영향을 미쳤는지도 언급하면 좋다.

(3) 학교생활에 관한 질문

① 지금까지의 학교생활 중 가장 기억에 남는 일은 무엇입니까?

가급적 직장생활에 도움이 되는 경험을 이야기하는 것이 좋다. 또한 경험만을 간단하게 말하지 말고 그 경험을 통해서 얻을 수 있었던 교훈 등을 예시와 함께 이야기하는 것이 좋으나 너무 상투적인 답변이 되지 않도록 주의해야 한다.

② 성적은 좋은 편이었습니까?

면접관은 이미 서류심사를 통해 지원자의 성적을 알고 있다. 그럼에도 불구하고 이 질문을 하는 것 은 지원자가 성적에 대해서 어떻게 인식하느냐를 알고자 하는 것이다. 성적이 나빴던 이유에 대해서 변명하려 하지 말고 담백하게 받아드리고 그것에 대한 개선노력을 했음을 밝히는 것이 적절하다.

③ 학창시절에 시위나 집회 등에 참여한 경험이 있습니까?

기업에서는 노사분규를 기업의 사활이 걸린 중대한 문제로 인식하고 거시적인 차원에서 접근한다. 이러한 기업문화를 제대로 인식하지 못하여 학창시절의 시위나 집회 참여 경험을 자랑스럽게 답변 할 경우 감점요인이 되거나 심지어는 탈락할 수 있다는 사실에 주의한다. 시위나 집회에 참가한 경 험을 말할 때에는 타당성과 정도에 유의하여 답변해야 한다.

⑷ 지원동기 및 직업의식에 관한 질문

① 왜 우리 회사를 지원했습니까?

이 질문은 어느 회사나 가장 먼저 물어보고 싶은 것으로 지원자들은 기업의 이념, 대표의 경영능력, 재무구조, 복리후생 등 외적인 부분을 설명하는 경우가 많다. 이러한 답변도 적절하지만 지원 회사의 주력 상품에 관한 소비자의 인지도, 경쟁사 제품과의 시장점유율을 비교하면서 입사동기를 설명한다면 상당히 주목 받을 수 있을 것이다.

② 만약 이번 채용에 불합격하면 어떻게 하겠습니까?

불합격할 것을 가정하고 회사에 응시하는 지원자는 거의 없을 것이다. 이는 지원자를 궁지로 몰아넣고 어떻게 대응하는지를 살펴보며 입사 의지를 알아보려고 하는 것이다. 이 질문은 너무 깊이 들어가지 말고 침착하게 답변하는 것이 좋다.

③ 당신이 생각하는 바람직한 사원상은 무엇입니까?

직장인으로서 또는 조직의 일원으로서의 자세를 묻는 질문으로 지원하는 회사에서 어떤 인재상을 요구하는 가를 알아두는 것이 좋으며, 평소에 자신의 생각을 미리 정리해 두어 당황하지 않도록 한다.

④ 직무상의 적성과 보수의 많음 중 어느 것을 택하겠습니까?

이런 질문에서 회사 측에서 원하는 답변은 당연히 직무상의 적성에 비중을 둔다는 것이다. 그러나 적성만을 너무 강조하다 보면 오히려 솔직하지 못하다는 인상을 줄 수 있으므로 어느 한 쪽을 너무 강조하거나 경시하는 태도는 바람직하지 못하다.

⑤ 상사와 의견이 다를 때 어떻게 하겠습니까?

과거와 다르게 최근에는 상사의 명령에 무조건 따르겠다는 수동적인 자세는 바람직하지 않다. 회사에서는 때에 따라 자신이 판단하고 행동할 수 있는 직원을 원하기 때문이다. 그러나 지나치게 자신의 의견만을 고집한다면 이는 팀원 간의 불화를 야기할 수 있으며 팀 체제에 악영향을 미칠 수 있으므로 선호하지 않는다는 것에 유념하여 답해야 한다.

⑥ 근무지가 지방인데 근무가 가능합니까?

근무지가 지방 중에서도 특정 지역은 되고 다른 지역은 안 된다는 답변은 바람직하지 않다. 직장에서는 순환 근무라는 것이 있으므로 처음에 지방에서 근무를 시작했다고 해서 계속 지방에만 있는 것은 아님을 유의하고 답변하도록 한다.

(5) 여가 활용에 관한 질문

취미가 무엇입니까?

기초적인 질문이지만 특별한 취미가 없는 지원자의 경우 대답이 애매할 수밖에 없다. 그래서 가장 많이 대답하게 되는 것이 독서, 영화감상, 혹은 음악감상 등과 같은 흔한 취미를 말하게 되는데 이런 취미는 면접관의 주의를 끌기 어려우며 설사 정말 위와 같은 취미를 가지고 있다하더라도 제대로 답변하기는 힘든 것이 사실이다. 가능하면 독특한 취미를 말하는 것이 좋으며 이제 막 시작한 것이라도 열의를 가지고 있음을 설명할 수 있으면 그것을 취미로 답변하는 것도 좋다.

(6) 지원자를 당황하게 하는 질문

① **성적이 좋지 않은데 이 정도의 성적으로 우리 회사에 입사할 수 있다고 생각합니까?**

비록 자신의 성적이 좋지 않더라도 이미 서류심사에 통과하여 면접에 참여하였다면 기업에서는 지원자의 성적보다 성적 이외의 요소, 즉 성격·열정 등을 높이 평가했다는 것이라고 할 수 있다. 그러나 이런 질문을 받게 되면 지원자는 당황할 수 있으나 주눅 들지 말고 침착하게 대처하는 면모를 보인다면 더 좋은 인상을 남길 수 있다.

② **우리 회사 회장님 함자를 알고 있습니까?**

회장이나 사장의 이름을 조사하는 것은 면접일을 통고받았을 때 이미 사전 조사되었어야 하는 사항이다. 단답형으로 이름만 말하기보다는 그 기업에 입사를 희망하는 지원자의 입장에서 답변하는 것이 좋다.

③ **당신은 이 회사에 적합하지 않은 것 같군요.**

이 질문은 지원자의 입장에서 상당히 곤혹스러울 수밖에 없다. 질문을 듣는 순간 그렇다면 면접은 왜 참가시킨 것인가 하는 생각이 들 수도 있다. 하지만 당황하거나 흥분하지 말고 침착하게 자신의 어떤 면이 회사에 적당하지 않는지 겸손하게 물어보고 지적당한 부분에 대해서 고치겠다는 의지를 보인다면 오히려 자신의 능력을 어필할 수 있는 기회로 사용할 수도 있다.

④ **다시 공부할 계획이 있습니까?**

이 질문은 지원자가 합격하여 직장을 다니다가 공부를 더 하기 위해 회사를 그만 두거나 학습에 더 관심을 두어 일에 대한 능률이 저하될 것을 우려하여 묻는 것이다. 이때에는 당연히 학습보다는 일을 강조해야 하며, 업무 수행에 필요한 학습이라면 업무에 지장이 없는 범위에서 야간학교를 다니거나 회사에서 제공하는 연수 프로그램 등을 활용하겠다고 답변하는 것이 적당하다.

⑤ 지원한 분야가 전공한 분야와 다른데 여기 일을 할 수 있겠습니까?

수험생의 입장에서 본다면 지원한 분야와 전공이 다르지만 서류전형과 필기전형에 합격하여 면접을 보게 된 경우라고 할 수 있다. 이는 결국 해당 회사의 채용 방침상 전공에 크게 영향을 받지 않는다는 것이므로 무엇보다 자신이 전공하지는 않았지만 어떤 업무도 적극적으로 임할 수 있다는 자신감과 능동적인 자세를 보여주도록 노력하는 것이 좋다.

CHAPTER 02 면접기출

01 인성면접

• 90초 자기소개를 해보시오.

• 회사가 당신을 뽑아야 하는 이유는?

• 자신의 강점은 무엇인가?

• 100억 원이 생긴다면 무엇을 하겠는가?

• 10년 후 회사에서 자신의 모습은?

• 경쟁자들과 비교해볼 때 자신이 더 나은 점은 무엇인가?

• 지원한 직무와 관련하여 취득한 자격증은 무엇인가?

• 삼다수의 품질을 향상시키기 위한 창의적인 방법을 말해보시오.

• 생산하는 과정에서 불량품을 발견하면 어떻게 할 것인가?

• 제주도에서 일하게 되면 문제는 없는가?

• 자신의 장점은 무엇이고, 이를 어떻게 활용할 것인가?

• 최근 보았던 뉴스 중에서 가장 인상깊었던 기사는?

• 제주 출신이 아닌데 이 회사에 왜 오려고 하는가?

• 정년 연장에 대해서 어떻게 생각하는가?

• 국내 생수시장 1위의 저력을 무엇이라고 생각하는가?

• 야간근무에 대해 어떻게 생각하는가?

• 개발공사의 제품에 대해서 말해보시오.

02 PT면접

• 협력업체의 효율적인 관리 방안

03 토론면접

• 주민등록번호 찬반 토론

Check List

- [ ]
- [ ]
- [ ]
- [ ]
- [ ]
- [ ]
- [ ]
- [ ]
- [ ]
- [ ]
- [ ]
- [ ]
- [ ]
- [ ]
- [ ]
- [ ]
- [ ]
- [ ]

Check List

- [ ]
- [ ]
- [ ]
- [ ]
- [ ]
- [ ]
- [ ]
- [ ]
- [ ]
- [ ]
- [ ]
- [ ]
- [ ]
- [ ]
- [ ]
- [ ]
- [ ]
- [ ]

서원각 용어사전 시리즈

상식은 "용어사전"

용어사전으로 중요한 용어만 한눈에 보자

중요한 용어만 공부하자!

1 **시사용어사전 1200**
매일 접하는 각종 기사와 정보 속에서 현대인이
놓치기 쉬운, 그러나 꼭 알아야 할 최신 시사상식
을 쏙쏙 뽑아 이해하기 쉽도록 정리했다!

2 **경제용어사전 1030**
주요 경제용어는 거의 다 실었다! 경제가 쉬워지
는 책, 경제용어사전!

3 **부동산용어사전 1300**
부동산에 대한 이해를 높이고 부동산의 개발과 활
용, 투자 및 부동산 용어 학습에도 적극적으로 이
용할 수 있는 부동산용어사전!

- 최신 관련 기사 수록
- 다양한 용어를 수록하여 1000개 이상의 용어 한눈에 파악
- 용어별 중요도 표시 및 꼼꼼한 용어 설명
- 파트별 TEST를 통해 실력점검